思想觀念的帶動者

文化現象的觀察者

本土經驗的整理者

生命故事的關懷者

宋文里——著

鬼神‧巫覡‧信仰

宗教的動力心理學八講

GODS AND GHOSTS:
WITCHCRAFT AS OUR DEEP TRADITION

宋文里
作品集

目錄

【編輯說明】

1. 本課程每次講課後均有 Q&A 的時間，本書只選錄其中一部分講師與學員
　 的問答。在編輯上是以「＊＊＊」和講師的正課內容作出區隔。
2. 本書各註解出自作者，若為編輯撰寫之註解，註明〔編者註〕。

宗教心理學在漢語世界的發生

蔡怡佳／輔仁大學宗教學系教授

　　宋文里老師是台灣推動宗教心理學的先行者：1990 年他於清華大學開設的「宗教心理學」，是台灣非宗教背景之高等教育機構中的首創；2016 年在心靈工坊的「鬼神、巫覡與信仰：宗教的動力心理學八講」講座，成了第一位將宗教心理學帶入大眾心理學視野的心理學者。無論在國立大學背景的學術機構，或在開拓心靈視野的文化出版業，這兩個首創都有獨特的意義。宋文里老師當年在清大的課程，以「碟仙工作坊」的方式進行，除了閱讀宗教心理學的重要學術文獻，也讓閱讀的反思在工作坊的設計中有了「宗教體驗」的基礎。透過「玩碟仙」的體驗與記錄，使得同時置身於占卜文化以及學校科學理性教育的學生，對於這雙重的置身有了「進入現場」的切身反思。無論是課程主題或是課程設計，這門課在高等教育場域的出現，都具有重要的意義。宋老師以這門課為基礎所發表的兩篇碟仙研究論文，也為宗教心理學的研究開展了獨特的價值。

　　本書是宋文里老師在二十幾年後，面向社會大眾所開設的宗教心理學講座紀錄。課程以宋老師翻譯的保羅・普呂瑟（Paul Pruyser）著作《宗教的動力心理學》（*A Dynamic Psychology of Religion*）為基礎，進行闡釋，並回到漢語宗教文化的脈絡中提出相異的文化理解。例如，相對於西方的「神學」，宋老師提出

了華人信仰世界「神鬼兼具」的「鬼神學」。從西方學者對於宗教現象的思考作為起點，是我們知識處境的實際樣態，畢竟在過去的心理學中並沒有出現「宗教心理學」這樣的科目。宋老師在《宗教的動力心理學》的譯者導讀中，就針對這個知識處境，以及宗教心理學在我們的學術中發生的可能性，做了精闢的討論。他將宗教心理學視為人文心理學的一個例子，有別於建立在狹隘實證主義的「科學心理學」，是一種與哲學、藝術、人類學、社會學等人／社會學科有密切關連的學問。「科學心理學」對宗教現象的漠視，使得心理學的知識無法對台灣充滿活力與多樣性的宗教現象提出知識性的理解，因此，對普呂瑟在宗教心理學的經典著作進行譯註，成了宋文里老師致力於宗教心理學開展的里程碑——除了「引介」的意義，更重要的是將這樣一部西方宗教心理學的經典放在台灣已然開展、但尚未被辨識的宗教心理學之發生中進行討論，他在導論最後的閱讀建議書單中所提到的余德慧教授與宋文里自己的著作，說明了在「科學心理學」之外，宗教心理學在漢語世界已然開展，本書的出版又為這個開展增添了重要的成果。

在講座中，宋文里老師從「動力心理學」如何進入「鬼神、巫覡與信仰」之知識體系講起，所關切的也就是「動力心理學」如何能夠對「鬼神、巫覡與信仰」之知識體系進行提問，使得反思得以進行。他指出，精神分析是一個企圖理解靈魂（Seele）的學問，但佛洛伊德的這個用詞卻在英譯著作中被翻譯為看起來比較有科學意味的心智（mind）。儘管佛洛伊德自稱為「無神論的猶太人」，但他對宗教現象與經驗並不輕忽，反而抱著極大

的熱情與嚴肅去剖析宗教的心理動力。威廉・詹姆斯（William James）認為宗教經驗的發生與我們的意識邊緣地帶，也就是下意識心靈場域有很大的關係。這樣的觀點在佛洛伊德對於無意識心靈的理解中得到了更細膩、更富動態的理解。從動力心理學的角度來看，信條與神學中所相信的那位神聖、超越的神，其實與心靈底層的無意識最有關連。換言之，「神」在心靈的起點是無意識心靈中的慾望動力。當「動力心理學」與「宗教」以這樣的方式連接起來時，我們就可以望見在信條宣稱之外，宗教在個別心靈中如何展現其作用與力量，而這個力量又如何與無意識歷程緊密交織。動力心理學對宗教經驗的發生提供一種動力起源的反思，這樣的理解在榮格的「原型心理學」中又有另一種發展。

在本書中，宋老師也從榮格提出的「原型」與「曼陀羅」討論起，指出宗教經驗與心靈自發象徵的密切關係。宗教經驗除了言說慾望動力，也是現代心靈與古老心靈的橋樑。榮格將心靈之新層（意識自我）與舊層（集體無意識）的整合過程稱為「自性化／個體化」（individuation），是人格由意識自我（ego）朝向以自性（Self）為中心的開展。對榮格來說，這個過程是宗教性的，猶如宗教精神性的追求。現代心靈在夢中、想像，或是藝術創作中出現的自發象徵，可以透過與古老神話和宗教象徵的類比得到理解。換言之，神話與宗教象徵透過集體無意識心靈承載其奧祕，意識心靈與無意識心靈的碰觸（encounter），也就成為神聖奧祕彰顯的過程。榮格提出的這些理解並不是來自於神學概念，而是來自體驗，尤其是他在治療、分析病人與自己的過程中所產生的夢境與曼陀羅繪畫。因此，榮格對於神聖所提出的

意涵，也就有別於宗教組織中的信條教導，而是指自性如何把碎裂的人格聚集為一個平衡、蘊含活力的整體。榮格將心靈視為「神」的新居所，提出「內在之神」（God within）說法。對於心靈的認識也就成了對「內在之神」的覺知。「內在之神」是雌雄同體，陰陽的調和，但調和不是平和的過程，相反地，會有很多矛盾、衝突互相撞擊、壓抑與抵抗。宋老師在討論這些指向終極理想的象徵時，提出對於「陰／陽」的思考。我們文化所指稱的理想，是父親的理想？還是母親的理想？這個討論為榮格宗教心理學傾向於普遍論的語言帶入了我們的文化感知，使得我們對於「鬼神學」的反思得以出現。這樣的文化反思在講座中不斷出現，宋老師對於普呂瑟的心理動力模型之修正，對關係介面的母性文化詮釋，以及對祖先崇拜難題的描繪等，讓這些源於西方心理學與宗教的連結，也在漢語世界中得以建立。這樣的連結在講座的最後一個主題——「與巫對話」中有特別精采的討論。

「對話」或「對論」是宋老師的碟仙研究中所使用的方法，設置的用意在於讓碟仙的「殘缺文本」得以在進入體驗的基礎上成為被經驗與交談的對象，從而有了反思的可能性。「與巫對話」也有一樣的意義：宋老師在輔大的課堂中邀請濟公乩身進入大學教室，與師生進行對話。碟仙與濟公都是華人信仰世界中可被經驗的實在，無論是在清大課程中「玩碟仙」，或是在輔大課程中與濟公乩身的交談，都是將他們視為宗教文化中的「行動主體」。宗教世界中的行動主體常要藉著媒介行動，例如濟公的乩身，以及碟仙的萬字玄機圖、碟子和參與者的手指。當他們在大學的課堂現身時，也就是宗教與心理學反思得以連結之時。宋老

師的「對論法」展現了宗教心理學探問一個重要的方法論特色，也就是透過在關係中對話，才得以看見人與信仰對象之間的來往，從而能夠對於「來往」有所反思。「透過交談而得到認識」這樣一個看起來簡單的道理，在實證主義導向的科學心理學中其實很少發生。佛洛伊德、榮格與普呂瑟的臨床經驗都是在說話中開展，他們也以這樣的對話經驗指出了宗教經驗與心理學得以遭逢的可能性。宋文里老師沿著這樣一個關注意義的人文心理學傳統，走出了宗教心理學在漢語世界的道路。本書以講座內容的形式出版，為宗教心理學在漢語世界的發生，留下了重要的紀錄與見證。

你是誰？我是誰？信仰知識體系的引路者來了

王鏡玲／真理大學宗教文化與資訊管理學系教授

　　作為一位宗教現象的研究者與教學者，以及和宋文里老師相識超過二十年的後學，很榮幸為這本《鬼神・巫覡・信仰：宗教的動力心理學八講》，寫一點點個人觀感。宋文里和已過世的余德慧，長期致力於在台灣心理學領域的宗教研究上注入在地文化與生命價值的探索工作，累積可觀的成果與影響力。宋文里尤其透過翻譯與重述西方心理學經典著作，建構漢語文化思考的主體性，相當難得。

　　我使用宋文里所翻譯的普呂瑟《宗教的動力心理學》作為教科書好幾年了，普呂瑟著作中呈現的歐美信仰文化特色，一方面有助於讀者更接近理論脈絡，但另一方面，在教學時也必須加入大量的在地宗教現象說明，以幫助同學們有更清晰的理解。因此當我看到宋文里多年的文化心理學深耕，透過本書所採取的生動論述方式，從普呂瑟的動力心理學，開出漢語理心術／述的歷程，感到敬佩。本書的論述架構，能引介讀者從重要的精神分析理論背後爬梳、對照跨文化間不同信仰的知識理念。以下從三方面來簡述我對本書的看法。

（一）引介西方理論時的漢語論述主體性

本書是宋文里以 2016 年在心靈工坊的講課為基礎發展而成的著作。本書所闡述的知識體系與文化脈絡，涵蓋了他透過以精神分析為主的動力心理學架構，並上溯佛洛伊德、榮格學派的發展脈絡與變遷。他簡要剖析了佛洛伊德在歐美學術界如何經歷不同時代的解讀，也引介榮格熱的發展概況，以及這些理論所具有的時代特色。再者，還探討了對於佛洛伊德和榮格原著在字詞概念翻譯上的準確性，及其背後所反映的西方古老信仰知識體系。同時，宋文里也透過性別意識的角度，提供慾望動力學在女性與母性化轉向的精神分析進路，例如母神信仰、陰陽調和、仁義……等，來批判父權式論述的擴充。

另一方面，宋文里重述、轉譯了普呂瑟的《宗教的動力心理學》，書中引用了普呂瑟關鍵的心理動力模型與個例，將之關連到古老中國的巫覡、鬼神、祖先信仰體系以及當前台灣社會的宗教現象。宋文里闡述神聖、禁忌與權力的慾望動力架構，讓讀者對於宗教的感知、智性、行動功能、情緒歷程與思維等等，有更切身的跨文化對話基礎，例如焚香、拜神、祭祖，在基督宗教與漢人信仰中象徵行動的對比。此外，宋文里將他在《宗教的動力心理學》譯者導讀中所描寫的心理學學術發展來龍去脈，加上其親身經歷，對台灣心理學領域的學院文化作出剖析。

（二）拆解艱澀的西方心理學理論，合體漢語古籍與社會實況

這本書宛如直播主的現場秀，一方面從關鍵概念在原文、德語、英語、日語、漢語之間的語言根源與轉譯，提出漢語自身主體性的詮釋立場；另一方面，也介紹了諸多漢人信仰古老字源的演變，例如巫、舞、靈……等，透過這些線條筆畫的結構說明，討論字源所包含的古老信仰行動。再者，宋文里運用西方心理學理論，解讀漢語文化體系的經典著作，再加以綜合延伸。例如對於榮格學說所表現的「東方性」，宋文里就自有他一套看待榮格解讀中國傳統占卜體系的看法。在榮格著作如《紅書》，或對於曼陀羅的探討上，宋文里剖析榮格的人格光譜，並以儒家價值的光譜來討論榮格的「聖」和「狂」，這部分相當精采。

本書有意思的地方，還包括使用了「岔開來談」這種開外掛的方式，讓這個講堂的論述引發更多元的討論支線，並透過和在場學員的互動，延伸出觸類旁通的想法交流，提供讀者更多的思索路徑。此外，宋文里在本書中討論台灣在地宗教對象如關公、媽祖、城隍等神明的特質，以及他自身對於一貫道、安提阿中央教會、靈媒乩身現象等等的個例觀察，甚至還提及和藝術家侯俊明曼陀羅創作之間的對話反思，在在都揭露了台灣信仰文化的多重鏡面折射。

（三）你是誰？我是誰？互為主體的思辨開展

本書特色之一，在於對艱澀難以消化的心理學外語翻譯，以及對漢語讀者比較陌生的西方人文思潮，提供了作者多年心理學與文化研究的知識洞見。宋文里的第一線現身說法，扮演知識迷宮的引路者。再者，他擔任濟公乩身博班指導教授的經歷，讓讀者看見宋文里不只是一位觀察者，也敢於介入到「巫」現場。他從一開始邀請乩身到課堂和大家面對面討論，到後來指導這位乩身完成博士論文，不只展示了他在本書中對於「大巫」與「小巫」之辨的思辨性提問，也展現出這位提問者（心理系教授）想要和「巫」進行批判式對談的決心。

宋文里和余德慧都長期關注人文「療遇」（healing enconuter）的文化實況，不只是醫病關係的重新理解，還包含引導入門者，在面對浩瀚的人文理論與跨文化現象之解讀之時，如何提問「我是誰？」。藉此，知識體系不再只是身外之物的互通有無，而是個人生命價值迷宮中終極關懷的學海引航。當我們遇到顯示超自然能力的巫者時，如何從以「神聖之名」的「你是誰？」返回來正視自身的「我是誰？」呢？

這個「我是誰？」的切身性，展現在宋文里對於儒家與基督宗教現代價值的「共同體」警覺和對於終極價值的關切，以及身為男性／客家人等身分的反思──這是一個這一代受西方人文薰陶的台灣知識份子的世界觀。宋文里透過對於性別、階級、族群等「共同體」的主體解構，剖析文化價值的「小我」與「大我」，對知識體系的意識形態提出批判，對那些躲藏在理論金鐘

罩中而無法面對現實的漢語理論派學者——尤其是那些在面對台灣性別與多元族群議題時躲在外來強勢理論中高來高去的知識掮客，作出了深刻提醒。宋文里近期著作中所展現的風骨與視野，是這時代知識份子應達到的生命實踐高度。

【第一講】

導論

動力心理學如何進入鬼神、巫覡與信仰的知識體系

本導論，是要進入「鬼神、巫覡與信仰」的世界，主要是談知識體系的問題。也就是說，我們所談的，看起來像是個很普通的常識問題，譬如我們的宗教以及信仰——然而「宗教」是一回事，「信仰」是另一回事，兩者之間有部分重疊，但不盡然相等——這樣的說法，就不太像是「常識」了。然後，我還特別加上「鬼神和巫覡」，這因為是要講出能夠跟我們自己的文化傳統之間構成有「互文」（intertextual）關係的「文化脈絡」（cultural context）。

通常我把這個傳統脈絡叫做「漢傳文化」，或叫做「漢語文化」。在漢語文化脈絡裡，談到「神」的時候，一向都是「鬼神」並舉的，也就是說，鬼和神一樣重要。如果只談神的話，顯然是來自某種其他文化的脈絡。在「鬼神」並舉的情況下，如果想要尋找參考文獻，在傳統文獻裡面可以找到很多「鬼神」；但如果你只單獨找「神」的話，雖然會出現很多四面八方的相關資料，譬如文學的、藝術的、歷史的，或很多其他範疇的東西，但就是跟我們要談的「宗教」未必完全相關。所以我們先要知道，在我們漢語的傳統裡，談的是「鬼神」而不只是「神」。把鬼神問題放到我們的知識體系當中，就西方傳統而言，應該是「神學」（theology），但在我們的傳統裡，沒有神學。思想史家余英時曾說過這樣的話：

> 神學在中國傳統裡付諸闕如，這是沒有史家會覺察不到的事實。自西元前三世紀後，中國對天和宇宙的想像僅孕生了陰陽宇宙論，而非神學。佛教帶入中國的，

除了眾多慈悲為懷的菩薩外，還有等級分明的天堂和地獄。後來道教也加以模仿而創造出「天尊」這個至高等級。這些外來信仰雖然對一般大眾很有吸引力，但思想界菁英從來沒有加以認真看待。如朱熹就曾斥道家之徒模仿佛教所為而作天尊是「悖戾僭逆」。[1]

儘管有「悖戾僭逆」的潛在危險，我們還是得用「鬼學／神學」（demonology / theology）來開始談。鬼學和神學對我們這個傳統的知識體系而言，是不可分割的一體兩面。

接著也要講一下一個關鍵字的用字問題，就是「巫覡」。本來這是屬於戰國時代的用語——在《戰國策》上，有一篇著名的言論，出自楚國大夫觀射父，[2] 他說：楚國的風俗，有很多巫覡的活動：「在女為巫，在男為覡」，也就是說，「巫」和「覡」是兩個不同性別的指稱。其實更早的慣稱，是用一個「巫」字就足以表示這種身分的所有人。我們大概可看出，「覡」是一個比較晚出的字，用「巫」當做部首，然後加上一個有靈視意味的「見」（vision），但這個字原來不一定有必要，後來在漢語中也沒有普遍化。

在談到這些原始概念的根源時，總會提到一些甲骨文、金文之類的古老字源學，因為甲金文字在文化史上是一個寶藏，可以談到距今約三千多年前的文獻資料。和西方文化相比，這事實

1　余英時 (2008)《人文與理性的中國》，台北：聯經，頁 18。
2　「觀射父」的「射」讀音是「業」。

上是非常難得的。西方世界最古老的語文是西亞兩河流域留下的楔形文字，北非的埃及文，印度的梵文，以及較晚的希臘文。埃及文最初被認為是「象形文」，但今天已經破解為拼音文字；最古老的楔形文字還很難稱為「文化傳統」，因為只有極少數的考古學者能夠做局部辨識，後來也發現它演化為拼音文字；至於較晚出的梵文和希臘文，它們都是拼音文字。相形之下，我們所承接的甲骨文，出現的時間是在三千多年前，而這種以象形、指事、會意、形聲等法則所造的非拼音文字，和現代漢字有很明顯的延續性，所以它比起西方文獻來說，不但是更為源遠流長，也是迥然有異的文化傳統。用這種資料就可以讓我們和古早之前的知識接上頭，以考察人類開始思考事物的時候，究竟是怎樣的想法，以及這些想法怎樣在文字上表現出來？因此，我們可以說，我們的傳統擁有一套很珍貴的知識遺產，可以叫做「文化財」，不過，我也要提醒大家：如果你不能善加利用，它就會只是一堆「棺材」了。

本書內容概覽

我構想這個課程的時，特別加上有關於精神分析的部分。用「動力心理學」（dynamic psychology）這個詞，最主要的意思就是「精神分析」換一個說法而已。凡是希望精神分析能具有更廣一點的涵蓋面者，就可能換用那個說法，而所謂「更廣的涵蓋面」，那當然就非「心理學」莫屬了。[3] 你們可知道：佛洛伊德

3　這種心理學，更準確地說，不同於學院裡的主流心理學，而是一種新

的著作全集，在翻譯成英文版（也就是下文中一再出現的「標準版」）的時候，它的全名叫做《西格蒙·佛洛伊德的**心理學著作全集**》，而不是叫做「精神分析全集」，雖然精神分析經過他的發明而來，這套《全集》所選輯的全部都是精神分析的著作，但佛洛伊德還有一些不屬於精神分析的作品，亦即早期的一些神經學研究，大部分沒收進《全集》裡。為什麼他的全集不叫做「精神分析全集」呢？按照佛洛伊德本人的意思，或是他的弟子，包括編譯這套書的人，都認為如此可以跟比較廣義的心理學溝通，所以當時他們還是把精神分析當作心理學的一部分。不過到了後來，也就是二十世紀末以來，我們已經很清楚知道：精神分析跟心理學已經分道揚鑣——學院裡的心理學，談到精神分析的機會很少——在心理學的課程裡，第一是不會（或不容易）單獨開設「精神分析」的課程，第二是在心理學的某幾些次領域當中，譬如人格心理學、發展心理學的教科書裡頭，大概只有一、兩章會談到精神分析，但那種談法不但很粗略，而且也很過時，沒跟上當代精神分析學問的發展。可見學院心理學的人都認為：精神分析其實已是另外一門學問。這兩者的研究方式，還有寫作方式，事實上都不一樣。我們可以看一看，目前我們在心理學的各種學會所發行的專業期刊，裡面談精神分析的文章一直都相當罕

興的「文化心理學」。在我的學術發展上，後來還進一步把它和心理治療學作了廣泛的結合，並改稱之為「理心術」，見第八講。另可參宋文里《心理學與理心術：心靈的社會建構八講》（台北：心靈工坊，2018）。

見。[4]

在第二講，我會特別談談佛洛伊德的精神分析，還有關於宗教信仰或甚至是「靈性」的問題。我沒有把這個詞寫出來，但等到下一講的時候，我們就會知道，所謂「靈性」這麼普通的語詞有其特別的重要性，但一定都需要一些和常識不太一樣的解釋。

第三講會特別談談榮格，因為我相信，凡是會喜歡心靈工坊出版物的人，對榮格都挺有興趣的。榮格在精神分析之中是一個特例，即使是在全世界六、七十幾種典型的精神分析期刊中，都沒有把榮格算在內。榮格學派發行一種特別的刊物，叫做《分析心理學期刊》（*Journal of Analytical Psychology*）。這樣的期刊就是以榮格學派為主，這又是一個很有趣的現象。心靈工坊出版了佛洛伊德著作中全部的個案史，但佛洛伊德本身的著作大都是從大陸的翻譯本拿過來改成正體字出版的，只有少數幾本是台灣的翻譯。大陸的譯本良莠不齊，因為那裡沒有嚴格的學術品管制度，只能說是一群愛好者一起弄出來的出版物，其中有很多不太對勁的地方。但關於榮格，正因為很多人對於榮格有興趣，這裡就出版了許多台灣的譯本。以這種出版現象來看，我覺得不妨

4　罕見的幾篇出現在《應用心理學研究》，譬如我的三篇作品：宋文里，2007〈臨床\本土\文化心理學：尋語路（錄）〉《應用心理研究》，34 期，75-112；宋文里，2009〈意義的浮現：自由素描與意識的探索〉《應用心理研究》，44 期，25-52；宋文里，2012〈創真行動：閱讀史瑞伯的一種他者論意義〉《應用心理研究》，53 期，215-250。這裡舉的例子是專指精神分析與宗教心理學的交集，在此之外的宗教心理學著作會比較多些，可以參看余德慧、余安邦、蔡怡佳等人的作品。

也來談談榮格。但請注意，這有一點警告的意味，為什麼呢？看看我們在本課程裡會一直提到的這本書，《宗教的動力心理學》（宋文里譯），作者普呂瑟（Paul Pruyser）有一種說法很值得注意。他說：榮格是個「見解精到，但表達很不準確」的人。

不過，榮格的全集篇幅比佛洛伊德全集還要多，所以我們也有一定的理由要來看看這位著作等身的不簡單人物——有精深的思想，但有時表達不準確，也就是說，有時候他自己也不知道自己在說什麼。因為有這樣的問題，我有一次在研究所開榮格專題的課時，也警告所有的修課同學說：你們不要對榮格熱過了頭，因為他在某些地方，包括他在批評佛洛伊德的時候，雖然講了很多，但結果我們會發現他自己跟佛洛伊德相似的地方，事實上是比不同的地方還多。換言之，他對佛洛伊德的批評不盡可信。那只是因為情感上有敵對關係。他們兩個從師友關係演變到關係決裂，但在佛洛伊德的著作裡，你會看到佛洛伊德批評榮格，但不會用「罵」的；而榮格的著作裡面，罵佛洛伊德的地方可多了。這是很不公平的，但因為大家有興趣，甚至有很多人覺得榮格與東方的東西可能有特別的關聯，所以傾向於偏袒他的說法。就這一點，我覺得我需要特別說明。也就是說，他的「東方關聯」方式，可能有不少的地方出問題，必須要指出來——榮格不是像我們所想像的那樣跟東方有親和性，而是跟西方的「靈智派」（Gnostic，也有直接音譯為「諾斯替」）傳統有更深的關係。靈智派是基督宗教裡的異端，這是榮格最有興趣的世界，西方的異端跟正統一直是平行發展的。因此我覺得很有必要討論榮格這個充滿問題性的人物，關一講特別來談談他。

【圖一】《宗教的動力心理學》
書封圖示

第四、五、六講，以普呂瑟的《宗教的動力心理學》裡的幾章當作教材。普呂瑟是個臨床心理學家，他在談理論的時候，有很嚴謹的一面，但我相信我們並不是真的要把心靈工坊的講堂當作另外一堂研究所的課。心靈工坊有它的開放性，並不是在模仿大學或研究所，所以我只取出這本書的精華部分，作為四、五、六講的基礎。

到了第七講，我們就又回到所謂的「巫」的傳統，以及巫的問題。我一開始從鬼神講起，意思是說：跟鬼神打交道的人，統稱為巫。有個現代的語詞，叫做「靈媒」。這裡有一個很有趣的地方：大家都對巫這種人物，以及圍繞著巫而發生的事態很感興趣，可是大抵上，我們的教育體制不太有機會讓你接觸到巫，會讓你認為那是屬於某種邪門的東西。我在這裡要強調的是：這是不對的。在我們已知的三、四千年傳統中，上古史的部分，最高級的官吏，在國王或酋邦首領左右手邊最大號的官，事實上就是巫，而且是自古即有傳說，你可以找得到那幾個大巫的名號：巫咸、巫即、巫盼、巫彭等等，都是像後代宰相一樣，一人之下萬人之上的人物。

巫可以有那麼高的地位，可見我們確實不可以把文化傳統中的巫當作在街上看到的那種童乩、尪姨，直接把他們視為相同等級的人物——原來不是這樣的。我們大概也知道，史學在司馬遷的手上可以說是為漢學建立起很重要的典範，可是他常自嘆史學都會被放在「巫史星曆」之間，也就是把寫史的人跟幾種不同的巫並列在一起。司馬遷的感嘆，是覺得歷史應該要更超然，從司馬遷的感嘆，就可以看得出原來巫的地位之高，在所謂的文官體系當中，他本來就是屬於最高等級的。一直到漢代，司馬遷要下筆寫歷史的時候，他還覺得要努力分辨其間的高下。

但我們講了半天，看起來我們所根據的一本又一本大部頭書籍，都是外文的。我在翻譯了《宗教的動力心理學》這本書之後，同時也一再說，像「宗教心理學」這樣一門學問，在我們華語地區是絕對不可能自動長出來的。我在〈譯者導讀〉裡寫了一段關於「宗教心理學家怎樣產生」的問題，其中包括學院本身的限制，另外還有我個人經歷的部分，這篇導讀絕不只是書的內容摘要，而是談到了一些學術發展「背景的背景」問題。

當我們把以上這些東西都談過一遍之後，當然可以看看怎樣才能發展出關於神話信仰以及鬼神學——鬼學與神學——的心理學。所以我們現在講的，簡單說，叫做「宗教心理學」，但實際上我們要談的絕對不只是宗教，而是包括鬼神、信仰，還包括那個叫做「心理學」的學問——它常常是指在知識當中的一種基本科學，譬如說，臨床醫學之下不是有基礎醫學嗎？所以當你在臨床上碰到問題的時候，就需要在基礎醫學上做一些研究。這種兩層區分的方式，亦即一層是實踐的、田野的、在生活情況裡面碰

到的，跟宗教信仰有關的現象，常常需要回到另一層次——到基礎面的底層，或是拉高一個層次，到理論後設的層面來討論。這樣的「層次論」——往下一層或往上一層——其實是一樣的，反正就是不在你原來所在的那一層。當我們在進行討論的時候，知識層次之間的問題是很重要的，必須常常放在心上。

　　對於經常碰到的宗教現象，一般的宗教人對於其中語言層次的問題是不太自覺的。假若你是屬於某一教派，或是某種信徒，那麼你就會在裡邊使用某種特定的宗教話語或論述（discourse）——你會發現同一個教派裡大家講的真理都是一樣的；但你走到外面，碰到別的教派，就會發現真理和真理之間難免有衝突，包括同樣是基督教的不同教派之間，也一樣充滿衝突。我們稱為佛教的，在台灣就可以看見山頭林立的現象，彼此之間也是互相叫陣的。可見，那個叫做「宗教話語」的，到我們這個講堂裡來談，就變成了「關於宗教的論述」，這就是在表現「不同層次」的語言。我們一定要維持這樣的講話方式，不然的話，我們就會在衝突之中陷入永遠都走不出去的糾結。那種出不去的現象，是誰也不肯讓步，在看得到的宗教衝突中，到了最嚴重的程度就是戰爭——今天一直不斷在爆炸、在開火的地方，都是以宗教作為燃點——ISIS 在國際新聞裡天天都是主角，那是什麼意思呢？那是屬於伊斯蘭內鬨的嚴重現象。同樣都是伊斯蘭傳統裡的不同教派，事實上卻早已到了水火不容的地步。有史以來，宗教一直是戰爭的基本口實，或是最大號的名義。

　　所以，跟宗教有關的事情，總會有一言堂現象，在其中，真理就好像是由一位大師所作的宣講。我們通常會稱那個講道地方

叫做「道場」，可是你也可以離開道場，進入另一個可講可聽的地方，叫「講堂」，也就是一間教室或研討室，但它絕對不是道場，也絕對不是一言堂。在講堂擔任講授的人，絕對不具有道長的身分，他最多就是一個教授，而在進行教授之時，意思是這樣的——我們要遵守一個規則：講到任何地方，如果在座有任何一個人舉起手來想要發問，這個教授就必須停下來，把發言權讓給這位舉手者。這是個不成文的規則，但事實上卻是最重要的**程序正義**規則。在教室裡舉手之後馬上可以取得發言權，但是在道場裡，我們可曾見過有人舉手向正在開示的法師、道長之類的人物發問？你們觀察過多少這樣的宗教團體？或實際上去參加過大師開講，看見有人在底下舉手發問的？其中的潛規則實際上就是「不行」，這種潛規則潛得實在太深，會讓人溺斃。

區分宗教話語與宗教論述

以上是這八講課程的總綱。《宗教的動力心理學》這本篇幅相當大的書，是很有內容（resourceful）的參考書。你想要參閱宗教心理學到底做了些什麼，其精華就在這本六〇年代出版的書裡，作者也在其中回顧了在他之前的重要經典是什麼。這在我寫的〈譯者導讀〉裡作了一些說明；他自己的第一章（導論）裡，也作了一段文獻回顧，從威廉・詹姆斯（William James）的著作開始談起。對於威廉・詹姆斯這個人物，我們對他期望很高，可是後來當我們看他的書，經過一代人的反思之後，發現他有很大的限制。他談的東西事實上僅限於一小撮人的經驗，他的重要的著作，《宗教經驗之種種》，七、八十年前（民國二十幾年）

在中國大陸就出現了中文譯本，到了台灣來以後，曾經再版（盜版）過一次，翻譯者是唐鉞。因為出版法規越來越嚴格，就不可以再用這個版本，所以後來有兩位翻譯者（蔡怡佳、劉宏信）把這本書再修訂一遍，之後重新出版，我們看到的那書名，還是一模一樣，《宗教經驗之種種》，那是威廉‧詹姆斯在十九世紀末寫出來的一本書，可說是宗教心理學的第一部經典，但普呂瑟要告訴大家的就是說：從威廉‧詹姆斯到佛洛伊德，還有很多發展的餘地。

　　威廉‧詹姆斯和佛洛伊德曾經碰過一次面，當時佛洛伊德算是年輕小夥子，詹姆斯知道他寫的東西，也稱讚過佛洛伊德，可是當然沒有仔細看。佛洛伊德所談的精神分析基本概念，無意識（unconscious）[5]，是詹姆斯還不曾談到的。因此我們可以說，到了佛洛伊德之後，才發現宗教的很多的問題，事實上不是在很有意識的狀態下產生的——我們大家都說信仰是「虔誠的」「由衷之情」，事實上這體驗大多是來自於情感，在「信」之中有很重要的一些面向，譬如忠誠、敬畏，都是一種情。對於這類事

5　Unconscious 我們該怎麼翻譯呢？很多人到目前都還翻譯成「潛意識」。我要呼籲大家不要這樣翻，因為這種翻法很容易把整套精神分析的理論搞亂。它應該叫做無意識，un-conscious——德文也是用 un 開頭，翻成英文的時候也是用 un，那在西方的文法裡面就是「不」或「無」的意思，就是一個否定的字頭。所以是無意識，而不是潛水艇的「潛」，因為「潛」是在講另外一個字，叫做 subconscious——你們知道潛水艇叫做 submarine，sub 字頭就是潛水艇的潛，這是有道理的，但到了佛洛伊德的時候，他明明是使用了一個新字叫做 unconscious，所以不要搞混。更多的理由，我們以後再談。

物，在詹姆斯的著作裡是以一些傳教士所講的材料為主，因此很多一般平信徒，以及東方的，或不在他的世界裡面的人，體驗不盡相同，詹姆斯的著作沒法顧及。

在普呂瑟的著作裡，一下筆就出現起乩（台語：起童）的案例——當然他不會用「起乩」這個字眼，起乩也不是一個標準說法。原先跟巫有關的，很多都是類似這種出神（ecstatic）、迷狂（trance）的經驗。那經驗，整體來說，應該叫做什麼呢？譬如在甲骨文裡面，有種說法叫做「賓」，就是說：神靈像是一個來賓降臨到人身上，確實是講「降／陟」。降，往下降；陟，往上升，換句話說，巫這種人會上升到神界跟神交通，而神也會下降到他身上來。有降、陟、賓之類的活動，還有起乩的那個人，整個人會披頭散髮，念念有詞，那就是我們今天寫作「若」的這個字，這個字的甲骨文寫法是這樣：

披頭散髮，兩手在頭部兩旁，跪在地上（那跪姿其實是代表女性）。為什麼她會披頭散髮呢？這表示她是在搖頭晃腦，所以「若」本來就是在描繪人的起乩狀態。起乩時所說的話是神諭，所以給「若」字加個「言」字邊之後，就變成了「諾」。「諾」是語言之中份量很重的字，意指答應了某種一般人所做不到的事情，但是用神的口氣來答應你，就叫做「神諭」，也就是「諾」。由此可看出，我們的傳統很有意思，它把這種現象保留

在一個字裡面，雖然後來變形了，我們去翻查字典，找到那個甲骨文，它原來不是草字頭，只是後來被隸定[6]成這樣的寫法。

要談動力心理學，《宗教的動力心理學》當然是值得閱讀，其中包含著關於宗教和信仰的研究，信徒、教士、研究者、人和神的關係等等，也包含我在前面講到的，在宗教語言中有一層叫做**宗教話語**，同時還有另一層叫**宗教論述**，這兩種不同層次的語言，我們有必要知道其區分。

我得解釋一下這種「必要」是什麼意思，這包括我們現在所使用的所謂「國語」，就是漢語的問題。現代漢語，其實是一種很幼稚的語言──我這樣講，對自己的文化沒什麼特別不敬的意思，就是要說：我們使用現代漢語，其中有很多的語詞，事實上是到了二十世紀以後才產生的，在那之前，叫做「前現代漢語」。現在慣用的很多語詞，在那時的字典上都是找不到的，譬如「信仰」、「宗教」，還有各種科技、政治、法律、哲學的語詞，在古漢語字典裡都找不到，是在現代漢語中才開始出現。當然，很多的語詞都是參照西方語文翻譯過來，才進入現代漢語之中。對於這種漢語發展的研究，有一位很重要的研究者是王力。他有許多關於古代漢語、現代漢語等等問題的著作。可惜在台灣少有這樣的傳承，也就是說，台灣的語言學界幾乎沒什麼人在研究古代漢語和現代漢語的比較問題。[7]

現代漢語中有很多語詞是從日本漢字借來的，叫做借詞，也

---

6 秦代用隸書統一六國文字，叫做「隸定」，這過程對於上古文字產生了很多誤解。

7 很重要的例外：梅廣（2015）《上古漢語語法綱要》，台北：三民。

就是外來語。我們今天用得很習慣，但事實上是日本人比我們先開始翻譯出來的。他們翻譯重要的語詞都使用漢字。我們在現代化過程中，事實上是先向日本借用很多的現代漢語借詞，接下來才出現一些華人自己作的翻譯。有一段時期，很多清末民初的重要學者都是留日的，因為西洋太遠，東洋比較近，他們到東洋，那時候的說法就都叫「留洋」，所以從留洋日本，學到很多漢字寫成的洋語，非常方便。用一個具體的例子來談就好了：在英文裡用的一個詞，「信仰」，你把「信仰」這個詞倒翻回去，可以找到兩個不同的英文對應詞，大家都比較清楚的是 belief，另外一個是 faith，我相信大家都認得這兩個字，但我想問：它們到底有什麼不一樣？誰可以有把握地說出這兩字的差異在哪？

【學生回答：Faith 好像是比較崇高的情操……比較屬於內心的……】

好，你用了兩個關鍵字，就是「崇高」還有「內心」。這是沒錯的，faith 這個字除了翻譯成「信仰」之外，你也可以說是「內在的忠誠」。在什麼時候可以看得出來忠誠的內在意義呢？就是它在構成形容詞的時候可以加上「-ful」，faithful，這樣就知道這是「充滿忠誠」的態度，不一定要講信仰。這裡說的是人和人，或和某種對象的之間關係，這關係如果是 faithful 的話，叫做「打從內心裡發出來的情感」；可是 belief 這個字卻沒辦法加上 -ful，沒有這個字。可見 belief 和 faith 的重量不一樣。我們在現代漢語裡，很不容易表達這兩詞的差異，只好都叫做「信仰」。二十世紀有一位重要的神學家保羅·田立克（Paul Tillich），他寫了《信仰的動力》（*Dynamics of faith*）一書，我

們就只能翻譯作「信仰」，但他要講的當然不是指任何人相信任何東西的動力，而是指人由衷地、打從內心出現的那種情懷。我們把它叫做「崇高」的——那要有多崇高呢？田立克發明一個語詞，這是我們將來在整個宗教研究中會一直不斷引用的，叫做「終極關切」（ultimate concern），或翻譯作「終極關懷」。有些人會誤以為這是「臨終關懷」，其實這是兩回事：臨終關懷指的是安寧病房裡的那種關懷和照顧；但田立克講的「終極」，指的是至高無上，就是在所有被你關切的事情之中，到了沒有止境的地步，那個狀態就稱為「信仰」（faith）。在新教面對二十世紀語言發展之後，這位神學家丟出了一個新的定義：「信仰就是終極的關切」。這樣的說法，跟剛剛那位同學所提到的 faith 一樣，是有某種崇高或無止境的意思，且當然是打從內心出現。所以我們在談關於信仰時，你去研究它，就包括要知道你所使用的字詞是什麼意思。如果你沒有搞清楚的話，就很容易陷入一種「人云亦云」，而如果分不出「臨終關懷」、「終極關懷」的話，就是「不知所云」了。我很在乎這種區分，所以會一再強調「終極關懷」之中的自我反省——我要是沒有什麼東西，會活不下去，這樣就是終極自我關懷的意思，是很切身的生命自覺。

可見，在談信仰研究的時候，會遇到很多問題，包括我們用的語詞的意思，譬如剛才講到「鬼神並舉」的必要，然後還有另一種並舉——信仰的同時也包含著「不信」，但信仰者自己可能並不知道。他會說他信神而不信鬼。我們現在講的宗教，稱為歷史的宗教，或叫做世界的宗教，都曾經有過一個古代的階段，經過某種轉折過程之後，才提升成為宗教，在那之前應叫做原始宗

教。原始宗教裡充斥的就是鬼的問題，到了轉型翻身以後，它才開始講神的問題。可是這兩者之間一直都有一些東西在糾纏，神常常都會用鬼（或魔鬼）的面貌顯現，不管在東方、西方，拍電影的時候總少不了一些鬼片，所以從這種類型影片的流行就看得出來：鬼並不是容易解決的問題。

羅馬公教（天主教）的教士會進行趕鬼。趕鬼是一種特定的儀式，但是在教義上，他們一直都是不承認的，認為這是一種邪門的招數。到了二十世紀，基於實際的需要，甚至特地要以教宗諭令向全世界公告說：在羅馬公教中，必須承認趕鬼是屬於宗教裡的正當操作。換句話說，有很多人會被鬼上身，最後就需要用趕鬼的儀式來對付。當然，新教裡不承認這事，可是它也有非常奇特的歷史，就是獵巫。從中世紀以來，有一段很長的時間，新教的地區一直在獵巫，就是把女巫抓出來吊死或燒死。一直到美國人從歐洲移民到新英格蘭的時候，他們還在獵巫。有一個著名的歷史檔案，是在塞林（Salem）出了一個獵巫案子。這個獵巫案的始末被記錄得一清二楚。新英格蘭地區居住的都是清教徒，我們由此可知，到了十七世紀，他們還是在趕鬼、獵巫，還被鬼的問題魅惑得很嚴重。可見，不管哪一種宗教，其實和鬼神的問題都離不開，雖然我們好像覺得講神比較純粹，講鬼比較邪門，其實不是這樣子，他們互相之間的關係是交叉的；而所謂的信仰跟不信之間關係也是一樣糾纏的，這就牽涉到：你的信仰可能是你意識上知道你在信什麼，但你不知道的是在你在無意識之中，還信仰著另外一種東西。

我就講一個很典型的例子。這是我認識的一位傳教士。有一

天他看到我家客廳擺著一尊像是千手千眼的木雕神像，是從東南亞帶回來的紀念品，可是它其實不是佛像，而是印度教一種看起來張牙舞爪的鬼樣子玩意。我把它擺在電視上面。當這位傳教士進來家裡，看到這個東西，就說：「不要放那種東西啦！我們信神的人是不相信這個邪門東西的！」——他說他「不相信這個邪門東西」的時候，我突然就感覺到：你倒是蠻信的呀！如果你不信的話，對你而言，你應該會忽視它的存在，但當他說那是邪門的，可見他真是信得不得了。所以我說這種信不信的問題，跟意識或無意識的問題其實也是互相交叉的，因此我們要談宗教的動力心理學，這門知識的範圍就具有這樣一種廣泛的可能性。

在普呂瑟的文獻回顧裡，會談到「詹姆斯傳統」（Jamesian）、佛洛伊德傳統、榮格傳統，還有現象學的傳統。在現象學的這部分，一般的心理學不見得都會談到，但是對他而言，這是必要的。他把幾個人，譬如魯道夫·奧圖（Rudolf Otto），保羅·田立克，還有費德里希·海勒（Friedrich Heiler）這些現象學家們寫的東西包含在他的著作裡，反覆提到。

另外，他所說的心理學，基本上是臨床心理學，或說是心理治療（psychotherapy），跟學院派的實驗心理學是很不一樣的。實驗心理學裡有很多人為的實驗條件；臨床心理學則會盡可能在實際情境，在發生事態的現場來進行研究，不必刻意去製造實驗變項[8]。雖然實驗心理學都這樣作研究，但普呂瑟要說的是：這

8　「變項」就是實驗心理學裡的 variables，有人譯為「變數」，就是人

樣的實驗心理學對我們的研究難有幫助。譬如使用很多心理測驗，事實上根本測不出跟信仰和宗教有關係的事，他們所使用的心理測驗，基本上是由精神分析傳統發展出來的，叫做投射技術（projective techniques）。如果你沒有學過心理學的話，聽到「投射」可能會有點不太清楚。它最主要的意思是說：用一種不相干的、沒有特別意義的東西，譬如讓你看一堆墨漬，你會覺得墨漬圖形像這個、像那個，把看到的說出來。通常這樣所謂的「看見」，在精神分析裡的術語就叫做「投射」，也就是你自己把它看成這樣，而不是那東西有一個客觀的形象，譬如一片墨漬看起來到底是像蝙蝠，還是像張開翅膀的魔鬼——它到底像什麼取決於你所看見的，也就是你自己投射出來的。這種測驗，最有名的就是《羅夏克墨漬測驗》，或是另外一種叫做《主題統覺測驗》，用一幅圖像，上面有人物的活動，但都沒畫得很清楚，要你看著圖講故事，於是你講的故事裡其實也有很多投射，是你自己的經驗轉投到這個圖片上，說了出來。

普呂瑟所使用的大抵上都是這一類的測驗，這跟可以被量化的測驗是完全不一樣的。在我的心理學學習過程裡，比較幸運的就是，雖然我在八〇年代到美國留學時，實驗心理學可以說是無所逃於天地間，全部都奠基在實證主義上，但幸運的是它夾雜有一、兩門精神分析味道的課程在裡邊，在心理測驗的課程裡，「投射技術」就專門開成一門專題，我去修了一學期，非常有意思。講故事，那故事本身就已經值得你去研究了，不需再把它轉

可以利用某種編碼形成數據，再用數量的方法去操作的一種東西。

成量化數據才能進行分析。

　　基本上，以上這些就是我們要進行的討論，或者我們把它叫「學問」也罷。講「討論」你就會覺得任何東西都叫討論，可是我講「學問」，那麼，討論的傳統中有一種「學問」，或者倒過來叫做「問學」，學問／問學的意思，要怎麼看呢？今天有很多人都已經忘記了，整個教育過程都是教導怎麼去考選擇題的。教育走到這樣的地步，其實已經是病入膏肓。有一次我把這現象告訴一位印度學者，他就搖頭說：我們的學生從小到大從來沒有選擇題這樣的考試，那看起來不是像在考白癡的嗎？──印度人講的，你能不吃驚嗎？

　　接下來我們要談：「宗教的問題為什麼是知識的問題？」。普呂瑟的《宗教的動力心理學》為什麼一入手就必須要談「ecstatic」（出神、迷狂）[9] 這種現象（也就台語「起童」的現象）？可見即使是在基督教千年的歷史之後，神學也好、關於宗教的知識也好，最讓人感到怪異的東西還是這樣：當一個人進入 ecstatic 狀態之後……，總之，從這裡入手，表示在宗教和信仰的現象裡，真正會讓人覺得很有「問題性」的，就是這樣的現象，這也就是我所說的：進入鬼神之間，也就是靈媒的問題。

9　Ecstatic 這個字要怎麼樣翻譯成中文，其實一直都有問題。在文學上也經常使用此詞，詩人在神來之筆時，不是有點像「神來了」嗎？就是進入一種「狂喜」狀態，可是事實上不是僅限於「喜」，因為 ec- 是出來的意思，static 的字根 stat 在拉丁文是站的意思，所以 ecstatic 就是「從你站的地方跑出來」，也就是靈魂出竅的意思──出神。然後當你出神，就會有別的神進入你身體裡，這一出一進就構成了 ecstatic 的現象。前文提到「迷狂」，其實是用同義字 trance 的翻譯。

對於現代巫術和鬼神呢？很有趣的是，台灣的民間信仰，從世界各地看起來，都是一種很顯著的文化特色。如果想要申請聯合國的文化遺產，我們的民間信仰就是個值得申請的計畫。不要以為這樣的東西好像層次不夠高——你們大概不曉得，韓國人在爭取文化遺產上非常賣力，他們有專門的政府部門，把韓國的任何東西都想辦法爭取文化遺產。那個文化遺產是指「非物質性的」（intangible）文化遺產，基本上就是文化，就是某種生活方式的表現。我們的民間信仰大可以申請聯合國的文化遺產，而且可以申請好幾個項目。因為，譬如說關公的信仰、媽祖的信仰，是兩套不一樣的信仰，他們互相之間也沒有真正對話過。可見我們遺產本身可以分開成為不同的項目，因為他們的歷史和崇拜形式是各不相同的。目前在台灣，這兩套崇拜形式都擁有數以百萬計的信徒。

　　我們來談談其中的第一個問題：媽祖和關公為什麼會變成神呢？關公，關雲長，關羽這個人，後來變成所謂武聖，關聖帝君，這是怎麼來的？在《三國志》的歷史裡面，關羽不算是個出色的人物；可是到了《三國演義》這本小說裡，關雲長變成一個主要角色。換句話說，關公這個神，是從小說裡誕生的，而不是根據史實。岳飛變成一個被崇拜的對象，是因為他有抗金的壯舉，所以變成一個民族英雄式的崇拜對象。但關雲長是一個很奇怪的人物，在三國裡面打來打去，到底是誰在跟誰打？跟曹操？跟孫權？又打、又被收買、又逃出來，看起來就是個反反覆覆的人物，可是為什麼會變成一個重要的神？這是很有意思的問題，假若把他的來龍去脈說清楚以後，果然就會讓全世界的人眼睛為

之一亮——小說可以創造出一個神來。憑他在歷史記載裡的各種作為，我們看起來覺得這個人的節操似乎很有問題，可是大家後來談「忠孝節義」的楷模，就非關聖帝君莫屬了。這有很多地方是相當費解的，因此把他搞清楚以後，用足夠的論述去申請文化遺產，就是一個很好的項目。媽祖也一樣，但我不知道我們的文化部門到底有沒有想過申遺的問題？

在這個問題上，我要說的是：我們的民間信仰發展得非常豐富、活動多樣，香火鼎盛，而且每一座大廟背後都是一個大財團，光靠香油錢收入就不得了。新竹有個義民廟，是客家人專有的廟，就光是客家鄉鎮的義民廟，也會形成財團，擁有很多土地，捐給台大、交大，這很有趣——交大（現在的陽明交通大學）裡為什麼會有一個「客家人文社會學院」？它前面加上「客家」兩個字，其實就標示出：這是義民廟捐的一份大禮。可是為什麼我們的宮廟系統可以這麼有錢？有錢的意思就是它積累，很多信徒心甘情願的掏錢出來，這就是剛才說的，「出自於內心的」，把錢掏出來，沒有比這更誠懇的了。慈濟功德會裡買一個董座，起碼是一百萬，能夠買得起的人很多，所以現在就變成有一大群董座在慈濟功德會裡面，這不也是一種特殊的文化現象嗎？它是從佛教裡面衍生出來的。我們的某種傳統宗教會衍生出新的教派，這現象若能好好整理的話，就會發現它是屬於一種很特殊的非物質文化發展。

台灣原本在憲法上，宗教和政治都是自由的，可是後來因為實施戒嚴的關係，很長一段時間都沒辦法活動，可是暗地裡大家還是需要的。一旦解嚴之後，就明白地昭告天下：所有的宗教

都是合法的。包括有一段時間，一貫道被稱為邪教，認為是地下宗教，可能有很多匪諜潛藏在裡面。結果一旦解放，一貫道的道親全部都湧出來，最多的時候估計有上百萬之眾。所以你可以想像，我們的宗教活動多麼的熱絡。它值得我們在這裡討論，就是因為我們的背景中有這麼多的活動力，可以隨時去觀察。如果你真的願意觀察的話，可以從中看到很多東西，不是光只有新聞記者寫的那樣。新聞記者在這方面沒有受過很好的教育，有很多的新聞記者發現有宗教怪現象的時候，就只能斷章取義——他們會打電話給我：「宋教授，可不可以訪問你一下？」訪問個十分鐘，隔天報紙登出來，就說宋教授講了「一句話」。真正的問題不是這樣的，我來舉個具體的例子。

有位日本記者，兩年前問我說：「聽說台灣曾經有過電子花車的現象，也就是說在喪葬儀隊前面，有個引導的電子花車，上面是個穿著比基尼的女郎在那兒邊唱歌邊跳鋼管舞。」那位日本記者覺得這實在是太怪異了：「聽說你是做這個研究的專家，可不可以請你跟我講幾句。」我說：「跟你講幾句？我指導學生寫了一本論文，寫得蠻好的，請你去查查看。你想要的答案都在上面了，不要只問我講幾句。想解釋這個現象，起碼要花上兩三個小時，但你去把論文讀完，就會對這個現象以及它的問題都很清楚了。」首先，這現象確實很怪。可問題是這種「怪」，是本地人心甘情願的。儀式中的買方花錢去買花車的時候，並沒有人強迫他。你說你去兜售，就可以兜售成功嗎？它看起來不是不倫不類嗎？莊嚴肅穆的葬禮，前面有個衣著清涼的女郎載歌載舞，很多人對這一點是腦筋轉不過來的，所以有很多衛道人士在攻擊他

們。

可是攻擊是沒用的，它有它的市場。我的學生在做研究的時候，就訪問了這些喪家，其中有一個說法（論述），我們一定會同情的。他說：「我阿公過世了。他年輕的時候，朝思暮想的，就想要去看看這個清涼性感的樣子。一直很想看，可是一輩子含恨以終。我們為了要慰勞他在天之靈，所以請了一個清涼的女郎來引導他走向西方樂園。」意思是：我阿公這一生值得這樣送他一程。這是買家這一方的心甘情願，而且道理十足。他會說：「我們發現阿公的抽屜裡面有一些剪報，都是剪一些穿比基尼的女郎，可見他一直想要嘛！我們就乾脆來一次大張旗鼓的送終，最誠敬的孝心，就是這樣子的送法。對不對？」他們是這樣講的。

在這樣的講法還沒講出來之前，大家都會覺得很不搭調：一邊在哭著送終，一邊在跳脫衣舞，怎麼會搭得起來呢？可是等他這樣一講之後，道理出現了，論述形成了，那你同情不同情呢？今天我們上網查詢太容易，不管露或不露，都很容易到手；可是阿公不會上網，所以只好靠這個。等到大家都會上網抓圖或下載影片之後，電子花車的市場就沒了。而且現在的年輕人都已經看夠了，送終也不需要送這個，大家電腦檔案裡面存得夠多了，所以我要說的是：我們要研究這個問題，有些地方你會覺得蠻怪的，可是「怪」才是學問／問學的道理。怪到日本人覺得無法理解，他來問我時，我說：「你問得好！我們本身也一樣在問，可是我們問完之後，田野就在身邊，我可以去做研究。」果然經過

這樣的問學過程，一本碩士論文就出現了。[10]

實地研究可對宗教的「固定想像」更為理解

關於宗教的問題，哲學家雅斯培（Karl Jaspers 1983:51）就曾經這樣說過：

> 宗教是每一個文化所擁有的固定想像；我們從小就應
> 該接受它，到長大才會真正意識到，它是歷史的基礎。對
> 於成年人而言，宗教不再是個權威，而是個任務。

你進入宗教當中，不是你要擁有什麼東西或發言權，而是你是有義務要去接近它。對你而言，它很可能就是你自覺或不自覺的一種叫做「終極關懷」的形式，當信徒被提供一種關切形式的同時，他很可能不太去問為什麼，就是所謂「知其然而不知其所以然」的狀態。譬如說你去關聖帝君那裡上一炷香，拜一下，對你而言構成一種關切以及表達。祂是提供給你現成的崇拜對象和方式，但是你不太需要去問為什麼我要去拜關聖？你去拜過土地公，會覺得不太夠，所以後來還要到保生大帝那裡拜一下、池府王爺那裡拜一下，最後拜到關聖帝君那裡才總算覺得夠了。這是文化提供給你的現成語言以及表達儀式套件。對你而言，你也滿足了，如果沒有這個，你也真的可能感覺到有某種不太能解決的

---

10 張瓊霞（2002），《再探電子花車：矛盾，仰望，現代性》，國立清華大學碩士論文。

不安。所以雅斯培說文化或宗教所提供的這種東西叫做「固定想像」，也許是想像出一個戲劇性的人物，然後讓你去跟他接近。換句話說，一直到今天，我們的文化遺產中有這麼一個特徵，就是我們的神話還一直在活躍著。

怎麼說呢？我再舉個例子，是關於新竹的「城隍爺」。我們知道城隍爺一直不是個真正的神，但它是一個地位，並沒有一個神——譬如說一個人物被人叫做城隍爺。那個職務有時候會虛懸，城隍虛懸就要有一個神去任職。結果在新竹地區就有個傳說：這一任的城隍輪到關聖帝君來擔任——這是一個很奇怪的現象。你們如果去過新竹觀光的話，應該會知道城隍廟的背後不遠就是關聖帝君廟。奇怪的就是，武聖廟基本上是不准許乩童到裡面做法的，譬如說行天宮是關聖崇拜的首府，它有很明白告示，說乩童謝絕在此做法。所以關聖這個神，祂有迎神活動的時候，你不會看見前面有乩童在那邊打得渾身是血。這時候你可能會覺得奇怪的是：「城隍也沒有嗎？」城隍作醮，有七爺八爺或是三太子，出來巡行，你看到陣頭裡有很大的人偶，人鑽到裡面去扛著，走路的時候手就這樣晃呀晃的，或是蹦蹦跳跳。這種東西，拍成電影是很吸引人的；到國外演出的時候，人家會覺得這是很怪也很好玩。那城隍是誰呢？大部分的人都知道：在神譜裡頭，它只是一個縣城或省城的主管，可是無姓也無名，任何地方都可以有城隍，但不知道祂是誰。所以就出現這樣的神話，說要補充它的空缺，這一任要由關聖帝君來擔任。但崇拜關聖帝君的人聽了就很生氣：「我們關聖要比祢的地位高太多了，如果要當官的話，祂已經是帝君了，怎麼會當一個縣太爺呢？這真是降格，真

是胡扯！」這很可能是某個乩童傳出來的，之後就造成「神學上的混亂」——怎麼會是高神格的神去擔任一個低神格的職位？所以我們乩童神學就是這樣亂搞的，但是當他在迷狂狀態的時候，講的話實在是無法預料。乩童講出來之後竟然還會流傳，所以我說，我們這個社會的神話還是活著的，把這說成「固定想像」，其實不是內容的固定，而是它給你一個想像因素，你可以在上面大作文章。這是歷史的基礎沒錯，由這樣的方式來了解宗教，雅斯培就講對了一個普世的法則：宗教常常是我們的一個文化想像形式。

涂爾幹（Durkheim），一位社會學大師，他寫的一大本書裡面，[11] 講人類的生存環境中，真的需要這樣的反應。換句話說，神沒有真假，你不需要去分哪個神是真，哪個神是假。當一個人一定要這樣信的時候，信仰本身就會倒過來給定義，他所信的對他來講就是真的——「信以為真」。所以，你不要輕易判斷人家的宗教是真是假。就像我剛才在講關羽的故事，有些人對於這樣說三道四會不高興。因為，如果你真的是關聖崇拜的信徒，你就會說：「剛才這位宋老師在講關公是個反反覆覆的人，可見他是個無神論者。」我就得辯護說：「不是這樣。有人做歷史研究，把關羽這個人的歷史事蹟考出來之後，發現他的節操是有問題的。」大家都喜歡談《三國演義》裡面有一段，他護送二位嫂子去投奔劉備，從曹操那個敵營把她們接出來，過五關斬六將。

---

11 涂爾幹（Durkheim 1912 / 1992），《宗教生活的基本形式》(*The Elementary Forms of Religious Life*)。

他親身替嫂嫂站衛兵，嫂嫂睡覺，他坐在外邊看書，坐懷不亂。有些小說還描述小的那個嫂子，春情發動要來勾引他，跟他調情，結果他不為所動。大家看到這一段，就會說：「忠孝節義，了不起！」我們講到關聖，就是講這些小說的重要橋段，把關公的性格用戲劇性的方式說了出來。說出來以後，提供你一種忠孝節義的信仰楷模。忠、孝，我們都知道在講什麼；桃園三結義，則不是那個「節義」，但這四個字本來是在講臣民對皇帝盡忠盡孝的節義，後來經過歷史的戲劇性轉變，就全部用在關聖帝君這個神身上了。

　　其實，在固定想像的背後還有另一層政治操作的問題，不可不知。我最近仔細看，才發現一件非常有趣的史實：滿清入關以後，他們要在漢人宗教裡面挑選哪些是可以信的、哪些是不可以的。清朝統治中國兩百六十八年，他們的手爪不忘伸到民間信仰當中。他們把關公抬高起來，但岳飛就不見了，因為岳飛是抗金的，而金就是清的祖先。所以這些韃子一來，就不准崇拜岳飛這個「民族英雄」。岳飛崇拜在明代曾經盛極一時，可是到了清代就消失了。不是民間自動消失，而是大清帝國政治干預的結果。所以，講到這種叫做「歷史的想像」，還有對於生存環境的反應，它都還需要考慮到背後的文化脈絡。我們如果去申請關公信仰的文化遺產時，把岳飛這個故事拿出來作個對比，在申請計畫上提出這樣很有意思的對照之後，會讓大家知道我們的神有很特殊的選擇性。這些有趣而實際的例子，是為了要讓大家知道：我們要談的都是有血有肉、活靈活現的傳統。

透過二階語言理解宗教

接下來我們要談比較重要的定義問題。我們實際到宗教活動的田野去觀察，帶著我們學問／問學的態度去，你會發現一個非常基本的問題：「什麼叫做宗教？」很多提問的人都會覺得不容易定義或回答，因為它牽涉的範圍很寬廣。可是換個角度來說，宗教果然會在很多東西上具體地在你眼前呈現出來。你要怎麼去觀察？根據一位宗教學者（Syed Hussein Alatas 1977）對宗教的定義為例，宗教的顯著構成要素總不外以下幾種：

1. 超自然的存在（象徵）：神

2. 順服、從屬於神的關係：信仰、崇拜

3. 由超自然界所控制的秩序行為和生命安排：儀式、命數

4. 神聖（與世俗分立）的空間安排：崇拜的場所－教會、寺院、廟宇

5. 代理或傳達神意的人員，兼神聖社群的管理人員：巫者、祭司、僧侶

6. 使生命得與超自然界相呼應的秩序：清規、戒律

7. 超越（世俗界）的信條：真理文本

8. 凝結同一信仰或秩序而成的社群：信眾，與信眾組成的周邊組織

這些看起來叫做宗教的「成分」，它會具體地落實下來——你若走進一座大廟，譬如關帝廟或媽祖廟，你首先會發現它的建築型式其實就是古代宮殿建築的翻版。民間信仰本身並沒有創造出自己特有的廟宇建築形式。

　　這裡岔開來談一下廟宇建築的問題。[12]佛教的建築物（佛寺）不是我們傳統的宮廷，那是從印度傳過來的，特別是佛塔（浮屠）。「塔」這種建築物在原來漢傳的文化裡是沒有的。印度的塔進到西藏，再進到漢人的領域之後，就慢慢的變形了。變形的過程是這樣的：塔對印度人而言不是一座樓台，裡面即使有空間也是很狹窄的，基本上它就只是個大型的雕塑而已，下面有一個底座、上面是尖尖的東西，沒有樓台。但是進到漢人的世界以後，因為漢人不理解一個沒有空間的高塔是什麼東西，於是就把它想成七層浮屠，每一層都是一層樓。所以你可以從梯子上去，然後一間房、一間房的，塔的形狀就膨脹成為七層或九層有房間的建築。在建築上來說，它原是座雕塑或紀念碑那類東西（monument），可是我們把它變成「居所」來理解。所以你現在看到漢傳的塔本身，在印度原產地的樣子根本不是這樣。塔越往東傳就越像亭台樓閣。你看它的屋簷，靠近西藏和黃河上游的地方，它的屋簷很短，有一點點裝飾性；可是往東傳以後，屋簷越伸越長，完全變成亭臺樓閣。為什麼屋簷要伸長？除了裝飾以外，還有一個很實際上的作用，就是下雨的時候可以把雨水排到這一點的地方，不然雨水侵蝕到底座，塔就很容易倒塌。屋簷在美觀上好像很飄逸的姿態，這在建築學上、美學上的因素都有。

---

12 「岔開來談一下」是這個講堂講課的一種特色，通常是因為出現了具

還有另外一種就是用文化來理解建築，它都有自己固定想像的方式，不能理解的東西是傳不進來的。這樣來看，我們民間信仰中的寺廟都會叫什麼「宮」的，可見它是根據宮殿建築做成的。通常宮殿都會有好幾進，一般人家叫三合院和四合院的，就是一進；比較有錢的大官邸可能會有三進，所以我們看大廟通常也都會有三進，就是三合院一層一層進去。越往裡面當然就是越高越深的，可是在最外面也有門面的大神。很奇怪就是媽祖廟外面有媽祖，裡面還有金媽祖，就是還有更深奧的媽祖藏在後面。同樣的神，可是不同的造型，代表不同的門面、不同的深度，越到裡面就越是入其堂奧，越深的越藏在裡頭。

回到宗教構成要素來說，有趣的是，你從大廟就可以看出它的具體形式。廟裡通常有很多活動。談到神職人員，我們的廟裡面沒有真正的主持人——以前的廟裡有個「廟祝」。「祝」這個字是「示」字邊加一個「兄」，就是大哥，是兄長在掌管這個廟。[13] 可是這種身分不見了，現在叫做管理委員會。管理委員會的主委位子，很多人在搶，他同時也常被黑道大哥所霸佔。一般所謂的神職人員，在某些宗教上很明顯就是僧侶、傳教士、教長、祭師、神父之類的，我們的神職人員雖不清楚，但一般在廟裡面跑動的，是廟宇管理委員會，開會的時候一定有特別的辦公

體的聯想，就會像這樣脫稿演出。

13 「兄」、「長」在古漢語當中本是同一字。

室，越賺錢的，辦公室就越富麗堂皇。它的空間安排、它的儀式都已經設計好了，所以任何一個廟會，完全就是在這樣一個場所裡邊及其週邊演出，就像演一部戲一樣。這個場所跟人就是一個設計好的舞台和劇場。你可以看得出它的儀式、教典、信條，還有它的偶像，全部都排在那裡，於是你從外到裡，從裡到外走一圈，再看看它周遭發生的事情，差不多一個宗教的定義就具體地呈現在你眼前。

你可以用分析的方式來說，有一個超自然存在的象徵，其實在我們眼裡就是所謂的神。有些地方不准用偶像，就改用一個字或符號來代表。清真寺裡不許有偶像，那就寫一個字。然後，重要的是對於關係的規定：你是信徒，你站的位置在這邊，不可以站那邊；你燒香的時候要先向外面，然後再向裡面。為什麼要先向外面呢？因為我們的民間信仰事實上有非常古老的來源，不要聽信有些人說我們的民間信仰是「道教」的，這種講法是完全沒根據的胡說——道教怎麼能發明關公這種神？我們只要稍微想一下，就會知道這是扯不上關係的。我們的民間信仰是從古代的祭天地、祭祖先來的，一直到今天去掃墓的時候，仍然在維持的這個已經超過五千年以上的儀式——拜天、拜地、拜祖先。我們的民間信仰在這個基礎上面，把中間的神增加到祖先和帝的位置。譬如說，從前在帝王時代拜的祖先叫先帝，所以我們現在很多的神，都叫什麼帝君、大帝的。它之所以叫做「帝」，是因為在最古老的甲骨文中，把活著的君主叫做「王」，死了以後在崇拜中叫做「帝」。我們今天的民間信仰就是從這個古老的帝王制度演化而來的一種變身。

換句話說，我們的民間信仰是把帝王傳統全部合在一起，之後，就會看到今天很多的神都帶有「官銜」。媽祖，祂叫「天妃」也叫「天后」，可是為什麼有這些不同的稱呼呢？因為祂會升官的，那誰升祂的官呢？當然是皇帝。民間在崇拜媽祖的時候，叫媽祖婆、媽祖娘娘的，而皇帝就把祂賜封為「天妃」；後來因為信眾普及全國，官銜不夠高，就再升官，變成了「天后」。從宋代到明代短短的歷史，媽祖從天妃升官到天后了。我們的神是會升官的，這跟我們的封建體制是緊緊的環環相扣。

　　我們現在所提出來的所有這些重要元素，就是如此。落實一點的話，在宮廟系統，或者是外來宗教——譬如說佛寺、教堂——都可以在其中看到宗教以很具體的東西「體現」出來。原則上來講這是象徵，可是實際上，它要不是一個偶像，就是一個教條，它就一定會很具體地呈現。譬如說一段經文刻在牆壁上，或者在天主教大學的校門口一進去就看到「真善美聖」這四個大字，這就是具體化的教條。當用簡單的東西呈現出來時，你就可以看見它。因此這些東西，一方面是抽象的、象徵的，但同時也總是歷歷可見。所以我才說：很簡單地，根據一般廟宇建築的室內設計、中心軸線，一路穿過去之後，你就可以把所有的宗教因素全部看見了。

　　有一位哈佛宗教哲學的教授約翰‧希克（John Hick），他說：「在宗教裡面，有所謂一階語言和二階語言的分別。」[14] 這就是剛才我說的，在宗教的現場，通常使用的叫做宗教的話語，

14　John Hick (1970) *Philosophy of Religion*, N. Y.: Prentice Hall.

例如哪一個神、有什麼的故事、還有我們要怎麼要拜祂，這都是用第一階的（first order）語言來敘述的，可是我們往上升一層到第二階（second order），也就是說，我們可以拿這些東西來反思一下「為什麼？」，包括「關聖帝君」之所以叫「帝君」，事實上是由皇帝給他的封號，也就是說，帝國已經把手伸進民間信仰當中，進行這種第二階的操作，但很多的信徒並不知道這種一階／二階的現象。保生大帝原來是一個採藥的儒生，可是後來為什麼叫做「大帝」？一個神凡是叫做「帝」的，事實上就表示那是循著古老的崇拜形式，升天的王叫做帝。我們現在也把神叫做帝，那就表示祂是被皇帝敕封的，如此，就已從這個名字的表面（一階）進入二階的理解。重新看我們民間信仰中各種各樣的神，跟封建體制裡面的帝王將相是完全合拍的，而這就是一階／二階關係的一個例子。透過這樣的知識結構才能理解我們民間信仰裡一個很重要的特色，就是都持有保皇黨的政治立場。當然，要認定誰是「皇」，那是另外一回事。從前一黨專制的時候，他們投票就一定是投給他們認為是皇的那一黨，但是到了今天，慢慢大家就會懂得爬上二階，去開始轉移話題。

我們的蔡英文總統，在上任以前民調氣勢就已經很明顯了。民間的相士就曾說：她的長相有一點像豬，而洪秀柱長得像猴子。像豬像猴也是另一種二階語言的運用。但說是像豬，好像不太有尊嚴，準備要當帝王的人怎麼能夠像豬一樣？他們懂得此道，就會把話題一轉說：不是這樣——我們在考古的文物裡面發現有一種龍，長的樣子像「豬龍」（圖二）——就是龍的身體上長著豬的頭。我們真的可以到博物館看到那個三四千年前的古

【圖二】豬龍

物,正是龍身豬頭,因為古代世界曾經有過這樣的一個圖騰,就是豬崇拜的氏族跟龍崇拜的氏族結合以後,出現了「豬龍」圖騰。在現實世界裡面當然沒有這種動物,但那些操持命相語言的人要想鐵口直斷的話,還真是要有一些知識才行。當他知道,也敢講一個總統長得像豬的時候,就是在背後(第二階語庫)拿得出東西,用豬龍來說你就是有帝王之相。我們的文化遺產裡面儲存了很多語彙,看你要不要用,會不會用而已。我們聽到這些語言的時候,應該知道那是屬於一種語言的操作方式。這樣的理解,就是能進入二階語言。任何宗教敘事都有所謂的一階/二階語言,一方面它的意思是指眼前的事實,但總有幕後知識,是指你可以對它反思。你在知其然而且知其所以然的時候,就是從一階邁入了二階。這是我們在進入宗教研究的時候,一定要學會的一種面對問題的理解方式。

　　我們並不是老喜歡在宗教裡做挖糞的工作，因為宗教裡面確實堆積著很多不堪聞問的東西。但它之所以能夠讓人信得服服貼貼，是因為它說到了你的心坎裡。你雖然活在自由民主的時代，但你骨子裡可能有很封建的影子，一直都沒說出口。有一次我在參加村民大會的時候，鄉長、村長都來了。村民在發言時都會說：「長官，長官，有什麼事情要麻煩您……」，後來我忍不住了，就站起來說：「各位鄉親，鄉長和村長不是我們的長官，是我們投票把他們選出來的，你們各位幹麼一直稱他長官呢？」然後我轉過頭來問鄉長跟村長說：「你們是我們的公僕，是不是？你們自己心知肚明，還會希望我們喊你『長官』嗎？」後來鄉長就說：「對！對！對！我不是長官，不是長官！」他自己知道的很清楚，趕快承認，但我們的鄉親們腦子裡裝的還是那套封建的老語言。問題是你自己心甘情願地當那個封建的奴婢，所以會一直自稱為「在下」、「下官」，就是用那種卑屈的語言，講得好順口。

　　很多人到現在都很喜歡看宮庭大戲的連續劇，一拍就是五十集、一百集，雍正、康熙，還有韓劇的某某大妃，因為宮廷的古蹟尚在，拍片的時候很方便。大家還都看得如醉如痴。有一天我碰到一位社會學的大老，跟我們吃飯聊天的時候，他竟然說：「我看那個康熙啊，雍正啊，這些影集看得真是過癮！」我一聽，就想：「那你還可以當社會學家嗎？」我覺得喜歡看這種戲的，就表示他滿腦子都是很封建的東西。你看到

帝王那個樣子，為什麼會覺得好過癮？過什麼癮？依我看來，帝王出場的同時，不就是看到一大群的臣僕，那些卑躬屈微的姿態。那些演員，我都說他們是本色演出─他們生來就是這樣，所以他們演得好逼真。但問題是，你今天看到這些場面，而不會稍微有點雞皮疙瘩感覺的話，你肯定是沒有民主素養的。你看這種戲，還會說你很過癮？帝王這種身分，以今天的觀點來說，事實上就是最變態的一種人，你想過嗎？什麼叫做三宮六院七十二妃？那不就是最大號的妓院嗎？最富麗堂皇的妓院放在宮廷裡，這就叫做帝王的生活？今天用這樣的觀點去看的時候，這種宮廷大戲有什麼好看的？身為當代民主共和國的國民，今天還陶醉在那種帝王生活裡的話，怎麼回事呢？

　　宗教裡面提供你很多類似這樣的東西，讓你去滿足前世好像還沒有滿足的東西。今天在我們的宮廟裡，還可以找到很多滿足的機會。所以當你在進行這種崇拜的時候──是的，沒錯，上輩子不知道是誰欠你的，到今天你還要──而廟裡找不到的話，你就可以去看連續劇，還是可以在裡面獲得你想要的東西。可是你也會跟著人家談什麼「核心價值」、「終極關懷」，談到關於人類福祉、追求自由、平等、博愛之類，你如果還迷戀著帝王生活的話，就不配宣稱這些價值，因為帝王的世界沒有這些東西。

　　在所有跟宮廟系統有關的語言中，到今天至少有兩種語言是他們完全講不出來的：一是關於「民主」的概念和體制，另一是「女性主義」。就道場而言，民主是什麼？應該是指其中的「傳

道、授業、解惑」活動都能融入民主體制吧？但在道場中，大師開講時，卻沒有一個人敢舉手發問──因為其中的潛規則是「不准發問」。民主這個概念，對他們而言是非常難以理解的。至於「女性主義」，在宮廟系統裡，「女性主義」這個詞彙，連門都沒有。那可不可以談「女神」呢？祂的性別是女的，沒錯，可是我的學生去媽祖廟訪查時，對信徒問道：「你可不可以告訴我，媽祖的性別是什麼？」被問的人，是個四、五十歲的中年婦人，她突然嚇一跳說：「性別喔？啊你是在說神明咧！神還有什麼性別？」這是什麼意思呢？就是你明明知道祂有女性的身體，可是你不可以說媽祖是女的。當你說祂是神的時候，跟性別就無關。你用性別去套那個受訪者，她覺得這樣簡直是褻瀆神明。換句話說，在他們的第一階意識當中，根本不會有第二階的女性主義。

這些問題感都很重要。在所謂神學的、神話思維裡，其實一直到現在都一樣使用著一階語言，譬如常不假思索地使用如同咒術的語言。我們會把這種語言習慣稱為一階，指的就是他們「知其然而不知其所以然」，不能作二階反思。

我們在後面會談到「靈」。各位應該會注意到，「靈」這個字有那麼多的「口」，那就表示「被召喚出來的」，而召喚用的就是咒語。換句話說，我們在談「靈性」的時候，以為那是在強調精神性，但你們一定沒想到，那更多是被靈媒召喚出來的一種狀態。

我們所談的範圍是「動力的宗教心理學」，事實上它的面向很廣，所以可以討論的問題一定有很多，因此我們可以從容展開這堂課。

＊　＊　＊

【學員提問】

老師剛剛說神跟鬼要並重，可以理解神跟鬼，那中間還有一個乩童，是在做傳遞的。現在有一個奇特的現象是宋七力的分身顯像，很難定義，他也不像是乩童，可是很多人崇拜他，甚至相信他。不知道老師對這個事情的看法如何？

關於乩童，就是所謂的「靈媒」，在古漢語裡叫做「巫」，他事實上有很多不同的職位——可以參考一本書叫做《漢代的巫者》，是中研院的一位研究員林富士寫的，把漢代的文獻爬梳一下就會發現，巫所擔任的職位有二十幾種，每一種都需要不同的技能。所以剛講才到分身的問題，我們可以這樣看：首先是所有的靈媒，當他開始在進入到「起童」（起乩）狀態的時候，已經不是原本自己了，所以會有所謂「本尊」和「分身」，也就是說，他本來是一個人，可是後來他會以某一個神或鬼來現身，但他們不太會直接講成鬼，而會換稱為「仙」之類的，因為鬼是有避諱的。這神仙來到他身上之後，不就至少是有兩身了嗎？就樣就叫做本尊／分身了。本來本也不必叫做「尊」，不就是本身跟分身嗎？簡單說就是這樣。

宋七力這種人，可以說他就會搞鬼，說他的分身可以分出好幾個。假若他以三寸不爛之舌，可以把這好幾身的故事擺出來，也兜得攏，那麼有七身就有七種不同的敘事方式。如果他真有本事，並且演出成功的話，當然可能讓你相信這是七個分身和一個

本身的話語。我說他不是「童乩」，但他應是準備要角逐奧斯卡金像獎了。當演員演到很入戲，你也看得很入戲，你就是被他迷到了，演員本身就很具吸引力的，而我們現在這位演員又有一個很特別的舞台，叫「神聖舞台」，在那上面，其實隨便一個小動作，馬上就具有非常高的說服力。

我來講一個可以比較的例子：在中南美洲，西班牙人、葡萄牙人把天主教傳過去了。可是當地原住民跟巫術有關的傳統信仰，巫毒（voodoo），不也一直都是活著嗎？所以中南美洲的天主教就帶有很強烈的巫毒信仰色彩。有一次當他們看到一尊耶穌聖像流眼淚，事情一傳開，大家都瘋狂地跑去朝拜。這一尊聖像馬上就得到很多熱烈的、五體投地的崇拜以及金錢奉獻。人也趴在地上，錢也丟進來了。後來被揭穿了，原來是有人在聖像裡面動了手腳，弄些機械裝置，會擠出人工眼淚，說穿了就是一個活動娃娃，跟我們元宵燈節的花燈一樣，只是它的動作就簡單到只是流下兩行眼淚，就具有這麼奇特的感召力。所以我要說的是，你講宋七力或任何一個靈媒，他是在一個神聖舞台上，不需要有太多的表演，一、兩招就可以把人說服了。換句話說，這種服人的方式，不是他這人厲害，而是他的背景提供他這種超然的影響力。

這一類的人後來總會被揭穿。什麼叫揭穿？具體說來，他出版過好幾本在分身時身體發光的攝影集，都以高價出售，信徒們都會買。因為我在做宗教研究，要蒐集資料，國科會有補助經費，就買了幾本放著。後來過了一陣子，我發現一個很奇怪的現象：宋七力的那幾本書頁被蛀蟲蛀光光。可見他使用的銅板紙是

低成本的那一種。我也收藏其他的大本畫冊，也是用銅版紙印刷的，從來沒被蛀過，可是宋七力的那幾本真的被蛀光了。是因為很神所以很好吃嗎？——這根本是偷工減料，用品質很差的銅版紙卻賣很高的價錢，這還只是他被恥笑的原因之一。最糟的是他的「分身」影像是利用暗房技術，把幾張不同的底片疊上去，讓背後發光是很容易的。懂得暗房技術的人就看得出來，這是拙劣的三流技術。雖然我們有很多人都是被聯考制度養大的，不過還是留有一點點起碼的聰明，要是你自己玩過攝影術，也懂些暗房技巧的話，你會看不出來嗎？

　　總之，宋七力事件已經結案了，沒什麼好討論的；他的整套表演技術實在是拙劣不堪，比他高明的還很多。因為有些神聖的表演會需要犧牲，需要他整個人挺身奉獻，去做一些驚人的事情，必須付出很高的代價。但宋七力不必付出什麼代價，哄到別人就好了，當然很容易就被拆穿。

【學員提問】────────────────────

請問老師剛舉的例子都比較是台灣宗教的，那這是刻意的？還是說為後面鋪陳，或是你對基督宗教有另外一種不一樣的看法？

　　我在翻譯《宗教的動力心理學》時，一開始我就要承認這是在做國科會的經典譯注計畫，還特別要說，一個所謂宗教心理學學者是如何培養的。那就要講到這個作者，從荷蘭移民到美國的保羅・普呂瑟。

　　要談西方的知識底子，我要特別講的就是：在歐洲的教育環

境，譬如中等學校教育，體制跟我們不一樣。他們有菁英教育的體制，在歐洲大部分都還保留。這在美國是不可能有的，因為美國從建國開始就沒有所謂的貴族；可是在歐洲是有貴族的，雖然貴族社會已被打倒，但是「貴族學校」這樣的觀念仍然存在，於是他們就有貴族教育，其實就是菁英教育。這樣的中學也有各種不一樣的名稱，在德文裡叫做 Gymnasium（高級文理中學），這就是英文 gymnasium，健身房。你們一定會覺得奇怪，為什麼一所菁英學校會是健身房呢？事實上它原來就是「武道館」的意思，也就是培養騎士或武士子弟的地方。所以他們是文武兼修的，都是將來準備要接掌治國大任的人。一直到今天的歐洲教育裡面，這些都還保留著，法國、德國、英國——貴族教育一直都保留著。進入貴族教育體系的人，果然是一介菁英，年輕的時候，約十六歲到十八歲，人家已經準備要把治國大任交到他手上，因此教育方式就會非常不一樣，是有任務在身的。他們所學的東西，跟我們這種背一背書就可以考幾分的教育完全不同，真是有個很長遠的導向。他們在中學的時候已經開始讀大學的東西，「哲學」在中學是必修課，而我們的中學有哪個學校在教哲學？有些老師可能會暗地裡說你有哲學的慧根，會建議你讀一些哲學的書，可能有些老師會建議資優生說：「你的資質不錯，可以多看點課外讀物，如哲學史，或伯拉圖的《對話錄》，可以先去看看。」但是我們的課程對哲學卻是隻字不提。在法國有一個國家的會考，就是「哲學會考」，憑這次考試就會看得出學生的資質高低。所以，想立刻跳進西方的知識傳統，對我們而言是沉重不已的負擔。

這裡我已經開始引了幾個西方學者，雅斯培、涂爾幹，還有卡西勒（Cassirer），講的話都那麼重要。其實我們在講「論述」的時候，背景上支撐這種論述的哲學家，沒有一個出自漢語學界。在田野裡，你方便觀察到的就是我們民間信仰的狀況，就我們的體驗來說，是比較容易接近的一階現象。我絕對不敢說：在這個地方就足以提出一套神學和哲學——我們一直都沒有這樣的學問，不是嗎？我們的神學是極度不成熟的，哪裡可以看得出來呢？

從儒學的傳統到宋明理學，也是一直在講一些似乎跟「神」有關的東西，但那只是講「精神」，而不是在講崇拜和信仰的「神」。整個儒學裡面講的終極關懷就是「聖」，最重要的崇拜就是聖人崇拜，沒有神的。朱子跟弟子們在書院裡，弟子會圍著他問跟鬼神有關係的問題，要請夫子指點一下。但在《朱子語類》裡，朱熹事實上是很不耐煩地在回答弟子們。他說：我們的聖人之學中根本不要談這種鬼話連篇的東西——什麼是鬼啊？什麼是神啊？他說：鬼就是屈，神就是伸。神鬼之道就是屈伸之道而已。就發音上來講，「屈」這個字的發音，很可能在吳語裡跟「鬼」的發音是接近的。所以「屈」這個字在朱熹那個時代，它的讀音一定唸得像「跪」字、「鬼」字。至於「伸」跟「神」的發音就不必解釋了。鬼神就是屈伸，他的神學就是把鬼神塗掉，然後轉到人道上面來講。聖人之道裡面沒有鬼神，如果有神的話，神就會是不測的，那講的是《易傳》的道理，那裡的神不是在講偶像神，而是講一種幽冥難測的力量。

因此，我們現在要跟西方神學作比較，其實都是不對稱的。

可是反過來說，可能存在一些可以對等的概念，我們想辦法讓這樣的可能出現，才不會顯得我們真的到現在還只在拾人牙彗。雖然我很努力想要這樣做，可是說老實話，我現在還寧願多花些力氣去做翻譯。編輯跟我邀稿，叫我寫些靈性體驗之類的，我就說我們寫的這些都沒有什麼值得看的。大家寫來寫去都是講一些層次很低的東西，因為我們的傳統對於這些其實教養不夠，不太能夠談出什麼重要的內容。

《宗教的動力心理學》的導論，對於宗教心理學的整個發展史交待得很好。至於我寫的〈譯者導讀〉又是另外一層，可以說是說明了在地的學者怎樣去體察這個問題。我也花了一些心血編寫「建議延伸閱讀書目」，真的想要進入這個世界，那麼，這些書的閱讀就是難免的。

【第二講】

動力心理學與
佛洛伊德的精神話語

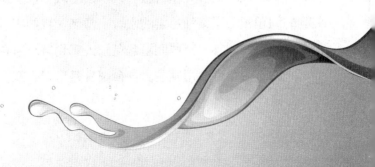

宗教與「宗教性」

前講提到的《宗教的動力心理學》是我們用來奠基、墊底的磚塊，裡面有很多問題值得我們思考。但是我們並不容易「無縫接軌」地直接進入書中的世界，有不少概念需要先鑽研，就用這一講來引導大家進入。

「動力心理學」這樣一個名詞跟宗教心理學的結合並不是直接的；因為「宗教」（religion）跟「信仰」（faith），有個顯著的差異──宗教常常指的是宗教的組織、派系；宗教也有其特殊的經典、教義，組織裡面必定也有一群神職人員以及信徒形成教團。一般來說，宗教指的是這種具體客觀的東西。可是，我們現在要談的問題，基本上要脫離這樣的客觀取徑，直接觸及「宗教性」的問題。我們把 religion（宗教）加上字尾「-ity」，形成 religiosity，就是所謂「宗教性」。這裡的重點不再是人參與了什麼宗教組織，讀過什麼宗教經典，而是要討論你有沒有信仰，甚至還涉及虔誠與否的問題。「虔誠」是信仰中的一個重要概念，並不一定是以任何人或任何東西為對象。所以，religiosity 同時也是一個心理學的名詞，要點在於主體的狀態。

設想我到一個地方進行宗教性的調查，沒有選擇性地挨家挨戶發出問卷；這個調查的問卷在設計上有個考慮，就是無論受訪者的宗教是民間信仰、基督教，或伊斯蘭教，都不應感覺到這份問卷的問題預設了某種特定的宗教。當然，我們不能假定這是一份普世通用的問卷。有些問題難免讓人想到自己所在的傳統，譬如：「你是否覺得食用某些食物會讓身體呈現『寒』、『熱』的

效果？」這是我們很熟悉的所謂「食補」的概念。為什麼會有這樣的問題呢？因為宗教確實也是一種救濟人的方式，於是宗教跟醫藥的傳統肯定有關聯。宗教的救濟除了給你安慰、給你鼓勵，也包括給災難中的人所需要的宗教救濟，甚至救贖。如果你身體不好，因此告訴你該吃什麼食物，這不也是在「救濟」嗎？比較敏感的人或許會問：「這是民間信仰的問卷嗎？我是基督徒，所以我們不太在乎這一些。」——不在乎嗎？食物的「寒」與「熱」性質，雖屬於漢醫的概念，而漢醫和我們的民間信仰早已是水乳交融的關係，所以我很懷疑天主教和基督教的信徒有可能會排斥這種問法。但事實上，信仰基督宗教並不會把你的文化背景都掏光。天主教傳到東方世界以後，利瑪竇等早期的天主教傳教士向教宗報告，說天主教不能夠反對漢人的祖先崇拜，否則，這個宗教注定會被排斥，根本連生存的機會也沒有。於是他們在教義上就做了一些修改，允許民間舉香拜天、拜地、拜祖先，甚至這也成為他們教義的一部分。也就是說，外來宗教總會以入境隨俗作為宣教的基本條件，這或多或少調和了「基督宗教」跟傳統信仰互相排斥的問題。

總之，我們在談宗教性的時候，就會牽涉某種行動，或是對某些事物的態度。但重點還是在於，這個行動表達了：「你到底是不是一個虔誠的信徒？」——那就是在定義「宗教性」時的基本問題。在此同時，這個宗教性有個重要的涵意，叫作「精神性」，甚至還包含上一堂課提到的終極關懷，也就是「信仰」、「靈性」語詞所指涉的內容。這些語詞都有不同的來源，我們往後討論會分別探討這些用語背後的不同脈絡，以及其中會碰觸到

哪些問題。以這樣的方式來談宗教性，就必須動用動力心理學。動力心理學是精神分析和現象學結合的產物。

佛洛伊德的「靈魂」

佛洛伊德，也就是精神分析的開創者，是個人文素養非常高的人，他的作品曾經被提名諾貝爾獎。他被提名的是文學獎，而替他辯護的正是德國文豪湯瑪斯・曼（Paul Thomas Mann）。湯瑪斯・曼在推薦的信上說：「佛洛伊德的文字素養，跟我，湯瑪斯・曼，是不相上下的。」也就是說，他的文字可以媲美文學家或哲學家。歐洲人知道這樣的歷史，所以視佛洛伊德為人文學者，儘管他從事的工作接近於醫療領域，但在美國，至少在 1950-1970 年代間，竟然出現許多把佛洛伊德視為異端邪說或洪水猛獸的出版品。所以，我要說的是：從源頭來看，佛洛伊德所做的，很多都是屬於人文領域的工作，我們從他寫的書就可以看得出來。譬如，《圖騰與禁忌》談的是原始宗教的問題，所以他對人類學的問題也有明確、深入的涉獵。他晚年寫的《摩西與一神教》展現了他對古代史，以及希伯來與埃及的歷史知識。另外，他還研究達文西、米開朗基羅等文藝復興時代的重要畫家，等於為他們寫了很特別的傳記，可見他對藝術也非常在行。

還有一件很有趣的事情：佛洛伊德還沒有成名之前，曾經修過一位來自義大利的哲學家布倫塔諾（Franz Brentano）所開的課。布倫塔諾在同一學期的兩位學生，一個是開創精神分析的佛洛伊德，另一個則是開創現象學的胡塞爾（Edmund Husserl）。換句話說，佛洛伊德和胡塞爾曾經是同學。所以，如果你說佛洛

伊德的學說帶有某些現象學的來源，這並不是瞎扯。他的精神分析理論確實常常牽涉到某一些現象學方法；但是，如果不去強調，也許很容易被忽視，所以我在這裡特別先提出來，好讓我們在往後可以多加注意。

普呂瑟就很明白地指出，動力心理學就是佛洛伊德所認識的無意識（unconscious）的那一套理論模型，再加上一些現象學家（如前講我們提過的奧圖、海勒等幾位現象學家）的作品。他反覆提及的尤其是奧圖這個人。奧圖的某些東西會進到他對於動力心理學的基本定義當中。因此我把這個講次的主題稱作「動力心理學與佛洛伊德的精神話語」。「話語」（discourse）也包含著「論述」的意思。Discourse 在台灣常翻譯為「論述」，在大陸習慣叫做「話語」，所以這兩個詞是可以互換的。但是，基本上「話語」和「論述」兩者除了重疊的意思之外，還有不同的層次。為了表現區別的意思，我們這裡就把第一階叫做「話語」，第二階叫作「論述」。有時候我們需要字斟句酌，這是不得已的，因為聽到後面你會發現你們習慣的有些詞如果用錯了，不但誤導你，甚至於攪混了一池水，然後大家就在混亂之中不知道在說什麼。我們要談知識的話，不可以這樣打混。

我現在開始要進入到稍微有點嚴肅（serious）的問題。請注意：我們談「宗教性」，並且也就談到關於「靈魂」的時候，那麼，在精神分析裡面，如果你的專業背景是醫療的話，你會跟病人談「靈魂」的問題嗎？不太可能。你可以到臨終病房，有一些宗教團體會在那裡誦經、禱告，那時候談靈魂是可以的，但醫師仍不會加入一起認真談這個問題，大家都知道是如此的。但我要

問你一件事情：請問在佛洛伊德自己的著作裡，談不談靈魂呢？現在我們要跟大家肯定是有的。

　　有一位作家，布魯諾·貝特海姆（Bruno Bettelheim），也是一位有名的精神分析師，他的著作比較多被人家瞭解的，是談關於童話的研究。可是他在精神分析方面也還有很多其他作品，其中有一本叫《佛洛伊德和人的靈魂》（*Freud and Man's Soul*, 1982）。他本身也是從維也納移民到美國的，於是他可以說：佛洛伊德跟我是同鄉，我們都是在維也納使用同樣語言的人，因此非常清楚他在說什麼。佛洛伊德的語言被翻譯成英文的全集標準版，[1] 但我現在要講的是，貝特海姆要檢討的是關於全集裡的翻譯問題。他說：「佛洛伊德在解釋、研究他的夢，曾經這樣講過：『……夢是我們靈魂活動的結果。』（…that the dream is a result of the activity of our own soul。）」他就把原文寫出來附在後面，[2] 要點就是其中出現 *Seelentätigkeit* 這個字——*Seele* 就是 soul（靈魂），然後加上它的語尾 *-tätigkeit*，就像加上 -ity 之類的英文字尾一樣，也就是 soul 這個詞在德文裡面有名詞態跟形

1　大家都知道標準版是史崔奇（James Strachey）夫婦兩個人合作，把全部佛洛伊德的著作，包括先前的譯本收集起來，沒有翻譯的就由他們動手譯完，陸陸續續地在五〇、六〇年代之間，就把全集出版完畢了。我們今天可以看到的英文標準版全集就有 24 卷，我的書桌上就有這一套，你們如果喜歡的話，可以另外買到 24 卷的濃縮本。唯一在中文世界裡面出現比較多的翻譯本叫做《佛洛伊德文集》，是遼寧長春出版社出版，在台灣就把這套書拿來改成正體出版。這個文集裡所包含的大概只有標準版全集的三分之一，這是目前最多的中文譯本。

2　…dass der Traum ein Ergebnis unserer eigenen Seelentätigkeit ist.

容詞態等等，而德文裡的 *seele* 就等於英文的 soul。下面還有一句，佛洛伊德對於他的整套學說，他也常說：「我的理論是在談靈魂的結構（the structure of the soul）。」[3] 他的原文 *seelichen* 是個形容詞，也就是 of the soul，但英文 soul 沒有形容詞。他三番兩次地在使用關於「靈魂」這個字，但是非常遺憾的，這個字在英文的全集當中都不見了。也就是說，翻譯者史崔奇夫婦是比較屬於醫療領域的人，他們除了在英文找不到字來翻譯 of the soul 之外，還更進一步把它翻譯成 mind、mental。這樣就變成很中性，不會讓人立刻想到跟宗教有關。可是在佛洛伊德的原文裡面，他要談靈魂的時候，顯然就知道靈魂的拯救是在講救贖，而不是講一般的安慰、救難或給吃藥之類的。所以貝特海姆這本書名叫《佛洛伊德和人的靈魂》，他認為佛洛伊德真正要拯救的是人類的靈魂，而不光只是談醫療（治療）。

貝特海姆挑出全集裡面像這樣誤譯的字，其實有很多，被翻譯弄壞了。我在《重讀佛洛伊德》一書上列了一張表，可以去查閱。裡面有很多的字，我們在《標準版》上看到的用法，跟他認為應該要更改成比較好的用字，意思不同，這樣的討論在後面會有很多。法文版在翻譯的時候，因為是比較晚出版的，已經注意到這些翻譯用字的問題。同時法文翻譯者不一定是屬於醫療專業的，不會像英文版那樣重蹈覆轍。

3　*die Struktur des seelichen Apparats*

夢與現象學

接下來，我們要進入關於「精神分析是不是可以和現象學結合起來」這樣一個基本的問題。我們從這裡開始，算是別有用心，可以說是用比較晚近的現象學來回顧精神分析理論。在整套精神分析裡，會談到很多現象學概念，這也是後來的人才曉得的。我們只要把兩套非常精要的精神分析理論模型做個仔細的推敲，就會發現精神分析和現象學事實上是沒辦法分開的。首先是關於夢的問題，後面還會談到關於後設心理學的理論模型。

在夢的這個問題上面，會出現「顯夢」、「隱夢」，在英文裡面顯夢叫做「manifest dream-content」，隱夢叫做「latent dream-thought」，所以我們的夢是由兩層所構成的。顯夢就是指夢景，好像你看得見的東西；隱夢就好像是夢的思維一樣——不過這個名稱是不對的，夢並沒有在思考。你在作夢的時候，當然不能說你在思考什麼，夢出現的時候不是在思考。但它在某個面向有一點像思考的樣子，等一下我們就會談到。

有些時候，佛洛伊德解釋道：那個夢景是可以翻譯成文字的。這裡說的夢景是指夢的影像，就像在電影看到的鏡頭；可是有些時候，那個視覺卻很可能是在跟你傳達一些文字的訊息。所以佛洛伊德至少發現了，有時候夢像是在講話一樣，只不過是用圖像的方式來講，但你把它叫做「在思考」，就不太對了。所以，如果我們問：「夢到底在想什麼？」——夢沒有在想什麼，它事實上是把整天殘留的所有神經反應，在夜間睡眠時回饋到大腦。腦部把白天大大小小的事情，利用夜間做一次回收

（recycle）。睡眠時，整個人進入休息的狀態，所有運動的官能都暫時停止，可是腦子不會停止，那它如何運作？它在這時候的運作不能叫做思想，可是我們可以這麼說：夢本身至少是由不同層次的運作結合在一起，因此當夢出現的時候，比較特殊的就是夢常常像是經驗的變形：偽裝、扭曲、濃縮，甚至於還會像五鬼搬運，把一些不同的東西搬來搬去。佛洛伊德在夢的研究當中，把夢的幾種原則都說了。夢有很多種鬼把戲，所以你在回想夢的時候，就會發現：「我怎麼會夢到這種東西呢？」對任何人而言，所有的夢都是怪怪的——「怪」就是說，在白天的日常生活理性之下，你不太可能想到的東西，在夢裡卻會出現。甚至你覺得很邪惡、很不該有的東西，夢裡面還是照樣出現。如果坦白地把夢告訴別人，會很嚇人的。所以在我們過去的傳統裡面，夢這種東西不太能講，大概就只能用少數的解夢手冊，或某些籤詩之類的來解讀。還有我們講的巫，他是可以談夢的。可是在整個人類的歷史裡面，只要是正正當當的人，就不太會跟人家說夢，所以我們會說「癡人說夢」——說夢的人不就是講夢話嗎？意思就是那是不合理的東西。

夢雖然是這樣，可是在佛洛伊德，這個大膽的人，去動手研究夢的時候，他就知道夢之所以會歪曲、會變形、會有各種象徵的作用，或是好幾樣東西的濃縮，一定有其道理。只要有辦法把它解開，我們可以知道夢到底「想要說什麼」——也就是你自己到底是在想什麼。不是在思考，而是一種意向（intention），意圖和慾望的表態。慾望跟思想很不一樣，慾望就是「要」——要可以說是沒有道理的，我肚子餓的時候，我就要，譬如今天有特

別的胃口，就是要吃牛肉麵，可是問你為什麼的話，你很難講為什麼。那個「要」，我要吃，該怎麼解釋呢？你有一種意圖，可是意圖本身，我們可以說它是慾望，所以佛洛伊德的精神分析大部分是在解釋關於慾望的問題，而不是在解釋思想的問題。只不過這個慾望絕對會延伸而構成思想。你要去取得牛肉麵的時候，需要經過什麼手段？首先要獲得訊息，然後會有一大堆手段、工具的思考，目的就是要去吃那家聽說很好吃的牛肉麵。所以慾望當然會跟思考的問題連在一起，但慾望其實是比較底層的東西，思考常常是為它服務的。佛洛伊德要解釋的問題是如此。我先暫時這樣講：夢不管有幾層，也許只分成兩層似乎是不夠的，但是總而言之，用兩層是方便解釋。

夢本身的作品叫做「夢作」（dream work），就是說，作夢就夢出東西來。關於 dream work 這個字，如果你稍微用心一點會發現，work 這個字，在英文裡常常不只是指「工作」，同時也指「作品」。因此 dream work 以我的特殊譯法叫做「夢作」。你的夢作，你的大作，也就是夢本身就像作品一樣呈現，總合起來叫做「夢作」。佛洛伊德在使用這個字的時候，也有意要說夢是一個作品，可是因為有些人不知道這意思，就只在表面上說那是「夢的工作」，有些中文書上說「夢工作」。我覺得「工」那個字完全是多餘的，但另外一方面，它絕對是作品。兩面的意思要同時包含的時候，加上一個「工」字，就削弱掉了「作品」的意味。

平常一個人在一晚會作多少夢呢？有人專門做睡眠研究，譬如用腦波來紀錄，它可以在受試者身上黏很多電線，睡一晚就可

以看到你整晚的腦波起伏。比較重要的是眼球快速活動（rapid eye movement, REM）的時間，正好就是你在作夢的時候。作的夢越是戲劇性的、越是動人的話，眼睛就越會動得很快，互相之間的關聯非常明確。一個晚上你可能會有好幾次眼球快速運動的時間，一個人平均每晚大約五次左右。

要點就是，我們要了解夢時，其實裡面隱藏了一些關於現象學的問題——你要把它顯現出來，你在描述任何一個東西的時候，現象學就開始介入了。介入的意思是說，事情不是你看到什麼就說什麼——沒有這麼簡單。例如新聞報導，當攝影機到現場報導時，就說是現場直播，就看到了真相。我們不能這樣天真——鏡頭是有一定方向和角度的；真相事實上是 360 度，球狀的，在全方位發生，而鏡頭能夠捕捉到的不過就是一個角落而已，還有很多邊旁的故事沒有抓到。所以，真相就真的被現場直播抓到了嗎？那其實叫做選擇性觀看。拿攝影機的記者有一定的習慣，一方面可能是隨意的，一方面也可能是故意的。這些都不符合現象學描述的原則。現象學原則是說：如果有事態發生，事的「本身」要「顯現」出來。什麼叫做「事的本身」？這很費解的，事的本身是什麼？因為我們大家都習慣看到各種片段、角落，雖然凌亂不整，卻被講成「一件事」，說有人、事、時、地、物這樣。譬如一個兇殺案件，各種跡象串起來就是「一件事」；可是現象學家告訴你，不是這樣子的，他會告訴你說，有什麼事在那裡發生的時候，它絕對是要說「事本身的顯現」。也許你會覺得這說法很不著邊際，可是它一定有一個重要的道理，才會讓一個新的學問誕生，這是現象學的問題。

釋夢的一種現象學模型：意識／前意識／無意識

我們現在要講的是：根據夢的問題，再加上後設心理學的理論。意思就是說，在精神分析裡，它預設了一個看起來無法討論的東西，就是「無意識」（the unconscious）。佛洛伊德的夢研究那本代表作，*The Interpretation of Dreams*。早期台灣的譯本以及現在大陸的新譯本都常叫做《夢的解析》，有些人覺得這樣翻譯不好，因為「Interpretation of Dreams」應叫做「夢的詮釋」比較對，大陸有一種譯本叫做《釋夢》，就此而言比較準確。但貝特海姆還是認為，連這樣的譯法都是過度解釋。

這本書，佛洛伊德的原著叫做 *Traumdeutung*：*Traum* 是 Dream，*deutung* 在德文裡的意思是「打開／揭開」，所以他的原書名是「把夢打開／揭開」的意思，揭露夢的祕密，我們若把它譯做「解析」就造成了過度解釋。「詮釋」也一樣有問題，不過英譯本都用這樣的譯名，我們就暫先跟隨。這本書是 1900 年出版的，那時是他研究生涯的早期。關於 unconscious 那個字，他已開始使用，但那時他還沒整理好關於 unconscious 到底是什麼。隔了十五年之後，他才把有關於 unconscious 這整套東西整理起來，寫成一篇文章。在這裡，他一再說：unconscious 本身會形成一個系統。我們這就來談談這是怎樣的一個系統。

我一直強調要把 unconscious 翻譯成「無意識」，因此在這裡必須特別作點解釋。許多的書上都把它寫成「潛意識」，我必須強調，「潛意識」的翻譯是錯誤的，為什麼？這樣說吧：因為在佛洛伊德的整個系統裡包含著 CS、PCS、UCS 三個層面：

CS 就是 conscious，意識；UCS 就是 unconscious，PCS 則是一個重要的字眼，preconscious。我們在翻譯的時候，這個 preconscious 毫無疑問應是「前－意識」。

在佛洛伊德以前，早有人研究 subconscious，在中文裡，也很早就把它翻譯作「潛意識」或「下意識」，就像 submarine 潛在水面下，叫做「潛水艇」。可是當佛洛伊德發明 unconscious 這個概念的時候，un- 這個字頭，在德文、在英文，意思都是說「不」、「未」、「沒」、「無」……，從其中挑一個字都是對的，但翻成「潛」就是過度翻譯了。Unconscious 沒有「潛」這個意思，所以我們現在要挑個正確的譯法，就是「無意識」。在外面看到精神分析的著作上，到處都在寫潛水艇的潛的時候，真是只能嘆氣，因為他們沒有碰到「前意識」問題的挑戰，於是不需要區分「前意識／潛意識」這兩者，所以他們也從來不想要搞清楚。

佛洛伊德在談意識和無意識的時候，一定要在系統中加一個前意識，為什麼呢？問一個簡單的問題：你作夢的時候，那是無意識在作夢？還是意識在作夢？你睡著了，你的思考、那些叫做意識的官能肯定都已經在封閉、休息的狀態，因此你可以說：夢本身是無意識的。可是第二天你醒來了，你回憶你的夢，不是會回憶到夢的某些片段嗎？這時的夢不就變成是有意識了？所以夢可以具有兩種性質：當它在作夢的時候是無意識的，可是到你醒過來之後，它會變成有意識的。佛洛伊德在此必須解釋無意識怎麼會變成有意識了。請注意，那意識是指回憶。也就是說，你需要利用回憶的注意方式，把昨晚到今天凌晨所作的夢帶回來。帶

回來的時候，你可以說它在你的腦海裡還留有一些注意的痕跡，所以在夢裡面的那些景象，可能確實被你記得了。但你要曉得，你看過電影留下來的影像，跟你自己處心積慮想什麼東西，也就幻想的什麼，那個都會有「象（影像）」出現，可是夢所留下來的「象」有個特徵，就是它的記憶痕跡很淺。假若你真的想要把自己的夢保留起來，那你必須要隨時準備一本筆記簿，早上起來的第一件事情，就是趕快把你所記得的夢寫下來，否則的話，到了下午、晚上就再也沒辦法想起來了。夢的記憶痕跡確實很淺，但畢竟它是有意思的——你在回憶的時候不是只在回憶夢的那些景象，而是利用故事的結構，把它說成故事。這裡所謂的「意思」，就是注意（attention）的結果，後來佛洛伊德把這種注意歸為前意識的功能。

夢產生的前後順序跟你說出來時的順序往往不太一樣。你既然用敘事法的方式把夢給說了出來，所以夢在你的敘事之中已經被扭曲了。假若你的視覺保留能力比較發達，說不定你確實是可以記得一個個像鏡頭般的影像，但要說出來的時候，會發現有困難。就像你看了電影，想把電影的情節說給別人聽的時候，大概只能講講故事大要，然而大螢幕裡面發生的事情非常多，在敘事的時候，你要挑哪些部分講呢？你若永遠都只挑男主角、女主角，那是不對的，譬如他們兩個同時在看山谷，鏡頭帶到山谷的畫面，此時他們的對話只在背景裡出現，但是，山谷的景色在你的敘事中可能就不講了，你會繼續講他們兩個在說什麼，所以，敘事是很有選擇性的。可是那個拍電影的人為什麼要拍向山谷？因為那景色是他倆的心情很重要的寫照，你在講這個景的時候，

你就講不到他們的心情，這樣講故事是很沒有味道的。但作夢很有味道，所以作夢跟很厲害的導演在拍片選景時是一樣的——「夢景」事實上都是在說有意思的東西，所以你要把事情說出來，並不容易，不是有意識就一定能說得到。

於是，我們可以說，當你把無意識的東西帶到意識的世界時，中間需要通過一道關卡，叫做前意識（preconscious）。前意識有個很特別的機能，這是佛洛伊德特別講到的，叫做注意（attention）。在發生一件事的時候，我們要注意這個、注意那個，假若我注意的是這個，就注意不到那個了，不是嗎？換句話說，前意識有一個很奇特的功能，就是讓注意到的東西進入意識，而沒注意到的東西，就遺忘了，掉進那個沒辦法記憶的地方，也就是會掉回到無意識中。所以前意識是介於意識與無意識中間的一種功能。

我要說的是，現象學對這個問題特別在意。當我們要談無意識的時候，現象學究竟是怎麼談法呢？我們可以有兩種辦法：（一）把 PCS 跟 UCS 當作同一個系統，兩個都叫無意識，不過前意識像是在前緣探哨，它很接近意識，可以被「注意」帶出去。（二）另外一種的說法是：既然你可以注意，表示你可以用意識加以控制，所以 PCS 就可以跟 CS 結合成另一個系統，然後就跟 UCS 分成兩界。這有兩種歸類的方法，亦即把 PCS 分到無意識的一邊或意識的一邊，是對於整套意識系統的兩種不同的解釋方式。普呂瑟是用現象學來解讀佛洛伊德的後設心理學第一模型——亦即把無意識理論，說成意識（CS）／前意識（PCS）／無意識（UCS）之交叉辯證，如下所示：

[CS] – [PCS–UCS]

[CS–PCS] — [UCS]

　　這時的前意識會變成一個主角，它在決定無意識跟意識之間形成什麼關係。總之，「意識」本來就是現象學的主要情節，所以當精神分析談意識的時候，兩家一定會結合的，當然結論的方式會有點不一樣。在精神分析裡要問的，比較是跟慾望有關；而在現象學裡，跟意識有關的則是跟理智、智性。也就是他們兩者從不同的角度去接觸所謂意識的問題。

　　呂格爾（Paul Ricoeur）寫了不少關於佛洛伊德的研究，換句話說，他要把現象學跟精神分析結合起來。也就是說，在「意識」這個焦點上，他說：在現象學裡，早先我們碰到無意識問題的時候，根本就無力招架。當佛洛伊德出來時，我們有一段時間大家都是打退堂鼓，節節敗退。到了後來，他說：我反攻回來，我即使把「無意識」這個詞去掉，只談意識，我也知道意識本身其實是可以擴延到很遠的地方。譬如說我們的回憶，到底是意識或不是意識呢？回憶是屬於意識的一部分，所以回憶本身就可以變成剛才我們講的前意識，就是意識可以擴展到它的前緣，然後再包括我們意識本身也有「前意識」。這時候他不是使用佛洛伊德的概念，而是譬如說，要去理解任何一件事情，人家問你說你懂不懂？你說：「我懂了！」可是在你懂之前，其實你已經預備好去接收人家給你的訊息，這樣的一種理解叫做「前理解」。現象學會告訴你說：「我們去理解一件事情，當下得到訊息之前，你早有預備。」換言之，「你已預備好要接收某事」，那個預備

（readiness）是你理解的根本，沒有它的話，人家講話你也會聽不懂，所以意識就可以擴充到前理解。你看在這個地方，是不是開始要侵奪精神分析關於無意識的概念？兩方就這樣交叉，交叉到某個地方。呂格爾還是承認，如果沒有佛洛伊德，我們現在大概也不會去問關於無意識的問題。這非常有意思，可以參考《詮釋的衝突》（*The Conflict of Interpretation*）這本書中呂格爾對此的討論（這本書目前有中文譯本）。

回到佛洛伊德的夢理論

剛才我們先談夢的部分，是要說夢到底有幾層的問題。事實上在佛洛伊德的著作裡，主要的理論說夢有兩層，就是所謂的「顯夢」（manifest dream）和「隱夢」（latent dream）。你看到的夢好像有鏡頭在攝影、有戲在上演一樣；可是它會顯得很奇怪，東西被扭曲、人也變形了。那變形的顯現，我們把它說成顯夢。可是你一定會問：到底是誰把夢變形成那樣？變形是不是隨意的，譬如把記憶裡的材料拿出來任意結合、拼湊？但夢本身有些時候不只是任意拼湊，而是很有意地在作表達，只是它表達的方式拐彎抹角。所以，夢顯現出來的那種奇怪方式，是有人在作怪的。當然，那個「人」不是指你的意識；或者說，是你的無意識狀態，它在作夢時會很積極地運作，「它」正在作夢，而不是你作夢。這樣講的意思是：夢本身的作怪，你必須往後一層一層去追溯，才會發現其中有很多作怪的機制。這時候若直接用現象學解釋，或是有些人會用關於腦神經活動的方式去解釋，其實會被夢材料的複雜性弄到手足無措。佛洛伊德在作每一個夢的詮釋

時，他用的手法也是千奇百怪，目不暇給，包括他自己都不太能夠很有條理地整理出來。所以要把這材料理清，需要花費很多時間和精力。

佛洛伊德在談關於無意識這個問題的時候，說：當我們碰到一件事，要告訴人家的時候，都是用話說出來的。這「話」跟「事」之間有什麼關係呢？他在 1915 年的那篇文章〈論無意識〉（The Unconscious）的附錄裡，就畫了這麼一張圖（圖一），非常有意思，值得我們來仔細推敲。

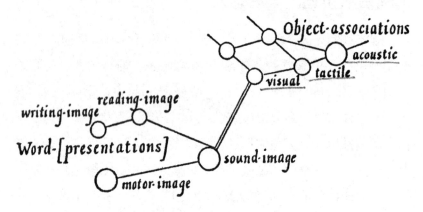

【圖一】話與事（Word and Thing）

我們碰到有些「事」，就是 object，就是那些在聯想中呈現的東西。佛洛伊德是個神經科醫師，所以他就用神經學的方式來告訴我們：這些事、這些 object，當它要登錄（存檔）的時候，它的聲音、觸覺、視覺，是分別存起來的，形成一個兩群落的網狀結構。其中一個群落由幾種官能分別掌管，就是聽覺的管聽覺、視覺的管視覺，神經是分工的；但中間會通過一個 sound-image，把它跟另一群落的呈現連結起來。Sound-image 是什麼呢？就是我們所講的話。這「話」是一個中介，一方面它連到「看到什麼說出來」；但同時它又連到「要把那個說出來的東西儲存起來」——用寫（writing）的方式儲存、用讀（reading）的方式儲存，或用動作或手勢（motor）的方式貯存等等，這些都叫做「話語」（word）。這兩個群落所儲存的東西，後來可以集中起來，而在回憶的時候，這些東西已經湊合在一起。

夢一方面是拼湊的，但同時，這拼湊又有拼湊的道理。在拼湊當中，是有意要表達什麼東西的；在表達的時候，又有一個很奇特的方式，是欲言又止，想說又不會說。這有兩個原因：一方面因為你睡著了，所以你的意識，作為動機而言，本身是弱的，所以只能放手讓那些已經登錄儲存的東西（半自動地）在那裡拼湊——「半自動」是個不得已的形容詞——只知人不是絕對完全放手。人睡著的時候，很多神經還是挺活躍的，但運動神經一定要靜止，不然你就夢遊起來了。你睡覺時，夢裡有很多台詞，可是你不會講出來；還有夢裡的動作，譬如驚嚇、逃跑，卻不會真的讓你跳下床。運動神經跟管制語言（說話）的神經，非常安靜。可是其中的那些「意」（intentions），就是讓你有意要做什麼的那個「意圖」，它是很活的。這是說明我們在作夢的時候，看起來像是無意識的，可是如果你仔細分析，就會發現它是把各種體驗都分別貯存了不同的東西：視覺的、觸覺的、聽覺的、運動的、書寫的等等。它既然已貯存成這樣，因此在分析時，要把它倒回來，你就必須有能力去通過像上述那樣的分析。

接下來，佛洛伊德說：既然我們夢作了出來，但作的當時，

你並不知道，你一定都是用回憶才會讓它再現，所以他畫了兩個圖示（diagram）：

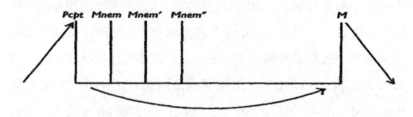

【圖二】從知覺經驗，通過層層記憶登錄歷程，到記憶的產出

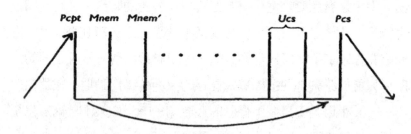

【圖三】從知覺經驗，通過層層記憶登錄歷程，到無意識，以及前意識狀態

　　以上兩個重要的圖示出自《釋夢》一書的第七章，也就是全書的理論總結。佛洛伊德在這裡說的是（圖二）：我們的感知（perception）到最後真正能夠用講話的動作表現出來，中間經過一層一層的記憶（中間寫的 Mnem 這幾個字母是 mnemonic 的縮寫，就是 memory 的意思）。圖三就更清楚了，你看圖中叫做 PCS 的，就是說，人在回憶的時候，會透過注意，而帶出先前那些儲存起來的東西，中間還躍過一道關卡，就是 UCS，那是回憶也無法觸及的。可是，總有一部分的東西夾雜在回憶當中出

現。回憶出來的就會說出來，並且又會再度把說出來的東西貯存起來。這是他在說：夢有一個通過層層關卡的回憶過程，所以這裡 PCS、UCS 在《釋夢》這本書裡已經出現，但這是個很複雜的想法，要經過十五年的沉潛後，他才能夠把它變成一個比較清楚的理論模型，寫成〈論無意識〉一文。

自我、超自我，以及「它」

把意識、前意識、無意識這樣的理論模型簡單梳理一遍之後，回頭看看有些教科書把它畫成像千層糕一樣的圖形，真是非常不對頭。佛洛伊德的自然科學知識是非常豐富的，至少對於數學、拓撲學不陌生。因為他研究神經學，神經的結構本身是非常拓撲學的，它的迴路連結方式，用簡單的幾何是完全不通的。所以法國派的那些後佛洛伊德學者一直說佛洛伊德是個拓撲學者，也就是變形幾何的高手；佛洛伊德自己在畫圖示的時候，他會畫出看來相當奇怪的圖。在他的著作裡，他曾經跟早期的一個學生果代克（Georg Groddeck）寫信溝通，說他正在構想，想要把他那個最早的理論模型「conscious/preconscious/unconscious」換個方式畫出來，同時他也正在構想這第二套理論，也就是我們今天聽到的「自我」（ego）、「超自我」（super-ego）、「它」（id）。「它」這個特別的名詞譯法，等一下我們要好好的談——有一個東西，跟我們前面講的無意識很接近。但現在，要換個方式來談。

在這第二套說法中，「自我」不叫做「意識」——請問：以你們所知，自我跟意識是不是相等的？蠻奇怪的一個問題。一般

人認為的自我，或「我」，不就是會意識到的嗎？可是，你的自我，有時不是會做一些早期的人叫做「下意識」（subconscious）的事情？（sub 是「潛」也是「下」）。什麼是下意識？你們日常看到，人下意識做了什麼動作，譬如有人跟你談話的時候非常緊張，所以他的手握在某一個東西上面，一直重複握捉動作，在別人看來是非常清楚，但他自己並沒有注意到。他沒有特別想要這樣表現，可是就表現出來了。請問那是他的自我或不是他的自我呢？用狹義來說，那不是，可是你真說那不是的時候，不是很怪嗎？明明就是他在做這動作，不是嗎？它是自我，可是這個自我是在意識的邊緣，或是在意識之外，於是自我跟意識並不完全相等。這個下意識的問題，被佛洛伊德作了更進一步的發展。他把意識之外再細分為「無意識」與「前意識」，現在，他又換了一個方式，叫做「超自我」（superego）。

　　為什麼你看到某一個人的時候會很緊張？因為他很像你媽，你跟你媽的關係是愛恨情仇幾十年，裡面糾結了非常多的複雜情結，因此只要一碰到像你媽的人，你在跟她講話的時候，就常常不是在跟她講話，而是你媽正在眼前現身，跟你長相左右。換句話說，你在跟她講話的時候，會有很多意念或情緒是超過你所能控制的，佛洛伊德把這些現象整合起來，說那是 super-ego，就是在你的 ego 之上——在你的 ego 之上，卻仍然屬於你的自我之中。換用這套新理論模型時，佛洛伊德的「我」的概念——原文叫做 das Ich，確實是「我」，但英文譯為 ego，中文譯成「自我」——這「自我」有兩種邊緣，一個叫 super-ego，另外

一個，就是我們現在要特別解釋的
「它」。

佛洛伊德在跟果代克通信的時
候，畫了一個草圖，這是他在原文
裡的手筆，德文裡面就是 Es 兩個
字，如圖四[4]。

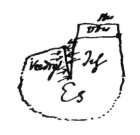

【圖四】第二模型的草圖

德文這個「Es」什麼意思呢？
就是英文裡的「It」，所以他在信
裡畫草圖的時候，就已經畫了一
個 It，然後旁邊寫的這個 *Verd*，是
Verdrängung（壓抑）的簡寫，另
外上面也有 *Ich*（ego）。這個草圖
現在看不太清楚，可是後來他另外
寫的一本書 *The Ego and Id* 裡，英
譯者就根據草圖把它畫成圖五[5]。

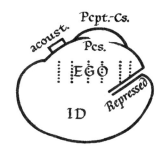

【圖五】第一次在書中出現
的第二模型圖示

大家一定會覺得他這個圖示的畫法非常奇怪，一方面它有
點像是人類腦部的變形，但同時又是整個人格的縮寫，非常難
懂的畫法。圖的左上方有一個 acoust.，是聽覺的（acoustic）
出入口；但是在頂端，有個很重要的 Pcpt-Cs，（perception/
conscious）；Cs，指的是意識；perception 則大部分是指視知
覺。所以這整個球狀物圖示有兩個出口，一個是聽覺的，一個比

4　圖四出自：Groddeck (1977) *The Meaning of Illness: Selected Psychoanalytic Writings*. NY: International Universities Press, 1977. p.58。
5　圖五出自：Freud (1923/1927) *The Ego and Id.* S.D. XIX : 24.

較多是視覺的。視覺就跟意識／前意識扯上了關係。他的這套新的理論當中，把舊理論裡的東西換個方式重新擺放。我們現在來談談這幾個新理論名詞在概念上的意思。

EGO 在這裡是個重要角色，還有另外一個叫做 ID，這是被英文翻譯之後叫做 id。它的原文是德文 Es。Id 是什麼意思？Id 是個拉丁文，在希臘文裡也有跟 id 有關的字叫做 idem，那就叫做「它本身」。我剛才問了幾個問題，就是說：關於 id 是不是 das Es 很好的翻譯呢？不是的，id 其實等於 itself，它不等於 it，itself 是它本身，所以翻譯的人等於弄巧成拙，史崔奇夫婦在使用拉丁文翻譯佛洛伊德，為什麼要用拉丁文？直接用英文 it 不是很好嗎？那才是真正相等的，翻譯時如果覺得 it 這個字不夠正式的話，就把它大寫成 It 也可以，總之，在意義上，It 跟 Es 就是指一個東西，叫做「它」，而不是「它本身」。為什麼叫做「它」呢？因為它在你的自我裡面，但同時又是你自己不知道的，所以我們是「不知其名，姑謂之為『它』。」

不管在現象學或是後來語言學的發展，都知道對於名稱、命名，會有一種傾向，就是對於我們不知道的東西，我們常常還是要給它名稱的。既然你不知道，你要取什麼名字呢？這是一個很怪、很難處理的問題。可是它再怎麼怪，它也已經變成你的習慣了。想一想，當你在中文裡問說：「知道這是什麼東西？」——「東西」是什麼？因為我不知道，我才問你這是什麼東西，可是「東西」這個詞指的是兩個方向，往東往西，所以「東西」是什麼呢？就是我不知道，但總要有個名稱。There is something I don't know-what is it? 我們中文居然會說成「東西」，那意思就

是反正我搞不清楚，但我要指示的時候，就用一個很模糊的詞去代表它。像這樣的語詞，你仔細找找看，在我們的語言當中多得很。譬如我說：「那是什麼玩意兒？」那「玩意兒」沒有特別指什麼，它是你不知道或你不屑去說的，就說那「玩意兒」。所以，我們對無名的東西還是要以某種的名去稱呼它，這時候，在西方的語文裡有代名詞或關係代名詞可以使用，如 what、where、who……等，它們都可以當作名詞來使用，代表你要指示的東西，不論你知道或不知道它是什麼。這樣的講法，聽起來只像是語法學，但就跟現象學的語言有密切關係，而精神分析也採取了這種用法。

「它」所在之處，我當隨之而至

　　這裡出現一句佛洛伊德非常重要的名言，就是他在整套講座（《精神分析引論》、《精神分析新論》），三十五講，大家都聽了他講的很多東西，講完之後有人就問：講了這麼多，可不可以一言以蔽之，到底是在說什麼呢？他也很乾脆，最後講了這麼一句，就是常被引用的經典名言：*Wo Es war, soll Ich werden.*（Where It was, there shall I be.）也就是說：「**它」所在之處，我當隨之而至**。也就是自我跟「它」之間的關係——「它」是先行的，而我必須跟上去；慾望出現的時候，你自己要跟上去；意圖出現的時候，手段要跟上去，然後互相之間才能構成一個完整的人，這就是佛洛伊德理論的精華。只不過德文、英文語法可以用關係代名詞當作主詞，it 會到什麼地方我不知道，但總之就是到了某個地方，那你就得跟上去。

另外，在這句話裡，佛洛伊德沒有用拉丁文的 ego，他的德文的原著裡，ego 就是 Ich，也就是英文的 I。所以英文的翻譯其實是一種造作，把它給拉丁化——醫學名詞不是用很多都拉丁文嗎？這是一種醫學的風尚，植物學、動物學也一樣，都用拉丁文，那麼，精神分析師也要這樣嗎？這些醫療界的人，習慣用拉丁文把它學名化，可是他們在此就弄巧成拙了。當佛洛伊德說 Ich（I）的時候，他們說成 ego，在拉丁文裡的 ego 確實就是 I，但後來在他的整個理論當中，ego 卻只是指著一部分而已。如果這一部分叫做 ego，那麼，整個的我要叫什麼？佛洛伊德的 Ich 是 I 的意思，可以指這部分（見圖五 ego 部分），也可以指圖示的全部，可是這或此或彼的兩種意思，在英文翻譯裡就不見了。

佛洛伊德晚期，圖五又被演化出新樣子（見圖六）[6]，兩圖雖然看似非常接近，但有很多位置的改變。圖五沒有 super-ego，而圖六就有 super-ego 出現 —— 注意他畫 super-ego 的方式很奇妙，不是在頂上，而是在旁邊，從上面畫到底下，為什麼是這樣？這裡的 super-ego 是意識還是無意識呢？

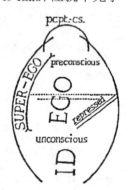

【圖六】兩套理論模型
　　　　的結合

他把 super-ego 畫成這樣，跨越了 Pcpt-Cs/PCS/UCS，連接

6　圖六出自：Freud (1933) *New Introductory Lectures on Psychoanalysis.* S.D. XXII : 78.

到 id。這要怎麼說明才好呢？後來我發明一套手勢，手語教學法，我是用這一套方式來讓我兒子容易懂得這個奇妙的關係。我告訴他，要記得這個結構，像是把左手向上往裡折，右手扶在左手的肘關節處，構成（1）左手手掌、（2）右手扶著的左肘關節、（3）右手的肘關節，這三個點的結構（見圖七）

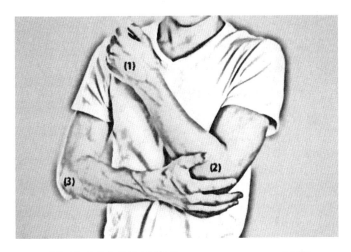

【圖七】用手勢示範的 **id/ego/super-ego** 結構

你可以想像（1）就是 super-ego，中間關節（2）的地方是 ego，（3）則是 id。在 id/ego/super-ego 這三者的關係上，super-ego 是一個很奇怪的中間過程——它一方面跟外面世界的規矩條件配合，都是在執行社會命令（你應該上進、應該賺錢打拼……），是非常現實的理性主義，可是同時也看到，當「它」一發作時，super-ego 會立刻往下一折，於是，那個看起來最理性的（1），跳過（2）就跟最不理性的（3）相碰，結成一體了。也就是說，我們的意識，用 id/ego/super-ego 的模型來說，

其實像是很機巧的桔槔，它會有這樣的一種 id/super-ego 打折相碰的關係。這和先前講的「它所在之處，我當隨之而至」不一樣，變成「它所在之處，超我立即跟上」——是超我比自我提早一步，黏上了「它」。

所以我們要問：super-ego 到底是屬於哪一層？這是個非常有意思的問題。因為在高中的「公民與社會」教科書上曾經浮光掠影談過 super-ego，說它代表「社會良心」，但這是個相當嚴重的誤解，我擔任過「公民與社會」的課綱編委，發現這個誤解普遍出現於每一個教科書出版社的稿本中，因此也費了很多力氣，要求出版社作出必要的修訂。

在佛洛伊德的理論中，什麼時候 super-ego 會出現呢？就是在人的幼年時期，當你的 id 一發動時，super-ego 絕對會先跟上來。Id 的動作，也就是比較接近原始慾望的東西，它一發動，super-ego 就會立刻進來干預。它們之間的關係非常緊密，並且會把 ego 撇在一邊。後來整個精神分析就是要告訴你說：ego 現在要重新奪回他的位置，要趕在 super-ego 之前，去跟隨「它」。所以，再說一遍：Id 到哪裡去，ego 要立刻跟上，不要只讓你那幼稚的 super-ego 捷足先登，奪得管制權。成熟的 ego 要取代早年不成熟的 super-ego，這樣才能形成能夠掌握人整體的那個自我，而社會良心是在這基礎上發展出來的，不可能只是 super-ego 的獨霸。

所以在這整個理論模型裡，有一個看起來是複雜的，像是拓撲學式的變形幾何，而且是動力學、流體力學的關係。在佛洛伊德的圖示裡，對於精神的結構，在在都表現出他很獨特的一種關

切方式。很可惜在通俗的說法和教科書裡，常常沒辦法理解，所以總是把它變成很簡單化的呆滯關係。他們沒辦法理解其中一些很奇怪的動力關係，例如為什麼佛洛伊德要說「你的 ego 要跟上去」？「Ego 跟上去」這件事情果然是比較難懂的，因為人比較習慣的是一直重複自幼以來的精神活動——也就是建立在 super-ego 當家的模型上。在所謂「管好你自己」的時候，那個習慣不但已經建立，且已延續多年。這套模型在開始時，也就是在你幼小的時候，你是很無助的，父母親怎麼管你，就會變成你自己內化的法則。但是後來，當你成年之後，你會發現，和外面的世界互動，所產生的規則不見得如此。所以你的 ego 是經常跟外面打交道而長出另一種規則來。這裡有一個出口叫做感知（perception），就是看外面的狀況來決定行動，這是在成年之後，不是只聽你自幼以來的內在命令。

我們還要注意另外一個出口，或開口，這是佛洛伊德在先前的圖示中沒畫出來的。注意這圖底下有一個開口，那是什麼呢？我們必須瞭解，那裡就是「它」，可以說是原始慾望，它本身是來無影去無蹤的——對於慾望，不能說是「我有慾望」，其實更該說是「慾望有了我」——你（的自我）並不曉得它的來去。譬如說，你在挑選愛情對象的時候，你會說你有你的標準，可是有一天碰到某一個人，他（她）就變成你的真命天子了，你講不出道理來。只知道他（她）抓住你了——他（她）的長相、他（她）的作為，甚至他（她）的氣味，抓住你了，你無法解釋。過去你貼在宿舍裡的那幾張模特兒海報，現在全都可以撕掉了，比起來那都只是幻想而已——或說，「你」被他（她）抓住了！

他（她）抓住你的方式就是從這底下的開口進來的。這就是你的It。很奇怪，佛洛伊德把這就叫做「它」，而不是我——不是說我要什麼，然後我就可以根據我的理想、標準去選擇，所謂「門當戶對、學歷相當、身高也差不多等等」，都沒用的，有一天你會碰到你從來沒想過的人，從這底邊開口冒進來，而你真的會完全不曉得何以如此。這就表示有這個開口，它與另外一個出口之間有相同之處，就是進來的東西要在中間打交道。你的自我要在中間和「它」打交道，其中包括super-ego的干預，最後會算出一個結果來，算出你的真命天子是誰。

所以佛洛伊德講的這一整套東西，事實上是很複雜的。我先拿愛情來做例子比較好講，可是我現在要說的是，信仰也是一樣。什麼東西會變成你的真命天子？所謂的真神到底是什麼？祂若是從上面來的，那只是教條；有時候神反而是從這邊（指下面的開口）進來的，這就是我們用動力心理學來談宗教時，最有趣的地方。當普呂瑟反覆地說：如果沒有佛洛伊德的無意識理論，我們的宗教心理學可以說走到威廉·詹姆斯，就已經走進了一條死胡同，永遠都是在有意識的狀態之下敘述自己的經驗，這樣的說法，在我們真正的信仰經驗，包括神祕經驗裡，很多時候根本不是如此。為什麼要談到神祕經驗呢？是很奇怪，發生就發生了，但你就是說不出來。那是你的體驗，但為什麼是你說不出來的事態呢？所以普呂瑟才要說，佛洛伊德提供給我們的一整個理論模型，用來解釋人情慾望以及信仰這些問題的時候，其實是一個更為開闊也更有深度的領域，我們談到這裡，才會曉得有必要結合現象學來把這個領域打開。

剛剛談的幾個問題，是一般人常會產生疑問的。譬如那個id，在中文裡面應該要翻譯作「它」，而我們現在看到大量的文獻上面都叫做「本我」。本我對於「它」而言，有很大的語意差距。本就是根，所以「本我」就是那個固有的而且很清楚、很確定的，如同一棵樹的樹根；但It的性質則是不確定的，不能用根本的名稱來稱呼，所以當你把它叫做「本我」的時候，是一種很明顯的誤讀，不應該如此的。但是早年的翻譯者大多沒有足夠的理解能力，只透過二手三手的讀法，不管是透過日文或英文。當然也有少數留歐的人，去過德國的人，他們也許會知道，可是在精神分析這個圈子裡，從來就沒有幾個人是真正留學德國的，所以他們當然只能根據別人的說法以訛傳訛。但是，佛洛伊德跟他的學生果代克寫的一些往返書信，後來被編輯起來，叫做 *The Book of the It*，他們兩個在談論、解釋這個「it」的概念。果代克本身是學醫的，但哲學素養非常好。他和佛洛伊德在談這個It的時候，還告訴他說，這概念其實是來自於尼采。尼采認為笛卡兒的「我思故我在」是錯的。尼采說，真正在「思」的時候，應該叫做「It thinks, therefore I am.」，當我在想什麼的時候，是有一個「它思」在前，我就把它承接了起來。所謂的「思」，英文也有一些說法可以供我們參考。當我們心血來潮突然出現一個主意／靈感（idea）時，英文的說法是「It occurs to me」，亦即靈感出現了，是它來了，而不是我想的——「它」來了，然後腦子被打亮了，然後接招，之後我就繼續想下去。不是永遠都以「我思」（I think）為起點，而是「它思」（It thinks）。很多藝術家都是這樣工作的，心血來潮這件事，不是自己在控制的。

在信仰當中也有很多類似之處，尤其是所謂的神祕（密契）經驗，就是什麼東西來了，你被照亮、被召喚，然後才想應該要怎樣。當我們說「應該」的時候，不是說道理的應該，而是有一種召喚說應該。那到底是什麼在召喚呢？我們的語言最後只好根據歷史，說「有個神」，或是有什麼「超自然的存有」；可是有時候，人所體驗到的，不一定叫做神，可是很明白的就是砰然被打亮了，對於這呼喚，我不能不去回應它。這裡的「它」就是先前所談的那個「它」，就是那個 It。只不過在人類的歷史經驗裡，那個「它」就不一定叫做「神」，我們的傳統經驗更常把它叫做「鬼」。總之，這個東西原先是無名的，無名卻在你的經驗當中，可能起了召喚作用。所以這一整套事態，也就是問題來源，解釋起來實在複雜，因為它一直和各種搞錯的說法混在一起。有時看起來這麼確定的東西，其實它一點也不確定。所以你被「本我」這個詞誤導久了以後，整個想法也會變得很僵硬，你不曉得 id 是非常活躍的，來無影去無蹤的一個「東西」。我們現在就曉得：翻譯成「本我」絕對都要改過來，直接翻譯成「它」就好了。在所謂「超自我」、「自我」底下的就是「它」，這是最正確的譯法。因為大家還是覺得有點怪，所以我給它加上一個引號，這算是一種特別的處理方式。

接下來，我們會問：Id 等於 unconscious 嗎？ unconscious 等於 id 嗎？其實這些東西沒有叫做「等於」的，他們互相之間是兩套不同的系統。佛洛伊德在發展他的第一套模型（或叫「第一拓撲」）的時候，用 conscious/unconscious/preconscious 這三個次系統來形成一套演繹法；後來他轉換一個方式，像是換了三

個角色上舞台，一個叫 ego、一個叫 super-ego、一個叫 id，用這個方式去演另一齣戲。因此，大部分的人現在知道佛洛伊德起碼是兩套模型、兩套拓撲、兩套動力學，互相之間當然可以互相交叉。對我們而言，比較重要的是 it 這個字。後面會提到一位現象學家，就是我們先前提過的奧圖。他解釋什麼是「神」以及「神聖」（holy、sacred）的概念，有一個重要特徵，就是祂是一個「全然的祂者」（wholly other）──other then what？在你的日常生活中，祂不在那，祂是全然不在你的一般經驗當中的。那麼，祂在哪裡呢？有一個地方，這些現象學家都會說成「他處」（elsewhere）── Where is it？It is elsewhere。祂的性質叫做「全然的祂者」，就是全然有異的他者，而祂所在的地方就叫做「他處」。

　　現在我們把精神分析和現象學正式地扯在一起了。你們要很熟悉地使用這些語言。剛開始時會覺得很拗口，所以需要一段時間慢慢來融會。我已經在這種語言交界處打混了二、三十年，所以我現在當然可以了無罣礙地講出來，可是我相信大家在這裡需要像在練習新的語言一樣，因為對你來說，就算是用國語，那還是像外語一樣。

夢裡的文學家

　　剛才講的這一套東西好像純理論一樣，但是我稍微回到實務一點點。現在所謂的醫療科學，他們知道利用睡眠研究──就是所謂的，用眼球的快速活動（REM）可以測量得到夢。雖然測量不到夢本身，可是我們測到眼球在快速運動的時候，就是正

在作夢。所以現在一些從事腦生理研究的人、睡眠研究的人跟精神分析的人，可以合作研究夢。過去有一段時間，神經科學的人把佛洛伊德視為一個叛徒，但當代的合作已經表現在一種新的期刊，《神經精神分析學刊》（*Neuro-Psychoanalysis*），2000 年創刊，到現在已經有二十年，作者都是些神經生理學家跟精神分析結盟以後出現的新品種研究者，他們在睡眠研究裡就可以告訴我們一些事情。好比說：人類平均一個晚上會做五個夢，一生花在夢的時間平均有四年，也就是一生一共會做出十五萬個夢。夢用圖像、象徵來呈現，每一個夢其實就是一首詩。所以我們作夢的時候很厲害，每個人都是詩人。不要忘記你的天生本事是個詩人，所以當一個詩人出現，你閱讀他，會產生崇拜之情，因為他替你把你不敢說的話說了出來。「春蠶到死絲方盡，蠟炬成灰淚始乾。」你的夢裡面不是沒有這種景象，只是李商隱替你把這個句子寫出來，而且寫得如此精鍊，你不得不崇拜他。不過，你不太曉得你自己其實也會講的。

這些作夢在腦科學上的說法，讓人稍微可以安心一點──剛才那些想法，在生理學上也有很重要的說法可讓人理解。你在睡覺的時候，實際上有很多東西從脊髓跟腦相接的地方回收。你的神經不是密布全身嗎？白天不是動個不停嗎？到了晚上，睡著的時候，事實上是從四肢的端點開始往回收，經過脊髓然後進到腦部。脊髓和腦相接的地方叫腦橋梗，它把這些收回來的電，向腦的四處散發。關於運動神經的部分，小腦在抑制它的運動，腦橋梗裡散發出來的東西經過情緒中樞、語言中樞，也經過視覺中樞等等，在整個腦部繞了一大圈。換句話說，你的聽覺、視覺還有

語言的運動訊息都回收了；在腦裡面即使是睡著了，它們都還在不停地放電。腦波為什麼測量得到？就表示它確實有電能，所以可用儀器測量得到。

　　睡覺的時候，腦部的各個不同區位，受到回收的電能刺激而產生各個不同的活動方式。例如，你在作夢的時候，它分到語言區，語言區裡面東西被喚醒了，你在作夢中就夢到一個字。夢到「字」，裡面有很奇怪的說法，佛洛伊德曾經舉一個案例，他說：「我夢到有一家人坐在一起，可是我記不起這家人到底姓什麼？只記得很清楚，他們就圍著一張桌子。」這究竟是什麼意思呢？後來他想想，原來這家人姓「桌」（Tischler）。他的夢其實是在講話，Tischler 這一家的人，他們圍著「桌子」，事實上，Tischler 是這家人的姓。所以我們的夢有時候會透過這樣轉折的方式講話，夢到一個詞彙，可是它卻用一個影像的方式出現。最後要翻譯的時候，你必須把它翻譯成：原來是一個姓桌的家人在那裡團聚。這就是夢的一種奇怪現象，所以夢確實有可能是文字倒過來造景。當然很多時候也是視覺、聽覺、觸覺造景，它具有來來回回的可能性。

小結

　　當我們談到跟宗教有關的各個面向，非常重要的一個來源，是宗教跟文學藝術之間的關係，也就是說，在文學和藝術裡找尋對宗教的解釋，比起在教義裡找的還要更加接近。當然這樣講，你們一定會覺得我是不是沒有讀過經典，才會講這種話。事實上，我從高中開始閱讀《聖經》，一直讀到現在，因為時時碰

到跟它相關的文獻，因此，雖然不敢說已經讀得滾瓜爛熟，但至少是不曾離開。我身邊也有滿書櫃的佛經，還有《古蘭經》，所以各教經典隨時都在我身邊，任我採擷，但我得告訴大家，你若也去讀這些經典，到頭來，最動人的通常都是寫得像詩一樣的段落。

好，最後我們知道，把精神分析跟現象學結合在一起之後，到後來會看到一些很奇特的人物，看起來非常具有「精神性」（而不只是「宗教性」），同時也是非常文學性的，也就是精神導師這般的人物。

本講將精神分析和現象學結合起來，交代一些很重要的一些來龍去脈。精神分析本身被現象學重讀之後，我們會發現：在漢語的傳統的解經學裡，我們在很多地方都誤讀了，而現象學絕對有助於更正，看出那種誤讀是不應該發生的。另外在精神分析的傳統中，它也可以看出一些翻譯（概念命名）的方式是誤導的，其中最關鍵的誤名，就是「潛意識」，還有所謂的「本我」，事實上都不該如此的。

* * *

【學員提問】————————————————————

我剛剛聽到這好像是說，夢本身並沒有所謂重要的，而是說人本來有一個結構，那他在回憶的時候，他會用他的結構去把夢過濾出來，所以真正重要的是那個前意識（preconscious）的形狀是什麼？我大概是想問這個意思。我就是想知道夢本身有什麼意義。

你的問題很有意思，因為這個問題本身也是很難解的。它就像是兩面刃，一方面你說夢沒有意義，是回憶賦予它意義，這是一種說法；但精神分析一定會說：夢本身是在告訴你一些事情，雖然你不一定懂，但是它在告訴你，於是，事後你之所以能在裡面聽出意思來，並不是你有理解的結構，而是從那個夢本身的結構。那它的結構到底又是「誰的」結構呢？這就牽涉到這片兩面刃，你從這兩面去說它，都會很有道理的。因為夢本身可能是個隨機的亂數現象，譬如我們說，因為你睡著了，你管不住它，當這些電一回收的時候，你整個腦子都被它激發，它就任意拼湊，這是一種可能。但是，話說回來，你在回憶的時候，你不會用「任意」的方式去講，對不對？佛洛伊德發明的一個方法是自由聯想（free association），說你可以看到哪就講到哪，你不必把它寫成一篇文章就對了，意思就是說，我們還是要從這裡面聽出一種帶有玄機的意思。

在我提到關於夢的研究、睡眠研究的那一部分，其中有一些很驚人的睡眠研究，是怎麼做呢？因為 REM 表示你的夢正在做最精采的部分，他們找一些人來作睡眠研究的實驗，只要一量到他們正在 REM（正在作夢），之後大概有三到五分鐘，立刻把他們叫醒，就問：「你剛才夢到什麼？請你把剛才做的夢講一講。」講完了以後繼續回去睡，下一波來了再叫醒。這樣一晚，受試者可能會被叫醒五次。換句話說，參加睡眠研究的受試者也是很辛苦的。可是真的為了要一探究竟，只好叫醒來的時候記夢，通常都是醒來之前的那個夢會記得，但先前還有好幾次，也許很重要的一些夢，是記不得的。做這個實驗的意思，就是希

望每次有夢都記下來。有些人願意來做，因為他自己可能也希望接受精神分析治療。但研究的醫師說：「我相信夢可以治療你。我們有一個這樣的理論，但我們還不敢確定，因此我需要有人願意獻身來進行這個實驗。」於是有一批人願意來做這樣的睡眠研究。當中所記的夢，果然出現非常驚人的效果。醫師發現：他都還沒動手去進行治療，只是要受試者把夢記下來，每天讀一遍紀錄，讀了一個月之後，就幾乎百病全消了。

我們每個人在生活中累積了很多難解的結，在夢當中，它一次又一次地以它的方式在那裡解開那個結。於是我們可以說，夢本身具有治療性的（therapeutic）作用。這是最近才出現的「神經—精神分析學研究」，說精神分析所作的談話治療，談了好久，其實有可能是白費力氣，還不如讓你自己的夢說話，就非常有療效了。這個發現，老實說，要是真能夠重複多作幾次，得到證實，就應該拿個諾貝爾獎了。讓全世界的人都知道要非常珍惜自己的夢——不過要你在家裡自己裝那套睡眠檢查的腦波儀器，那就會很困難——睡眠檢查時，身上需要接十幾條的電線，蒐集REM 的資料，然後又要醒來紀錄夢，這個實用性就不高了。

把剛才說的兩面刃這兩項併在一起，就會形成一個答案：夢並不只是在瞎拼瞎湊，到了隔天再用先前的結構去賦予它意義。這樣的說法其實今天受到很大的質疑。但是，正因為你對於自己的夢只能夠蒐集到很少片段，於是你要解釋的時候，敘事結構就會襲奪進來，支配你的講法。這時候你就可以說：果然就有一些先前結構，或是你跟分析師之間結盟的結構，暗地裡把你的夢往某個方向帶過去了。所以他的解釋就不是夢在做解釋，而是你們

事後的解釋。夢本身的解釋和事後的解釋，本來就是兩種說法。但是，現在我們也必須倒過來說：夢本身就很有功勞，因為我們都是活著的人，你我每個人都在追求一個有意義的生活，這並不是白講的。因此，晚上作夢時間，其實是在做「意義的回收」以及「重組」（reintegration），夢會組出一個有意義的、對你我來說能夠有理解的東西。這是一個很有意思的發現。佛洛伊德研究大半輩子，主要還是要告訴你夢是有意義的，只是那個意義一直很難理解。我沒有那麼直接的回答你，可是我必須要告訴你，我現在所知道的事情，就是加上當代的新研究發現，是必須這樣講，會比較完整點。

【學員提問】────────────────────────

我有兩個問題。

第一個，我們剛上課的時候有提到「日有所思、夜有所夢」，有很多的夢是我們白天的訊息片段所回饋出來的。但我相信很多人都有一個經驗：做過的夢，可能早上起來會記不得了，可是事隔多日或事隔一段時間以後，在經歷過一件事情，會忽然覺得似曾相識，或我曾經在夢中看過這樣的事情，那這個代表什麼現象？另外一個問題，就是我們剛剛講的夢是不是有個治療，是一個訊息的傳達？在中國或者是西方的世界，尤其在中國，有所謂的拆字解夢，它是利用夢境去給什麼樣的訊息？

　　要回答這問題，前一個稍微容易一點。所謂回想，不是立即的，是隔了一段時間，事實上是有某些東西的引發，叫做 remind，剛好那東西跟你的夢有某種關聯，於是它就幫你把某件事情給想起來了。其實不一定是作夢，是你過去的某些記憶，沉寂多年的往事，沒有任何機緣讓你想起來，可是在某個時候，有些東西在提醒你，這時你會想起來。這時候已經不太純粹是精神分析的研究，而是一般對於回憶的研究都可知如此。要能夠回憶起來，會需要一些提點的東西來幫助你把東西抓回來。我們的記憶並不是可以隨意取回的，記憶就是存檔在那裡，如果沒有中間的某種東西幫你提點，它不會出現，所以你的夢有可能經過這樣中間的媒介，被拉了回來，這是很可能的。

但是講到第二點，古代的夢占或猜字，這種把戲，大家必須要非常小心。佛洛伊德在寫他那一大本《釋夢》時，他的第二章就是在回顧過去兩三千年來各式各樣占卜術的文獻，在所有的文化中幾乎不曾缺席。可是古人占卜的結果跟我今天所要對夢作的分析，以及更進一步，對於無意識這方面的研究，我們跟古人是不是同一路人呢？我們是在延續傳統嗎？佛洛伊德在非常仔細的回顧以後，最後要告訴你的是一個否定的答案。

過去那些占卜術告訴你說：「從你的姓名、面相可以看出你的命運，還有你的夢可以看出什麼東西的……」，譬如我們以中文來講，例如像《周公解夢》這樣的書。《周公解夢》除了它是一本夢的解碼手冊之外，其實還有更重要的，就是它也把先前的占夢文獻蒐集起來。你若仔細再去看一遍，會發現一個很重要的解碼公式，就是：「夢到什麼和什麼，就表示什麼。」譬如夢到刀兵，拿著刀追你的人，然後下一個夢象是女性的陰部，然後合起來就會代表什麼？我們也許都不知道這夢是在說什麼。但

是解夢書還是會以「這個加這個等於什麼」，就這樣，寫成了一堆等式，就變成了所謂的解夢手冊。佛洛伊德把這些都讀完一遍以後就知道，第一，只要你敢掰，人家多少就會信你了；第二，他們其實掰來掰去，都是照公式的，並沒有辦法想出什麼新鮮的東西。這些說法都是按照文化裡的「一般而言」把這個狀況和那個狀況加在一起，就變成了什麼。譬如拿刀之後出現女陰，這個情節就是「有強徒進來了，強暴了一個婦女。」至於是誰的觀點？如果你用那個強徒的觀點，意思就是「我得逞了」——我拿刀進來果然我就劫掠了你的婦女，強暴她得逞了，所以我當然會看到陰部。但如果從女性的觀點來看，就是我並不希望這樣，是不是？有兵來，然後強迫我，我就變成他的性奴隸，我是不願意的，因此從女性的觀點來說，又會解釋成另外一個意思。但解夢的人都一定要語出驚人，就會說「刀兵女陰，大吉」。他這樣講你一定會很意外，為什麼會叫大吉呢？這是誰的觀點？是那個強盜的觀點，還是女人的觀點？聽到你提這樣的問題的時候，我就說太好了，因為在下一講談榮格的時候，我會給你一個非常鮮明的例子，告訴你說有一個類似的夢境，真正解釋的時候，得到滿足的是那個女人，而不是指那個強盜。大吉，是怎麼說的呢？

先說為什麼這樣解釋會合理？原來像這樣的把戲玩多了以後，你就會發現，玩來玩去都是差不多的玩法，招式都差不多，它是可預料的。但是不可預料的地方卻很驚人。我們下一次談榮格的時候，要舉一個例子，看起來有點荒謬，可是只要在象徵的地方連結成有意義的東西時，它會變成合情合理，而且還具有引導作用。引導，就是說，人的慾望，本來是不可說的，但透過間

接的方式說出來，之後我們就敢去追求這個已經說成的慾望。它成為一個合理的慾望，在沒有出現精神分析的象徵解釋之前，大家都會覺得那個慾望是歪斜的、不講理的。所以你提這樣的問題很好，我們一定會碰到類似這樣的挑戰。你會發現占卜者搞了兩千年的把戲，要是沒有人給他一些新玩法、新說法的話，玩來玩去都膩了，包括《易經》的吉凶悔吝也是如此，沒有什麼特別可怪之處，甚至有些完全荒唐的東西在內。

因為我們自己的命運是很難掌握的，所以有時候需要別人告訴你，在這一點上，你已經站在吃虧的立場上，而對方如果站上一個「神聖位置」時，你幾乎是擋不住他的，就只好相信。可是我們今天要培養的，就是你起碼要有足夠的抵抗力，之後我們再去想想，看你獲得的那個夢是不是奇怪的訊息，或到底是不是真的有意義。

【第三講】

榮格與曼陀羅

《紅書》、曼陀羅與「原型」

最近（2016年），《紅書》這本書的台灣譯本出現，之前已有大陸譯本，不同的譯本之間總是會有版本好壞的問題。我現在手上這本《紅書》的英文版，出版的盛況幾乎可叫「滿賒盛哉」——看看這本 30x40 公分這麼大一本書。這本書呈現榮格從身心狀態很糟的低潮期（1912），開始蒐集中世紀乃至更早以前許多神祕主義、煉金術之類的文獻，直到 1928 年為止。後來出版的時候，編輯者把他蒐集的這些文件檔案都影印出來。我們可以看見這些文件，圖文並茂。[1] 當大家都被這種出版界的熱潮吸引的時候，我特別有意要對愛書人的讀書態度提出一個忠告，就是會澆上一盆冷水——熱過頭可能會讓你產生閱讀上的麻煩。若真正要談榮格，我們應當要聚焦一些更重要的問題；但同時我還是要利用這一講，指出這本在坊間火紅的《紅書》所含有的一些知識險境。

我所訂的題綱，是要強調「曼陀羅」這個象徵，以及「原型」（archetype）的概念，因為這是榮格整個理論的關鍵之處。他的理論裡首先該談的就是「archetype」，通常中文翻譯作「原型」。不過如果你從英文的字根去看，會發現它是根據希臘文而來的。「Arche」的意思是「古老的」，所以他講的是「古代傳

1　在這裡大家看到的是，本書不但花很多心血編出來，還把他寫的文字全部譯成英文——原文是德文。兩本中文版就是根據不同的來源翻譯：大陸版號稱是由德文直譯，可是你會發現其實有一半是根據英文翻譯出來的；台灣版很誠實的交代，根據英文版翻譯。

下來的某種象徵型」。我們可以看到，不管是用文獻或文物，他其實都在講某種具體的、遠古的東西。你若把它理解為「原」，會有種很抽象的感覺，不知原到哪兒去，好像是來自玄想的猜測，很不具體。榮格很喜歡做考古或考據的工作，所以他蒐集了一大堆文獻和文物，他的根據就是這些。因此，archetype，就指明了它的來源是來自於遠古——至於多古才叫做遠古呢？希臘就是很重要的古典時期；更古的話，就是西亞、兩河流域；接下來，基督教也是從西亞開始傳往歐洲的，所以歐洲的文化基本上是來自西亞的，再加上希臘、羅馬，起碼有這兩個脈絡。耶穌之後的基督教也是從羅馬時代開始。我們要曉得的正是這個源頭，對於所謂「遠古」就是指這樣的「古」，也就是在歷史上跟近現代有明顯的差別的遠方。至於所謂「近代」，是指十六世紀以後，到了十九世紀才進入現代。在現代之前都可統稱為「古」，這是一般人所曉得的歷史背景。

對歐洲而言，有一種特殊的「古」，就是「中古」，那是羅馬帝國衰微了以後，整個西歐進入一片蠻荒狀態。本來被羅馬帝國統治的地方，大多被從北歐來的「蠻子」們佔據，文明幾乎都得從頭開始；所以它也是很古，蠻荒的古。北蠻子主要是日耳曼語系的人，從北歐往下遷移，進入中歐、西歐。你看以中世紀為背景的電影，那時候的城市文明幾乎都呈現停擺狀態，蠻子們都習慣過村莊生活，所以這時代也算是一種古，好像從頭開始一樣。這種北蠻子文化和羅馬文化沒能很快就連結起來。羅馬曾經也有過輝煌時期，那是從希臘學來的，可是要傳到這些新來的北蠻子手上，怎麼傳呢？語言都不通，要等到北蠻子學會了拉丁文

以後，他們才能夠把羅馬文化接下來。所以拉丁文對他們而言就是要接到羅馬和希臘的重要橋樑。榮格會讀拉丁文，因此他把拉丁文收進來的時候，對他們而言都是屬於古代的。

拉丁文什麼時候開始漸漸式微？就是那些蠻子國後來都因為語言的差異，構成一個個民族國家的疆界，在此之後，不同的語文就一直發展到能夠上追拉丁文。英文、法文、義大利文、德文，發展成各自的文學，但那都不是拉丁文了。可以說，從那時候開始，又有新一波的歷史重新開創。這樣就差不多進到文藝復興的時代。文藝復興的開始一直都表現在各地語文的文學，例如義大利文寫成的《十日談》（博迦丘）、《神曲》（但丁），這些都是在十五世紀時寫成的，再往後一個世紀之後到了文藝復興的盛期，開創了很多新思想、新的藝術型態，長成了近現代化的根苗。

如何閱讀榮格？

總之，榮格這個人就是博學多聞，毫無疑問的。他在自己非常低潮的狀態下，還力圖拯救自己，其實就是借用這種博覽群籍的方式來修補他自己。所以他是在痛苦中做這種自我耕耘的實驗工作，我們也可以用我們的概念把他理解為「存養修身」。有人說他在這十六年裡蒐集的東西，在往後靜下來的時期，還花了將近三十年的時間，不斷地拿這些東西當作基礎，發展出一套看起來可以跟佛洛伊德分庭抗禮的東西。不過我今天要談的是：榮格跟佛洛伊德，他們其實並沒有這麼大的差別。你把榮格放進所謂的「動力心理學」裡面來理解的話，就不會離題了。我們曾說

過動力心理學是精神分析加上現象學，而榮格自己的著作裡，有好幾篇文章都說他是在做現象學的研究。雖然他不是用胡塞爾的現象學，而是以他自己所理解的方式，也以現象學稱之。也就是說，他把佛洛伊德加上現象學，後來就變成了某種叫做「榮格學派」的學說。所以他在某方面看起來像是自創品牌，但同時也像是咱們的半導體技術，從十二吋晶圓發展到七吋晶圓，其實是利用代工的方式，把高科技吸收過來，就變成自己的創作。

榮格本身的著作以及後來人們對他的評價，其實有很多地方是正反兩面的，風評有很好的，也有很糟的，非常的不穩定。包括《宗教動力心理學》的作者普呂瑟，他說過榮格「思想廣博淵深，但表達很不準確」。這種情況尤其表現在編寫《紅書》的時候，因為他當時的精神狀態，如果你要說他是在瘋狂中，也沒有什麼不對。可是我們不要認為瘋狂就等於殘廢，這樣的常識之見是相當偏頗的。他在那種狀態之下能夠做出一種寫作，有點像是在寫小說，但又有點像是在寫自傳，把想像和虛構的東西混在一起。另外還有一些好像是他看見了什麼，或者是他夢見了什麼，他都當作確有其事地描寫下來。所以在讀這本書的時候，讀者會有點分不清楚，他講的到底是真的還是假的？

榮格有一本很重要的自傳，就是《回憶、夢，以及反思》（*Memories, Dreams, Reflections*）。大家認為這本書是榮格自傳中最重要的一本，因為除此之外就沒有別的，如果有傳記的話，也是別人幫他寫的。譬如這裡有一本《榮格的生活與工作》（*Jung's life and work*），是他的一個弟子芭芭拉·漢娜（Barbara Hannah）寫的；另外還有一本最近（2007）出

版的《榮格學派的歷史》（*The Jungians: A Comparative and Historical Perspective*），這兩本的寫法很不一樣。漢娜是入室弟子，就是「有事弟子服其勞」，除了幫他整理稿件之外，還幫忙打理他的生活，飲食健康一起照料。這麼親近的學生在寫老師的傳記時，你相信她會寫得很客觀嗎？這不太可能。這本書雖然是在講他的作品，同時也講他的生活，這種親近的觀察是有可觀之處的。另外一本的作者是湯瑪士·克許（Thomas Kirsch），比較像在寫思想史，把榮格學派前後的脈絡都作了交代，用客觀的筆法。在這些作品當中，我們還得提出另外一本有趣的對比，作者叫做理查·諾爾（Richard Noll），他寫的是《榮格崇拜》（*The Jung Cult: Origins of a Charismatic Movement*），事實上是寫一本書來提出嚴厲批判，說榮格學派基本上是一個教派。就是有一個具有超凡魅力的領袖，大家把他當做一個偶像來崇拜，於是整個學派關起門來自己講一些瘋言瘋語，也會把榮格最瘋狂的狀態也當作典型來膜拜。諾爾認為榮格學派就是這樣一種搞法。所以，以上幾本書真是褒貶不一，有些人認為他博學多能，但也有人認為他胡扯的東西很多。

其實在榮格的最底層，有一個對他而言重要無比的，就是基督教的地下那一層，即上回我已提過的「諾斯替教派」，或叫「靈智主義」（Gnosticism）。那是很典型的神祕主義。你們如果喜歡看《達文西密碼》這部電影，其中的東西很多屬於這個傳統。在所謂靈智主義之中，對於基督教的經典有很多另類的詮釋。榮格在這一點上，非常接近諾斯替教派，所以他的神祕主義主要的並不是來自東方，地下基督教就已經夠他玩的。這樣的東

西在《紅書》裡面有很多，如果你真想把這本書都看完，真要花不少時間。但如果是要以很快的速度看一點中肯的評論，那麼，另一本大部頭的書——艾倫伯格（Henri Ellenberger）寫的《發現無意識》（有中文譯本），裡面有一章談榮格，大概六十頁左右——艾倫伯格的評論，不管是好是壞，他寫下來的論點，包括他的資料都是可靠的。如果想要很快地知道榮格的學說，讀這六十頁就可以。比起剛才談的四、五本書，由於其間的觀點有很大差異，會搞得一頭霧水。

總之，看到這些東西之後，我覺得有一種知識上的義務，在褒貶不一、莫衷一是的狀態下，那到底該怎麼辦？這其實是可以由我們自己來選擇的。不過還是需要一個重要的條件，就是我前面所問的：讀榮格到底是所為何來？我們的動力心理學到底是需要他呢？還是要避免他——就像當今最得勢的佛洛伊德傳統那樣，把他視為某種附帶的精神分析來讀嗎？

榮格的「東方性」

大家一定要曉得，我們之所以會在此地產生榮格熱潮，是因為大家認為他「很東方」，但這是一個迷思。榮格其實稱不上有漢學的底子，因為他沒辦法讀漢文，都是透過翻譯。《易經》和《金花的秘密》，事實上都是透過他的朋友幫他翻譯，他看了德文譯本，看完以後覺得這些東方的東西足以印證他自己原來的想法。這不該說成他「從東方學來」的東西，而是說：他的東西可以在東方的文獻裡面得到印證，就好像可以在古典拉丁文、希臘文裡面找到印證一樣的道理。所以我們若以為他從東方才學到了

神祕主義思想，這樣的理解頗有我們民族主義自戀作祟的色彩。其實他在使用這些東方文獻的時候，他的使用方式完全是「足以證明我的想法」，或「在東方有人跟我的想法一樣」，如此而已，大家一定要注意這樣的因果緣由。

關於榮格讀過《易經》和《金花的秘密》，這件事本身有值得進一步推敲的問題。《金花的秘密》，原書名叫《太乙金華宗旨》，是宋代在民間流傳的一本煉丹術書籍。他的好友衛禮賢（Richard Wilhelm）把這本書翻譯成德文讓他看，意思是說：在中國就有跟你一樣講煉丹術的，特別是內丹，在《太乙金華宗旨》裡寫的，就證明你的想法跟遙遠的東方不謀而合。所以我們不要倒過來說他讀完了《太乙金華宗旨》這本書之後才發明了煉丹術。此外，「太乙金華」被翻譯成「金花的秘密」——本來沒有「秘密」，這本「宗旨」也不是祕笈，如果一定要談「秘密」的話，那麼，這本書更接近於諾斯替的祕教風格。

這本《太乙金華宗旨》在漢語典籍中是一本重要的書嗎？這是一本道教文獻，但它不算是一本重要的「經典」。這是在市井間流傳的，有如我們在街上廟宇裡可看到的善書。衛禮賢取得這本書的時候，他大概還沒有搞清楚這種書的性質。關於此書如何出版，其來由是這樣的：它的內容據說是呂洞賓所作，呂洞賓是確有其人，他是唐代人，後來我們的八仙過海傳說把他神仙化，到了宋代才出現這個文本。唐宋中間隔了八百年，為什麼這種文獻要隔八百年才成稿？這是什麼意思呢？我們道教的文獻有很多都是這樣：基本上是由靈媒起乩的時候，以呂洞賓的身分來降壇講出了一些話，把這話記下來，就是《太乙金華宗旨》這本

書的由來。像這樣的書，我們一般稱作「鸞書」，在民間流傳得相當廣。鸞書既是由靈媒所講的，記下來之後才成書，所以不太能相信這是呂洞賓的原著。像這類的鸞書到底有多高的價值，是相當值得懷疑的。如果這個靈媒是個很有天分的人，他起乩的時候，逼出神來之筆，可能寫得很好，這是不必否認的；但如果你真有機會讀到《太乙金華宗旨》這本書的原文，你會發現它大部分內容都是從佛教文獻裡抄來的，也就是抄了佛教的觀心和調息法門，在佛教的經典裡早就有的。所以宋代以後寫出來的道教經典，原來是抄自佛經，是一種二手傳播，不是真正有創意的東西。對於這樣的書，當時的衛禮賢跟榮格應該是不太清楚的。

　　《易經》的問題也一樣。大家都知道《易經》就漢傳經典而言，本來不列在五經之中，但被後世炒熱之後，竟搖身一變而成為「六經之首」。但《易經》是很難閱讀的書，因為它的內文是由一些不成文的條目（卦、爻、彖、象）所構成，讀來語無倫次。衛禮賢幫他翻譯了之後，榮格是怎麼讀的？榮格有一種很奇特的讀法，那是所有的漢學家都不會採用的讀法。有一本楊儒賓翻譯的《東洋冥想的心理學》，有一章是談《易經》，說到榮格是怎麼讀法。他對《易經》說：我知道你已經是未卜先知，也就是說：所有的命運，不管是帝王將相、國家的命運，以及所有其他從古到今的人，在這本書裡都已經有了定見。（《易經》被聲稱具有這樣神奇的預言作用。）榮格就說：我姑且相信你這本書確實很厲害，可是現在，我要問你一個問題──這就是榮格，我們會看到，他實在可說是個相當調皮的讀者──他說「我要問一問：易經啊易經，你被稱作中國典籍裡的六經之首，但是經過

漫長歲月，到了如今，你的命運究竟是如何？」他這麼一問，之後就開始進行占卜。我們以前占卜需要有特殊的器材跟技術，譬如用撲筮草。筮草是一種很神聖的草，他不可能拿到，而且也不知道怎樣撲法，於是就採用比較簡單的辦法，用兩個銅板來拋，正反正反，拋了六次以後，就會得到一個卦，然後去翻查《易經》，就會得到相對應的卦爻。現在《易經》被問到「你的命運是什麼？」，那就讓它來自問自答，讓它自己說出自己的命運。結果《易經》給出的回答是說：它的命運會走下坡，會跌到谷底，可是將來它將有機會重新得到它應有的地位。這差不多也是在講榮格自己的命運——他自己不也是跌到了谷底，然後再爬起來嗎？所以他在解《易經》的時候，差不多也是在解他自己的命運。試想，這種解法，在我們的漢學研究傳統裡，會不會有人相信這一次占卜的結果就真的說中了《易經》的命運？大家會覺得榮格這個人可能是在開玩笑的，我們的易學從來都不會有這種讀法的。我曾寫過一篇文章，其中提到：《易經》占卜的方式是很嚴謹的，是一種王官之學，不可以亂用，尤其在民間更是不可用。用《易經》來問自己私事那簡直就是褻瀆，必須身為一個士人，心在天下國家，才可以去問。如果只是關心自己的事業、婚姻等等而去問《易經》的話，大巫師可以拒絕。所以榮格這樣的問法，相對而言，是一種異端，他等於是在玩弄《易經》。但他反正不在我們的傳統裡面，就隨他玩了。從此也可以得知，他不需要向中國的《易經》學習，而是拿來當作一個道具，表演一下另類的占卜。以我們的傳統來說，這幾乎可等同為邪門，可是他不是玩得挺開心的嗎？所以他確實在這個地方打亮了我們的眼

睛，就是說，你若把《易經》看得很神聖，就一定不敢這樣玩，可是，如果我們也能依照他的方式去玩一次看看，說不定反而會讓《易經》別有洞天。

榮格的「狂」與「聖」

所以，若認為榮格對「東方學」很有造詣，這種講法都帶有誇張的成分。他其實不會讀漢文，而能讀漢文是要精通漢學的一個起碼條件。因此我才會問：拿他這樣的一個人來談《紅書》的熱潮，該用什麼樣的態度去讀他？這是一個很重要的問題，我現在就來談談這個問題有多重要。

在《尚書》（書經）裡面，有幾篇是紀錄了周公講的話，這可以說是儒學傳統中最古老的經典。孔子最推崇的聖人是周公，我們看看周公留下的幾篇，其中講的有些道理，意味深長，不同凡響。譬如這一句：「**唯聖罔念作狂，唯狂克念作聖。**」——意思是說：「聖」和「狂」這兩種身分或心靈狀態之間，有一種相互起伏的關係。「罔念」就是不把德放在心上。當一個「聖」不對德「念茲在茲」，久了以後，他就會變成狂徒。但如果一個狂徒「克念」，也就是能夠念茲在茲的話，那麼他會變成一個聖人。狂徒會揚升為聖人，聖人會墮落成狂徒，這就是「聖」和「狂」之間的相輔相成關係。

孔子不可能不注意到周公講這句話。因為，我們若能稍微拉遠一點，從心靈發展的觀點談起，我們也注意到：孔子的母親是個女巫，孟母也是；我們的這兩位聖人，都是女巫養大的孩子。因為母親的身教言教，就是念茲在茲，所以他一定會注意到周公

曾經講過的關於「聖／狂」和「念」的關係。「念」很可能不只是「心心念念」，而是一種靜定安慮得的工夫，或是進入迷狂的狀態。日本的學者非常相信這些都是巫者的專業本事。她如果沒有這種專業，怎麼能擔任司禮的巫者？一個單親媽沒有職業，怎麼能帶大一個孩子？當女巫是很好的職業，凡是有節慶典禮的時候一定需要她。你們有沒有想過這種事情？因為你們在讀傳統經典的時候，都背負著很正典的包袱，不太能讀出這個看起來像異端脈絡，但日本的漢學家沒有這個包袱，可以輕易讀出來：孔子的媽媽有名有姓，叫顏徵在，是個女巫。所以她的小兒子之所以能自幼「好陳俎豆」，就是拿她的道具來當玩具。

在「聖／狂」當中的「聖」字，其實就是指「大巫」，而大巫跟狂徒很接近。當巫只會做法、只會起乩的時候，慢慢的就會變成狂徒，換句話說，就是會因為這種職業而墮落；可是反過來說，當一個巫常常「克念」，就是可以念茲在茲，把仁德以及迎生送死的事情，都用「齊肅衷正」的態度去對待的時候，他其實是在替人性當一個掌門人，告訴你人的生死都是一件很重大的事，這種人慢慢的就會變成聖人。這個道理，假若你沒辦法先掌握，今天突然讀起榮格，你就是在讀一個狂徒日記。讀這種東西的時候，如果不能「唯狂克念」，那麼讀久了之後，你也會變成一個狂徒。

榮格的這種書，你若不能仔細讀進去，會覺得那都是瘋言瘋語，有些地方聽起來很有道理，但自相矛盾的地方也很多。所以我們有時偶爾像個學者一樣，把其中的一兩句拿來考據一下，你就會看出麻煩在哪裡。在英文的原文裡面有一段，榮格寫到：

Laws and teachings held in common compel people to solitude, so that they may escape the pressure of undesirable contact, but solitude makes people hostile and venomous.

（統一的規則和教育把人逼向孤獨，他們才可以逃離群體無意的壓迫。孤獨卻使人變得敵意、惡毒。」）

Undesirable 翻譯成「無意」有點奇怪，這是大陸版，台灣版的翻譯稍微有點不一樣，不過我現在只是要說，下面接著一句：「要給人氣度，讓他獨處，他才會自己找到群體並喜愛它。」它的英文是：

Therefore give people dignity and let each of them stand apart, so that each may find his own fellowship and love it.

他是在給出格言，告訴你要怎樣、該怎樣，但在翻譯中，你會發現一個奇怪的地方：「統一的規則和教育把人逼向孤獨，他們才可以逃離群體無意的壓迫。孤獨卻使人變得敵意、惡毒。」這裡的「孤獨」是一件壞事，但下面一句話：「要給人氣度，讓他獨處，他才會自己找到群體並喜愛它。」這句話裡的「獨處」跟前面一句話，不是互相矛盾了嗎？可是在英譯文裡，好像沒有這麼矛盾：dignity，有尊嚴，而 stand apart 可以叫做 solitude 嗎？這樣翻譯是不太對的。Stand apart 意思是：「有能力的話就

得自己站起來，不要一直跟別人靠近。」應該是這樣的意思，可是在翻譯中，你若讀得夠仔細，就會感覺到很奇怪——他講的話怎會這樣混亂？這個混亂的問題，主要是中文翻譯造成的，在英譯本裡，我們仔細看，它的前後並不這樣矛盾。

不過，原文裡還是有其他一些前後自相矛盾的地方。因為當時的榮格一直在模仿聖人那種可以稱為「誥／諭」的講話語氣，所以他是把自己當作聖靈上身，講出來的話包括他的夢境、各種靈視之類，因此顛三倒四。我作過多年有關起乩借竅的研究，可以印證這種語言的型態就具有這種本質。這本書的難讀在於，你去讀它的時候，不知道是該學習它，還是該去批判它。你若要學他，但你不夠狂，怎麼能學得起來？你所受的教育中，有沒有學過「做一個狂徒才是夠厲害的人」？在同學當中，說某一個人「很狂」，那到底是在稱讚他，還是在咒罵他？可能兼而有之。魏晉時候的名士、高士不是都很狂嗎？罔顧禮教，做出一些驚世駭俗的事情，由此看來，狂徒、狂士也是我們傳統的一部分，但這種人到了晚近幾個朝代幾乎都被殺光了。我們的傳統不會繼續支持人去做個狂士，狂士在魏晉時代曾達到頂峰，但後來全部變成邊緣人，唯一的出路就是逃開儒家，遁入道教和佛教裡去，變成方外人或隱士。於是狂或不狂，就不再是個值得注意的焦點，反正在四方之內，都找不到這種人的蹤跡了。在思想史上，余英時就曾經講過這樣的問題，就是說，我們文化裡的狂士傳統，差不多已經被趕盡殺絕了。

所以，今天要翻開一本狂徒寫的書，你有這個膽量和能力去承受它嗎？這是個很大的考驗。但畢竟這是一本編得很好的書，

現代的愛書人已經在「作者已死」的宣言之下找回讀者的權利，所以，有興趣的話，那就走著瞧吧。看完以後，你也許會重新開始「唯狂克念作聖」。總之，這個傳統跟我們的教育體系距離很遠，所以我要潑一點冷水，讓讀者先醒過來；但同時當然也是一種提醒，要有個「克念」的先決條件。

回過頭來，從某種方面來講，我願意把榮格的作品從很正經的角度來看，關於他的「狂」那一面，就姑且擺一邊。為什麼我可以這樣講呢？因為他自己也是這樣處理的，就是說，他的著作都收入在二十卷的《榮格全集》，會選在《全集》裡的，就表示那才是合乎學術要求的產物；而那些發狂狀態下所寫的東西，都不收錄在內——他的弟子幫他把關很久，在他過世多年後才有辦法出版。這表示越來越多榮格的祕密，也都可以解密了。榮格有兩個老婆，誰不知道？可是在他的自傳裡，他一字不提。這不是很奇怪嗎？為什麼不承認大家都知道的第二個老婆？她有名有姓，叫做東妮・沃夫（Toni Wolf），後來有很多機要秘書的事情，都是由這位二老婆幫他處理的，天下人都知道。克許就很坦白的寫出此事，但在榮格的自傳，以及他的大弟子芭芭拉・漢娜的作品裡都沒提。會不會令人覺得榮格在「兩套人格」當中閃避了誠信的問題？

所以，我還會進一步再問一個問題：當榮格在批評佛洛伊德的時候，講的話相當誇大，甚至有自欺之虞；但佛洛伊德則是知道什麼說什麼，雖然他跟榮格決裂了，這是大家都知道的，但在佛洛伊德的著作裡，沒有出現任何對榮格的惡意咒罵。反過來說，在榮格的著作裡罵佛洛伊德的地方太多了。後來我們會發

現，他罵佛洛伊德的東西，有很多剛好就在他自己身上印證。也就是說，他自己那套精神分析（後來改稱為「分析心理學」），還是帶有濃厚的佛洛伊德色彩，那他為什麼要用這種帶有仇恨意味的方式來對待佛洛伊德？主要就是因為他們的決裂造成的創傷非常嚴重，也跟他陷入狂境很有關係，所以會以這樣的方式表現出來。

夢的翻譯

榮格理論，如果我們把它整理一下，你會發現，跟我們所談的佛洛伊德有很多相似之處，只不過他對古代文獻的運用會比佛洛伊德多。我們來看看他下面這一段話：

> 夢就是一串顯然矛盾無意義的意象，但若能給予適當翻譯的話，則其中就會包含著清晰的意義。

上次課堂上，有人問道：「夢到底是不是一堆沒意義東西的拼湊？」可是在佛洛伊德解夢的時候，他會告訴你說：一方面夢常常都是某種亂拼亂湊的東西；但拼湊卻自成道理。其中我舉了一個例子說，夢到一張桌子，但夢的要點其實不在於那張桌子，而是表現出圍桌的人姓卓（桌）。像這樣拐彎抹角的方式作出來的夢，到底是在告訴你什麼？所以要解夢的時候，這拐了很多彎的問題，你一定要有辦法去接受，而且即使拐得很遠，你還是要有辦法去摸索和掌握它。這一點，用榮格的話來講，就是能對夢給予適當翻譯的話，其中就有清晰的意義。我們再看下一句：

夢起源於心靈的某個不知之處（你看，這還都是佛洛伊德的「無意識」之論），但它是作夢者為明天所將發生之事預作準備（即「整裝待發」之義也）。

這時候他就把夢帶上一個「預作準備」的功能——但不是預知未來，而我把它加上「整裝待發」的註解：今天過去了，明天之後我還要捲土重來。我們必須把夢視為一套資本，昨天在夢當中被我使用之後，我就會預知明天到底要往何處去。在榮格的理論當中很強調這一點，佛洛伊德其實也有，但因為他不這麼強調，所以大部分人會以為這樣的主張是專屬於榮格的。在上次我們看到佛洛伊德的 super-ego 之後，我漏談了一部分叫做 ego ideal，即「自我理想」。這是佛洛伊德的理論，到了晚年時候講得比較清楚。是說人的 ego 會分裂出來，變成 super-ego，專司管制功能，什麼東西都要先說不可以，保證你在安全範圍內行動；可是另外還有一面 ego ideal，是說「要」的話，你就「要去追尋」，然後會變成理想，會使你策馬入林。這樣的 ego ideal 就變成你的動力，把你自己往一個 ideal 的方向推動。所以 super-ego 又分裂成兩面，首先一面是「不可以的」（negative）；後來出現的一面是「想辦法去做」（go ahead）。當然，無意識的東西其實很多材料都來自夢，所以夢一樣會讓你敢於不入虎穴焉得虎子。夢裡有些東西其實是在宣告你該怎麼做，只是你不知道，因為被理性、規則、教條，以及一般的生活常識（common sense）告訴你說這樣做是不對的。然而在你睡著的時候，你的夢卻會幫你拐彎抹角表現出另外一種懸

念。

　　那麼，我們就來看看榮格所舉的一個夢例。我們必須透過很仔細的翻譯，才能把裡邊的意象全部翻譯過來。翻譯的時候，就是要字斟句酌，而這方法其實和佛洛伊德在談無意識以及在談夢的時候，基本上是一樣的。尤其有一點，很多人以為佛洛伊德很喜歡用「性意識」（sexuality）[2]來解釋人的慾望，然後就會說他的主張是泛性論。據說榮格不接受這種說法，但「據說」是不準確的，榮格自己也經常在使用性意識的象徵，這是無法避免的，就這個夢例來看，顯然如此。人性當中關於 sex（性，色事）[3]的問題，在白天都不好講，連跟最好的朋友、最親近的人，也都只能點到為止；可是它有很多的細節會在夢中出現，記得這必須是「拐彎抹角」的。這裡列出這個夢例的英文跟中文翻譯，我們看看就很容易理解夢是怎樣拐彎抹角的：

She dreamt that she saw the triumphal Arch of
Constantine. Before it stood a

2　Sex 譯為「性」是來自日本的漢字借詞。我增加一個建議的譯名「色
　　事」，是根據中文傳統。請參看董解元的《西廂記》。據此也可把
　　sexuality 改譯為「色識」──這是根據余德慧的「情識」一詞（出自
　　余德慧的《情話色語》一書）進一步的發揮。在此以下，本書再談到
　　「性」時，就不至於分不清「sex/sexuality」，而可有兩個新詞「色事
　　／色識」備用了。至於這兩個新詞同音的問題，那也是有意如此的，
　　因為有很多時候，兩者沒必要區分；只當需要區分時，我們再來看它
　　的用字。

3　Sex 譯法，見上註。

她在夢裡見到雄偉的康士坦丁拱狀牌坊。在它之前立著
一座

cannon, to the right a bird, to the left a man. A cannon-
ball shot out of the

碑文（加農砲），右邊是一隻鳥，左邊有個男人。砲彈
就從

muzzle and hit her; it went into her pocket, into her purse.
There it remained,

砲口射出而擊中了她；砲彈掉進她的口袋，進入她的錢
包，就留在那兒，

and she held the purse as if there were something very
precious inside it.

而她抱著錢包，好像那裡頭有什麼貴重物品一般。

Then the picture faded, and all she could see was the stock
of the cannon, with

然後這圖像消褪了，她所能記得的只是一堆碑文（加農
砲），上頭刻著

Constantine's motto above it: "In hoc signo vinces."

康士坦丁的銘文：「特此誌勝」。

「她在夢裡見到雄偉的康士坦丁拱狀牌坊。在它之前立著一
座碑文（加農砲）」（She dreamt that she saw the triumphal Arch
of Constantine. Before it stood a cannon）——這裡的 cannon 是一
語雙關，一方面是指法典條文，但同時 cannon 就是加農砲。榮

格解夢也會使用一語雙關，不是和佛洛伊德一模一樣？然後，在這碑文（或加農砲）一邊有鳥，一邊有一個男人。鳥跟男人是什麼關係？就象徵的語法來說，鳥就是男人，男人就是鳥；男人是一個人，而鳥就是他的陽具。為什麼是這樣？他說：「砲彈就從砲口射出而擊中了她；砲彈掉進她的口袋，進入她的錢包，就留在那兒。」Pocket 是口袋，而 purse 是更寶貴的東西，即口袋裡面的小錢包，然後就停留在那裡。「她抱著錢包，好像那裡頭有什麼貴重物品一般。然後這圖像消褪了，她所能記得的只是一堆碑文（加農砲），上頭刻著康士坦丁的銘文：「特此誌勝」。康士坦丁的銘文「特此誌勝」（In hoc signo vinces.）這種勝利就像是漢軍擊敗匈奴的時候，就刻了一個大石碑，立在賀蘭山上，「特此誌勝」。打勝仗立碑誌勝，這是意味著什麼呢？這個女人夢見了康士坦丁的牌坊，然後又夢見了碑文（同時也是加農砲），加農砲，這若是在佛洛伊德，肯定會說成陽具的象徵。那麼，榮格不也是這樣解釋嗎？因為這加農砲射出砲彈，打進了她的口袋、掉到錢包裡，那麼，什麼是打進口袋、錢包？不就是打到她身體裡面去了嗎？進到她子宮，而且停留在那裡。她抱著錢包好像什麼貴重的物品一般，當然啦，已經有一個小孩的種在裡面，怎會不貴重呢？然後，這個圖像消退之後，最後剩下的就是那個碑文或者加農砲，是碑文同時也是陽具，上面刻的碑文就是「特此誌勝」。也就是說，這個女人事實上是想要懷孕的，她讓那個陽具發射的加農砲彈打進她的身體，之後她就勝利地懷孕了。

這整個夢就是一場色事，翻譯之後，你要是讀不出這個意思

來才怪。但這種讀法是來自佛洛伊德，在他的整本《釋夢》裡，很多時候他就會看出那有一點點跟色識有關的暗示，特別是色事，誰能夠完全避開不談呢？因為他認為性意識在人類的慾望當中，是最強烈的一種，且在其中得到的享樂即是所有享樂當中的極樂。人類所能有的極樂狀態，就是在色事的高潮當中；相對而言，其他的樂都是等而下之的。沒有人不知道這樣的事情，可是你不好在公開場合跟人家講這個，他是非常私密的。可是因為人人都知道，所以它就變成一個公開的祕密，佛洛伊德只不過是把公開的祕密說出來而已；後來大家都以為（尤其是美國的清教徒傳統）他的話相當於洪水猛獸，好像在鼓勵大家做各種淫蕩的事情。不能這樣解釋的，他要說的是人類的實情。後來榮格好像在理論上跟他決裂，在哪裡決裂呢？就是色識或自我／自性（ego/Self）的理論嗎？他們之間的決裂，毋寧說是帶有互相嫉妒意味，特別是在榮格這一方。然而他們兩人的想法，一直都有非常接近的地方，因此，將他們綜合起來，成為一套動力心理學，應不是難事。

原型與自性

榮格理論裡當然有很重要的創意，首先就是「原型」的概念。先前我們特別提到，它的字面意義是「古型」或「初型」。人類本能經歷長久的文明之後，才得以用象徵的形式來表達或顯現。人類社會千年萬年以來，在情感方面一直有個很重要的重心，就是關於苦樂的感受與表達。人人在體驗的當下，或捫心自問時，都知道有此，因此它會在記憶中保留下來，然後也會以象

徵的方式保留在人類的歷史裡。當我們講到神鬼之類的重要事情之時，很快就會發現它們跟這種基本的象徵離不開關係。色識和鬼神都可能以多種形式出現，各文化之間會有很高的相似性，但也會有各自的獨特性。

關於人對自己的自覺，用原型的概念來說，在基督教以及在西亞的古代神話之間，你會發現兩者之間有平行的表達。小亞細亞是西亞的西陲，在現在的土耳其，基督教則跨越海峽傳到歐洲。他們互相之間的相似性，在榮格所找尋的古物和古文獻中，表現得淋漓盡致。榮格看到巴比倫留下來的古物裡，有這麼一個獅頭人身像（艾翁，Aion），還長著翅膀，但被蛇纏住了（圖一）[4]。這個獅頭人身其實是古老傳說裡的一個英雄，但他竟然是在受難，被蛇纏住不能動彈。這個景象就跟耶穌基督這個英雄被釘在十字架上是一樣的——榮格認為是一樣的——並且在他的書裡寫道：「有一天我看到自己變成一頭獅子，身上被蛇捲住。」當他這樣講時，其實並不是由於他的冥想或幻視，而是他看過這個小亞細亞留下來的古物。看到了之後，才說他覺得他自己就像這樣，是被蛇纏住不能動彈的一個英雄。獅子具有強大的能力，可是竟被蛇纏住，這情況在他看來，就像耶穌這個如神的人物被釘在十字架上一樣。因此雖然榮格一直說他是反對基督教的，可是骨子裡他仍是非常的基督教，他自己就是耶穌的一首變奏曲。

4　圖一的艾翁（Aion），取自榮格全集中的 *Aion: Researches into the Phenomenology of the Self* (Collected Works of C.G. Jung Vol.9 Part 2) (English) 2nd ed.

【圖一】艾翁與耶穌

　　榮格認為基督教主要的自性（the Self）象徵，以原型來說，艾翁就是個典型代表。佛洛伊德不會這樣講，因為佛洛伊德是個猶太人，佛洛伊德所創造的英雄典型（不叫做「原型」）是猶太人共同的英雄摩西，那就比耶穌還要古老得多。佛洛伊德晚年時有一本主要著作，就是《摩西與一神教》，但他不會說他自己就是摩西，他要講的是：摩西是猶太人共同的祖先以及智慧的來源，就像漢人在講周公一樣。可是榮格比較奇特的地方，就是他常常有強烈的投射認同——在某些著作中表現出來——他「就是」耶穌基督，所以他在那些書裡講的話，就是以一個聖人的姿態在宣稱：「我是道路、我是真理、跟隨我……」，也就是把來自《聖經》裡的語言說成自己的話。

榮格說：「原型乃是一種永遠不能為意識所知的集體無意識，我們只能使用各種想像的方式（包括使用神話、童話、象徵）來加以捕捉。」大家都知道，「集體無意識」（collective uncouscious）是榮格專用的術語，「集體的」就是指整個文化。「集體無意識」有點像先前提到雅斯培的說法：「宗教是一個民族的固有想像」。我們用神話、童話、象徵等各種想像的方式來捕捉，前頁那幅圖就是榮格自己使用想像來聯結耶穌基督神話和古代小亞細亞安納托利亞（Anatolia）地方的一個小神艾翁的神話象徵。艾翁（Aion）跟獅子（lion）只有一音之差（這樣說是方便記憶），並且榮格就認為這都是關於自性的一個原型。「自性」是人類共有的一個大我，但同時也是在指一個人的人格。在他的自傳裡，一開始就說：「我從小就是一個人格分裂的人，我就是兩個人」，一個榮格就是兩個人格，但後來他努力要整合成為一個，那「一個」就是自我經歷超凡入聖的過程而達到的境界。這是他對「自性」這個字的特別用法，所以我要提醒大家注意這種說法的特異之處。可以給我們參考，也要用來和其他人的說法作區別。

　　這裡包含著一個很值得商榷的問題：自性的誕生，必須經歷嚴峻的試煉，亦即在耶穌身上發生了被羅馬人釘上十字架的結果。但纏繞著艾翁的那條蛇是什麼呢？我們可以知道的是：羅馬人的試煉是「父系霸權」，但蛇的試煉比較像是母權的陰影──所以榮格其實是把兩個不同的東西混為一談了。蛇象徵是母權社會的遺產；而羅馬人把人釘在十字架上，那絕對是屬於父系霸權──是徹底的軍事政權，用盔甲、用刀劍來征服人，然後把任

何叛逆者都逼上死亡之途，那就是父系霸權的典型作風。可是艾翁被蛇纏住時，不是被父親戕害，而是被母親，這要看榮格的一位弟子諾伊曼（Neumann）的著作才會更清楚。諾伊曼寫的一本大書是《大母原型》（*The Great Mother*），從榮格理論發揮出來的，裡面就談到母系霸權的上古史。我們在講 superego 的時候，都是很父系的，都是用良心、教條、法律來進行控制；可是在榮格的體系裡，似乎有時是指母親會把人吞噬，會不讓人長大，永遠是她懷抱裡的一個嬰兒。但人若要長大，必須掙脫的第一道關卡，就是掙脫母親，而不是掙脫父親。由此可見佛洛伊德和他會在這個地方分道揚鑣，只不過榮格自己的著作裡沒有很清楚地說明這一點。到他的下一代弟子，才點明了榮格在這個關卡上跟佛洛伊德不同。佛洛伊德走向對抗父系霸權的道路，而榮格則開始表達了對抗母系霸權的問題。當然這話不容易一下子講得很清楚，我們只是要嘗試在此開步走出一條路。

母與父／仁與義

我們往後一定會繼續討論為什麼在我們的神裡面，會有「男性神／女性神」的差異，其實背後都有其原因。每個人的背後都有母親跟父親，他們的重要性是有所區分的，但經常會被我們忽略。母親有可能是霸權最早的來源，這樣的問題也會被忽略。大家都說母親是溫暖的、關愛的、偏袒你的，甚至溺愛你的，但是很少人談到母親會把人吞噬。母親變成虎姑婆，把嬰兒吃掉，這種傳說在很多文化中一直都有的。現在所謂的「虎媽」，就是把母權發揮到最兇狠的地步，把兒子拼命調教到她希望是什麼就

是什麼，而父親在一旁根本無置喙之餘地，完全由虎媽一手包辦孩子的命運。我們以前都覺得這種事情只是隨便講講，沒想到這也會成為一個根本的問題。仔細讀榮格的時候，就會發現這問題被突顯出來。我們會想到我們的聖人孔子、孟子，都是被單親媽媽帶大的，但是他們沒有被這個媽媽壓制，而是給這個媽媽調教到可以站出來獨當一面，最終長成一個聖人。所以，「母權」的問題，一方面是說母親很可怕，但另一方面，母親也很可能是你唯一的、最終極的力量來源。

不同的文化有不同的強調方式，值得我們好好的思考。我們的小孩跟母親一起睡覺，睡到十幾歲，是常有的事，但是在西方人的世界裡，你能這樣嗎？小孩到了三、四歲就一定要在自己的房間，或在另外一張床睡，不可以跟媽媽睡在一起。他們看到我們的青少年還黏著媽媽，跟媽媽一起睡覺，會覺得你們這種人都是些孽種（這還是比較文雅的說法）。你們沒意識到這樣的問題嗎？在西方人看來，你們的文化已經在培養一種亂倫的價值觀，戀母情結在西方世界裡是一件很可怕的事情，然而你們竟鼓勵孩子去戀愛你們的媽媽。我們一直在強調孝道時候，其實很多時候都把對母親的情感叫做「孺慕之情」，而那對象其實不是父親。因為我們的父親跟孩子都很有距離，可是母親呢？任何距離都可以不必有，再大的孩子，回到家，一看到老媽就可以上前擁抱，沒問題，但是你會去抱你老爸嗎？現在年輕一代也許可以，文化開始有一點點轉變了，但很稀罕就是了。這個問題以後會跟我們常相左右，很難避免對此進一步深思。

榮格特別講到「individuation」的問題，他使用的概念在字

面就是「個體化」，意思是成長到後來，人要能夠獨立，變成自己，完成自性的發展。那麼，這個自己到底是要變成像母親、還是像父親呢？這裡面有一些問題，在榮格「自性」的世界裡也沒辦法解釋。他給我們的各種各樣的原型，其實都有一些混雜的性質，現在我可以比較具體的來談這個所謂的「個體化」，要變成一個單獨的個體，像前面說過，孤獨有兩個意思，有一種孤獨會讓人變成惡毒的、變成害群之馬；可是反過來講，你還是要自己站出來（stand apart），不要跟別人太靠近、不要太相信別人說的，所有的力量都在你自己身上——這種話到底是適合對男人講、還是對女人講呢？我們「自己」也必須來想清楚。這是我對於「發展自性／成為自己」這個近乎套套邏輯的命題所作的一些推敲和思辨。

我不想在「成為自己」的概念中原地打轉，而是把問題改換成：男人或女人到底有沒有辦法相信「我自己本有力量」？女人可以很有「力量的自信」，為什麼呢？因為女人可保證自己會生孩子。你想想看，身體生出另一個身體來，如同無中生有的創造出一個生命來，這是多麼神奇的力量？我們幾乎可以說，女人簡直就等同於神了，是她創造了人。但男人能有這樣的自信嗎？男人知道自己傳了精子到女人的身上，然而後來是她生了孩子。孩子出生後，首先就是母親抱著，父親只能在旁邊看，第二個才輪到他抱。孩子在幼年時，大部分的時間也都是跟母親黏在一起，父親都只是在旁邊幫幫忙而已。長大到四、五歲以後，這個男孩子才慢慢的需要向父親學習各種技能，包括學語言或學做事的方式等等，都需要跟父親靠近。這時候父親在旁邊的任務是向孩子

演示他的技能。父親在調教他時，會使用一些方法，難免都帶有強迫學習的意味。母親一般來說不需有這樣的負擔，如果真的需要強迫執行的話，也是出於父親的命令。孩子最早要學會通過的關卡，就是要學會處理自身排放的大小便，同時學會管住自己的括約肌——假若管不住，拉在不對的地方，馬上就會受到一些訓誡，甚至可能受到責打，直到能夠乖乖地到馬桶上去。所以大小便的問題在整個精神分析裡，被視為一件非常重要的事情。大小便，也是從身體裡生產出來的東西，後來在女性身上有一個很奇特的變化，那看起來像小便的地方竟然會變成產道，會生出孩子來；男人就沒有這樣的本事，尿尿的地方永遠就只是尿尿，和傳精，但就是不能生育。

男人、女人光是這種身體上的不同，就會產生所謂「理想是什麼」的問題。理想到底是什麼？在儒家傳統裡，不要忘記孔子、孟子是被單親媽帶大的。當他們在講「生生之德」，也就是所謂仁德的時候，這個理想楷模是不是很像在講女人？生生之德不就是會生嗎？而且這個「仁」字，在周公的話語裡從未出現。《尚書》裡面從來沒有出現過「仁」這個字，只有《偽尚書》裡出現過一次，這就可以忽略。後來孔子大量使用「仁」字的時候，日本學者就曾經懷疑，那是他媽媽教他的。周公沒有傳下這個概念，而孔子可能從媽媽那裡學會了「仁」。那是指人跟人的互相親愛，這樣的一種德，後來被詮釋為「己所不欲，勿施於人」以及「推己及人」，事實上，這正是由母子之間的關係衍生出來的。父子之間的關係不是這樣——父子之間是：我是楷模，你來跟隨我，你要是做不好的話，我就責打你。所以它不是仁，

而比較像是義。「義」這個字底下的那個「我」字，帶有武器部件「戈」，所以，不要忘記，「仁」和「義」是兩條不同的原則，一條是母親原則，一條是父親原則。後來的人搞混了，以為「義」和「仁」可以互換，這真是不對的。《易經》裡面的仁和義絕對是分立在兩端的，正如陰／陽、柔／剛的對立一樣，仁／義也是對立的，不能相混。仁是愛，但義是按照規則行事；在愛之外，該殺就殺。仁不會有殺的問題，但談到義，殺是正當的。

我們回到精神分析，當他們要解決無意識的問題時，裡面就含有無意識本身可能有的一些性別原則，潛藏在裡面；後來這原則轉變成良心的時候，就會有仁德和義德的不同，連神明的神德這種東西，都會分別用不同的性別象徵出現。

曼陀羅的「陰陽調和」

實際上，榮格在操作分析治療的時候，也一樣是利用「象徵」的方式，就像在解夢的時候一樣。象徵有時候是以很有意識的方式呈現為一個圖像，拿來當作思考的元素，當然，它不一定只是用來思考，還會擴展到全部體驗。在表現為藝術（作品）的時候，很難說那只是在思考，有時候就是知覺、情感、動作，通通加在一起，而曼陀羅是他使用的技術之中的一種。這是很值得談的問題，因為它可使問題變得很具體。

從梵文而來的曼陀羅，到了藏傳佛教就有很多發揚。它基本上是一個圓形，裡面含有四方形或是六方形、甚至八方形的圖樣。要注意：在圓裡面包含著方的東西——但方和圓其實是相互抵觸的，而你要想辦法把它合在一起。方和圓的關係叫做「互相

枘鑿」，你要用盡各種方式把兩者結合起來，方形有時候會變形為六角形或八角形，無論如何，它是有角的，但圓沒有角。所以這種結合也就意味著陰陽結合。這在東方的學問就是陰陽之道，在西方則是從波斯一路傳下來，一直到後來的基督教裡，也一直都有這類象徵。

不知道各位有沒有想過：天主教一方面在崇拜耶穌基督，以及後面那個天父耶和華。但到了基督教，重要的是耶穌基督，不是耶和華。可是天主教還一直在崇拜聖母馬利亞，也就是說，這是坦白地表現出神的兩種性別。新教（就是所謂的基督教）有意地把馬利亞排開，在路德的宗教革命之中，並沒有談到聖母馬利亞的問題。我們會發現，在新教裡面，聖母馬利亞是沒有地位的；可是在天主教裡，馬利亞重要的不得了。信徒在禱告時最常唸的是「Hail Mary」（萬福馬利亞），而不是喊「Jesus Christ」（耶穌基督）。所以，我們把問題扯到性別來說，非常有意思。

我們往下看就曉得，榮格自己也是一樣。在古典文獻裡面找這種陰陽調和的東西，中世紀就有，《紅書》裡面收錄很多。他雖然知道，但因為他沒有這種語言可用，他就用二元對立以及結合的概念，譬如黑暗與光明，靜態與動態；而我們所說的陰陽，就是在天地、乾坤以及男女之間的對立與融合，一定有這樣的含意。這在西方語言上不見得能說，後來他自己在談這個問題的時候，覺得其中有一些難題，他們自己都沒法搞得很清楚。譬如，當榮格說使用某象徵會很有療效（therapeutic effect），到底是哪裡發生了療效？我要問的是：人是要向父系的理想靠攏，或向

母系的理想靠攏？哪一個方向才可以得出療效？這樣的問題在榮格的世界裡原來都還是無解的。他只知道自古以來，人們在運用這種原則，但只在半知半覺的狀態之下曉得此事，所以我們特別提出來。關於他談療效問題的時候，有個奇特的談法：

> 事實上這種意象在某種情況下具有相當可觀的療效，這是就創造此意象的作者而言的。這不但在經驗上已獲得證明，也很容易理解，因為這種意象經常代表了非常大膽的嘗試，想看看把顯然不可調和的對立，以及顯然沒藥救的分裂放在一起，會是什麼模樣。只要往這種嘗試的方向挪動一點點，通常就已會有療效出現，但只當這是出於自發的狀態之時。要是對這種意象使用人為的複製或刻意的模仿，那就別期望（會有此療效）了。[5]

把不能調和的兩極，故意要把它調和起來，對於這種分裂的

5　這段重要的話，再對照英譯，應該可以讓語義得到雙重驗證：The fact that images of this kind have under certain circumstances a considerable therapeutic effect on their authors is empirically proved and also readily understandable, in that they often represent very bold attempts to see and put together apparently irreconcilable opposites and bridge over apparently helpless splits. Even the mere attempt in this direction usually has a healing effect, but only when it is done spontaneously. Nothing can be expected from an artificial repetition or a deliberate imitation of such images.【C. G. Jung (1972) *Mandala Symbolism*. Princeton University Press, p.5】

方式，本來簡直是毫無希望的，可是你若嘗試朝這個方向去努力，它會造成一種療效，也就是治療效果。把兩股對立的力量結合起來的人，自然會知道什麼是療效。用我們現在的白話來說，把每一個人身上的男性特質和女性特質結合起來。也就是說讓男人身上有女人，女人身上有男人，把這兩種色識結合起來，這不完全是在談人體或人格上的男性化／女性化。有些時候，這種談法難免有理論上的抽象意謂。一個人的興趣在藝術或科學，喜歡文的或喜歡武的，這其實常常都是兩種不同的傾向，可是榮格要說的是：明明已經是沒藥救的分裂，可是你偏要想辦法把它結合起來，這樣就會逼出療效。他這種對於療效的討論方式，創造了一個很特別的療效原則，我們無法解釋，就會覺得很奇怪。但這真是一個很奇怪的理論嗎？——當我們在漢語裡說「陰陽調和」的時候，不是覺得這說法好熟悉嗎？儒家傳統談的陰陽是「在天曰陰陽，在地曰柔剛，在人曰仁義」，這雖不是在進行有療效的調和；但在道家、在漢醫都很清楚：陰陽調和是關於人的身體，甚至人的心智、性格的，都不只是一種道德境界，而是一種人整體的健康狀態。

補充一下：榮格曾經非常重視史瑞伯個案（Schreber Case），也曾經在史瑞伯生前向佛洛伊德推薦。後來佛洛伊德雖然沒有親訪史瑞伯，但他寫了一篇研究史瑞伯個案的專文。[6] 特別談到那個瘋狂奇才的大膽實驗，就是要把男身的自己變為女

6　佛洛伊德（2006）《史瑞伯：妄想症案例的精神分析》（*Psycho-Analytic Notes on an Autobiographical Account of a Case of Paranoia*）（台北：心靈工坊）。

身，試圖以此產生量子力學般的治療效應，就是要把遭劫而後毀滅的人類世界重新拯救過來。對於這個狂徒的聖意，佛洛伊德非常佩服，曾經感嘆地說：「我就是個史瑞伯，除了史瑞伯之外，我什麼都不是！」——佛洛伊德是說他創造的精神分析，而把這話用在榮格自己創造的分析心理學，誰曰不宜？

Miss X

以下我們來看看，在臨床上，他是如何使用曼陀羅的方法（或技法）來進行兩種對立色識的調和。在希臘語彙中的靈魂稱為阿妮瑪（anima），是陰性（雌性，女性），因此需配上一個對立的陽性（雄性、男性），阿尼姆斯（animus）。

這是一個個案的描述。案主名叫 Miss. X，55 歲。稱她為 Miss，就表示她當時單身，但她曾經結過婚。她向榮格求助，進入榮格所在的瑞士伯格霍茲里（Burghölzli）醫院。榮格發現她是個很特別的「病人」，她雖然沒有各種各樣極端的精神官能症症狀，但她有很多自己不知該如何處理的不安。她聽說榮格有種能力，會像精神導師般指引她，所以就去找了榮格。果然榮格對她說：其實你不需要治療，你看起來不是生病，你自己想辦法做什麼事都可以。於是這位女性開始畫畫，因為她做了夢，她也有一些畫畫的本事，她就把她的夢畫了下來。（如圖二〔1〕）起先她畫的是這樣一幅圖：一個女人在海邊，身陷在鵝卵石和尖石群中。最初，這還沒經過榮格的指引，而是她自己自動畫下來的夢境。我們要先知道：這不一定是很準確的夢境，因為夢境不可能是這麼清晰的，但是畫畫的人必須要在畫面上作出某種帶有解

釋意味的填充，所以她就畫出一個女人，臉上黑黑的，但身陷在尖石和圓石之間，其中已有某種衝突的跡象可尋。

後來，她把這意象畫得更抽象一點，在那些圓石跟尖石之間作了分別——有一道平空降下的閃電，選擇了一顆圓石，並且把這顆圓石畫成了好像中間有蛋黃的樣子，亦即她的這顆圓石已經變成一顆蛋。（如圖二〔2〕）

榮格看到她這樣的發展後，就鼓勵她朝著這方向繼續去下走，他在書中寫道：你要是有路走，就要自己走，照你自己的方式走下去，你自己會發現一條可走的道路——在我看來，這基本上已經表現了榮格所謂的「積極想像」（active imagination）（治療法）。

這話不見得對任何人都有效，因為在我們的教育之下，很多人都學會說「要走自己的路，要成為自己」，但那是什麼意思？如果你沒有標準、沒有理想的話，你要走自己的路，不是只能原地打轉，或只能不斷碰壁嗎？可是在精神分析的文化裡，最終的治療目標就是要喚起人的力量，然後才說「有力量你就得自己去走」——男人女人皆如此，但途徑不會一樣。

這個女人在這個情況下繼續發展，也開始出現意象的轉變。那個被挑選出來的圓石，跟另外一個看起來應該還是尖尖的石頭，不一定有關係，但是一個具有入侵性質的東西朝著那個卵狀的東西而來，她已經表達出某種二元對立的意思。只是在這初期的表現中，對立就是對立，甚至很清楚地出現了：你看這蛇正在入侵這個卵狀、像蘋果一樣的東西，很顯然，就是一個男性的霸權或惡毒的雄性，正在入侵到她的女性當中，這個意思大概任何

人都不難讀出來。（如圖二〔3〕〔4〕）

　　榮格鼓勵她、點醒她的只是一兩句話：入侵不只是入侵，譬如男性跟女性的交合，你能說男性是在入侵女性嗎？絕對不是，他們其實是在交歡，也就是魚水之歡，所以不要硬解釋成入侵。榮格最多就只給她類似這樣簡單的暗示而已，後來她也明白了，就把重點強調在這意象本身，那條蛇已經不再是入侵者，而只是在旁邊的陪伴者而已。（如圖二〔5〕）

　　再往後更有趣的是，她離開了瑞士，回到她的家鄉紐約，把榮格告訴她的東西幾乎忘光，畫了一些樓房之類的圖像作為背景，岔題了。（圖二〔6〕〔7〕）

　　過一段時間她又回到瑞士，在榮格的指導之下，她又繼續回到了當初陰陽調和的主題，這時候她出現很有意思的調和意象，就是蛇轉變成一種扭曲的花紋，跟她的卵狀花紋結合在一起，合在一起，有這樣的意思。（圖二〔8〕）

　　這樣的畫一直畫下來，一共畫了大約四、五十張，到了最後，她其實是很清楚的在表現一個主題：那花——就是那個卵狀的東西，跟那蛇——有點像陪伴在旁邊的侍衛的東西，兩者結合在一起，變成一幅天地和諧的圖像。這就是說，當 Miss. X 畫到這樣的階段，或換用一種說法，畫出這樣的境界，榮格就認為她可以畢業了——基本上，她已經調和到一種狀態，不必再有衝突，而她的問題就解決了。（如圖二〔9〕）[7]

7　圖二系列取自 Corl. G. Jung (1969) *Mandala Symbolism*. Princeton, N. J.: Princeton University Press.

〔1〕

〔2〕

〔3〕

【圖二】Miss X 的畫作

〔4〕

〔5〕

〔6〕

【圖二】Miss X 的畫作（續）

〔7〕

〔8〕

〔9〕

【圖二】Miss X 的畫作（續）

在集體無意識裡走自性的路

當然我們看問題不能只看到這裡，因為榮格在這本小書寫到這裡，呈現了圓滿的狀況，就結束了。但是我們似乎該拿出一個比較複雜的個案來做比較，好把曼陀羅的技法問題看得更透徹一點。

我會想到這個問題，是因為我曾經幫藝術家侯俊明的一本書《鏡之戒》寫序。他用了像曼陀羅的方式作畫，說要畫一整年，每天他都要進畫室畫一張，後來他大概畫了三百八十多張，不只畫一年。他果然持之以恆，完全沒有參考榮格式的東西，只是稍微知道有藏傳佛教的曼陀羅，他畫的時候主要還是仰賴他自己慣用的畫風。

侯俊明這個人的畫風是指什麼？他跟「色識」這個問題搏鬥過很長的時間，所以在他的畫裡，出現非常多明目張膽的性器官、性交之類的圖像，可以說一年當中每天都在跟這個問題纏鬥。因為他是我的好友，有一段時間我們還真的是很常見面、很常有機會談話。他畫這些圖的時候，也曾拿來請我幫他鑑定。他就直接問：「我到底畫得好不好？」我說我不敢鑑定你畫得好不好，就跟榮格一樣，我說：「你有本事就得自己去畫，不需要問我。」為什麼要來問我呢？光是來問我這件事，就很值得思索：他把我當做老師，但他的年紀只比我小幾歲而已。他在藝術界是個很有成就的人，為什麼需要一個導師（或叫「導師想像」）來輔導他呢？我告訴他說：「你得先把這個幻覺去掉，我不能用導師的身分來對你說三道四。」然後我要他把帶來的一些作品攤開

來，我幫他把「好的」跟「不好的」挑出來，分成兩堆，然後說：「你自己看，覺得怎樣？」他說：「我懂了，下次辦畫展的時候，我要展出一些作品，把宋老師你挑的『好的』作品全部去掉，那些你挑成『不好的』作品，就是我要展出的東西。」——他懂了什麼？很奇怪，對不對？我是根據美術的眼光來區分這些作品，也就是「成形的／不成形的」，結果他要展出的竟是那些「不成形」的東西。請大家注意：所謂「成形的」東西正是就像圖二〔9〕這張畫一樣，在侯俊明的眼光看來，那叫做「陳腔濫調」，是很規則的圖案，反而根本不是藝術，也就是說，侯俊明的個體化根本不需要去別的地方尋找，自性的答案就已經在他那三百八十張奮鬥的產品之中了。

所以榮格跟 Miss. X 說她可以畢業了，在我看來是有一點在敷衍她的意味。我們來看這個跟自我奮鬥的人，像侯俊明那樣，他很坦誠，他其實一直在奮鬥，而不是已有既定的「自性」概念，他不知道什麼是真正的結果。他沒有說出最終理想的自我是什麼。當他這本書到了最後要出版之前，請我幫他寫一段說明的文章，他認為我會提到榮格，但我對他說：「曼陀羅裡面的自我，到了最後，你真正要去對抗的，不是曼陀羅這種技法，而是對抗榮格這個人物。他本來就是個大巫師，並且也是一個藝術家，他只是不太會畫畫而已。」你看榮格畫的曼陀羅（在原版《紅書》中可看到），真是樸拙得很，榮格畫的曼陀羅幾乎可說是很幼稚的。他不是繪畫的藝術家，但在思考這些象徵的東西時，他是個藝術家。他的藝術才華表現在他發現（或發明）的很多象徵型，也就是他叫做「原型」的東西。

你們以為人類的集體無意識就是「人類共同的創作」嗎？這是一種打混的說法。沒有什麼叫做「人類共同創作」這回事。人類會使用傳說，後來大家不斷流傳，就會傳得很像，可是那多半是用講故事的方式。要變成圖像的話，就一定要有人動手創作——人類怎麼能在這情況下「共同創作」呢？你們不要被這樣的話給弄糊了。每次要有創作的時候，就是要有人動手去做，一首詩、一幅畫，都是有作者的，不可能說是「我們大家一起來做」。只不過那些作者在古代，多半都是「不見經傳」的，也就是在經傳中成為「佚名」。譬如我們剛才看到的這位女性，她必須先是能畫畫的人，在書中不就隱姓埋名，叫做 Miss. X 了嗎？我們這個世界裡，可以看見很多有本事的人，但是要做的話，你會發現，能做的人只能是你自己，不要說你們會「集體創作」。榮格使用這個名詞「集體無意識」對於一知半解的人來說，是非常誤導的，產生出來的誤解，就會變成一個文化內總有某種共通的意象，這樣子而已，而把這種意象視為集體創作，正是跳過了個體化的過程。大家一定要記得這樣的澄清——集體是沒辦法創作的。所謂「兩個和尚挑水喝，三個和尚沒水喝」，人一多，責任一分攤之後，作者就不見了。所有這些有意義的象徵一定都需要有個作者的，所以榮格會一直在講個體化的概念，或是自性，事實上必須先是一個人，鶴立雞群（即站離群體，stand apart），才會有自己走出來的路。

人類理想與自我理想

　　自己一個人，走自己的路。在走的時候，一定是朝向某個方

向，那個方向，就人類來說，並不總是很清楚的。我們在思想史上面找既有的答案時，大概也都會找到「仁、義、禮、智、信」，或是「信、望、愛」之類的東西，這種格言式的東西很多，並且都蠻接近的——西方人講的「愛」跟我們講的「仁」是差不多一樣的——「仁者愛人」，不是嗎？我們講「推己及人」、「己所不欲，勿施於人」，把這樣的話翻成英文，就會和基督教經典的講法一模一樣。問題是，這背後有一點點陰影，就是說：這到底是母親的理想，還是父親的理想？這樣問的話，就會形成一個千古公案。

對於這個公案，我們在整個精神分析的歷史裡，可以說是被兩個人所引導，也就是佛洛伊德和榮格。佛洛伊德是非常父系的，像父親一樣嚴格地調教他的子弟，所講的道理也都是陽剛性格的。這是因為有人認為他的學說是「陽具中心」（phallocentrism）的，亦即後來的人發現他談有關色識問題時，常把重點放在陽具象徵上面。然而榮格，很多時候他的答案個圓形意象，比較像子宮的東西。所以榮格有一種很奇特的分裂性格，就是他在人前會表現得很理性，會不斷寫作、創造意象、使用現象學作分析；可是在背後或地下的部分，他講的一些話，像是個女性主體的發言。不過，沒有人會說榮格是個同性戀，他是個典型的異性戀者，他一直都有愛人、情婦，他沒有跟男人要好過。怪的是，他的理想裡面都帶有女性的氣質，所以他的弟子諾伊曼幫他把這話說清楚了。

我曾經把這些東西整理過，在我的解釋裡，所謂「聖／狂」之類的概念，事實上背後就是「陰／陽」的問題。為什麼陰可

能是狂，而陽可能是聖？這真的沒有道理，只能說經過一段歷史選擇之後，就一定會發生這樣的轉變。最初我們講天地、剛柔、仁義的時候，這裡頭有很要緊的關鍵——「陰陽」，是陰在前、陽在後；可是「乾坤」呢，前面是乾、後面是坤。如果要和「陰陽」一致的話，應該是要倒過來成為「坤乾」才對；至於「仁義」呢，仁是陰、義是陽，所以這又對了。陰陽、仁義，還有《易傳》裡常叫「剛柔」的，其實在原文裡是「柔剛」——柔在前，剛在後。我們最古老的智慧，都是陰性擺在前面，陰陽、柔剛、仁義，可是後來整個歷史搞亂了，只不過「陰陽」已經被定調了，沒人能改得過來。「陰陽」之所以是「陰」在「陽」前，可見得是母系社會的遺傳，後來主導了文化某一層面的固定想像，是後來的儒家搞亂了。胡適說孔子、孟子分別屬於「爸爸政策」和「媽媽政策」的人，[8]可是後來當他開始提倡禮教的時候，「禮」變成最重要的思想核心，他們都已經變質了。禮就是一舉一動都要按照規則，這時候的規則就不再是爸爸媽媽的道理，特別是孔子這個人也很矛盾。他發明了「仁」當作理論核心，但是他後來的弟子幾乎都在講「禮」。儒家到後來真正要去執行的專業就是去替帝王執禮，「仁」就放在心裡「修養」就好。所以，儒家變成一個以男性、男權為中心的體制傳統，但原來孔子不是這樣。所以我們在講這些東西的時候，也要回到我們自己的思想史裡去解決這樣的千古懸案。

　　「仁」的本質屬陰，但「陰」的原始意義不是陰險、陰冷，

8　胡適《中國哲學史大綱》，台灣商務印書館，2011：324。

而是陰柔，它可以是一個很重要的立國理想，但是這種「仁者愛人」的理想不容易在治國的體系中維持下來。因為任何一個文化建立的國家或帝國，統治方式絕對是以軍隊作為權力的來源，那不就是男性的本質嗎？所以女人統治的「政體」，就從此一去不返了。可是，在古代世界裡，曾經有幾萬年時間都是由女人在統治的。如果你們在考古資料裡找找的話，會發現女性統治了人類大部分的社會，在人類的歷史上至少有兩、三萬年之久，直到大約五千年前才開始轉變。當一個個鄉村聚落開始變成城市的時候，圍牆開始高築起來，然後用披盔戴甲的重兵包起來，那就叫做城市，也就是國家。我們現在「國」這個字，就是一個圍牆裡面用一把大戈架在當中，然而底下寫的那個「口」（加上底下的一橫）就是指由母親為中心所構成的「社稷」。把我們的母親用金戈鐵甲包圍起來保護著，就叫一個「國」。為什麼中間那個口是母親呢？郭沫若等人的考據，說「口」這個符號常常就是女性陰器的象徵。換句話說，祭祀的時候，是以母親為中心來構成祭祀的內容，叫做「社稷」。「執干戈以衛社稷」這句話，重心是在母親，要保衛的是母親。可是後來被父系霸權掌握了以後，整個道理就顛倒過來──父系霸權在保護你的同時，一定也在管制你，如果你敢亂動的話，他可以輕易地殺掉你。這就是整個人類文明發展的一個大矛盾。以現在的社會來看，大家都解除武裝，可不可以過生活？其實在不作戰的時候，軍隊毫無用處，大家一樣可以過生活，為什麼一定要有軍隊呢？可是沒人敢這樣說的。中華民國是一個小小的島，要成為一個獨立自主的國家，你知道要多少武裝部隊嗎？以前是有六十萬，現在縮減成不到三十萬，

但仍然是大軍，然後要向美國買很多武器，幹麼呢？跟美國聯手組成一道太平洋島鏈的防火牆，跟中共打對台，互相做武器競賽，沒完沒了的。軍隊永遠都在那裡備用，不只是備而不用，還要常常演習，或「被演習」，因為解放軍老是在警告你，他們就是敵人，必須每天都準備要奮力一搏才行，很可怕的。如果用仁愛的方式來做互助社區之類的社會組織，它本來的道理已經夠好了；可是一旦有了軍隊以後，就像長了毒瘤一樣，回不去了。要把軍隊去掉，很少國家能夠做到這樣，所以這是一個人類互槓的大難題。

談到這裡，你會發現佛洛伊德所談的那個具有強制力的super-ego，其強制力是透過父親責罰來實現。但是父親在責罰你的時候，又是誰授權給他的呢？是國家授權給父親管兒子，所以一路下來就是一個強權的系統，一直不斷地把每個人都管到動不了。當老爸要打你的時候，可以拯救你的是老媽，她可以出來攔一下，說不要打得這麼兇，不要把兒子給打殘了！媽媽可以救你，但最多也只能這樣。可是在古代世界，曾經是母親在管理家庭，並告訴你管理的典範就在於「仁」，也就是「婦人之仁」。曾經有過很長的時間是這樣，人類就可以這樣過生活，社稷就是這樣建立的，可是後來這套東西完全垮掉了，所以我們今天就活在這樣的矛盾狀態下。我們要談的精神分析、動力心理學等等，一直都是在想辦法跟這種矛盾作各種各樣的折衝或調和，可是並不容易。

上次我們提到，夢到底最終能夠做什麼？它可以告訴你一個道理，就是白天根據的那一套理性所解決不了的難題，在夢裡是

用另外一套方式設法做出解決。我們舉出很多解決的例子——為什麼從佛洛伊德到榮格都一直要談跟色識有關的問題？色識在本質上就是屬於女性一天到晚都必須面對的問題，男性只是在情慾發動的時候，才會自覺到色識。勃起的陽具是一種非常誇張的身體反應，任何一個男人都知道，一天二十四小時裡，他的陽具大部分時間都是垂下來的，勃起的是什麼時候？只當有性慾的時候才會勃起。假若他一直維持這樣，不就累死了？所以當它變成一個國家象徵，譬如羅馬帝國，以高舉的劍來代表勃起的陽具，而美國首都華府，有一支羅馬式的方尖碑立在白宮前面，這是什麼意思？就是陽具統治。所以這個立國精神其實是非常矛盾的——在講民有、民治、民享的時候，也在告訴你：最後的硬道理在這裡，你要用這一把方尖碑來收服全世界，所以美國是一個很矛盾的國家——那我們呢？我們談了這麼多之後，曉不曉得自己在哪裡？

＊　＊　＊

【學員提問】

我昨天晚上做了一個夢，夢見我跟我妹妹、跟我爸爸，三個人一起參加一個到日本的旅行，途中我突然很想大便，我認為大便是很重要的。所以我就停下來，找了一個類似廁所的地方，那個廁所裡面非常奇怪，好像有一個浴缸，然後有兩個浴缸，然後有很多個，可是我找不到馬桶。所以我就不知道要怎麼解大便，可是我還是把它解了，我就把它解在地上，解完以後我想我應該把它沖掉，所以我就用我的手去抓那個大便，然後到那個出水口的地

方用水把它沖掉。沖掉出來之後，我聽到旅行社打電話說：「你們三個人已經脫隊了，我們已經到另外一個城市。」所以就變成我們三個人要在原來的旅館，然後我就想：「啊呀！怎麼這樣！太可惜了，我們沒有跟上隊伍。」不過後來想一想也罷，其實我們當然也可以在這個地方過活。

這個是我的夢境，我要讓大家知道的，就是我這幾天發生的事情。我的父親在禮拜六早上跌斷了他的左手，我的娘家是在竹山，然後我做了一個決定是，我不回娘家去看他。一個是因為我這兩天有事情，沒有辦法回去看他；第二個當然就是我評估他的狀況，應該是沒有非常的嚴重，有我弟弟照顧；然後，在這之前，七月初，我爸爸還有我弟弟他們曾經上來看過我們，跟我妹妹在一起。更早、四月中旬的時候，我爸爸有一個非常嚴重的疾病，住院，住院之後，他住了十幾天，我有回去看他。可是我在回去看他的第三天的時候，就發現原來照顧他的弟弟，很不舒服，一檢查發現他是腸癌。在那幾天的中間，我們非常的難過，我也請了很多假留下來照顧我的弟弟跟爸爸。那段期間我們家人有非常多的互相幫忙，因為這個病，我們重新有一些連結。

　　謝謝你給我們這樣一段描述，當然如果你是真正在做諮商、分析之類的治療時，都需要更多的細節。可是我可以跟大家講的是：有些時候可以把描述的規則抬高一點，化繁為簡的來說，是裡面有一些象徵的東西是否可以翻譯的問題。這裡邊有一個東西是糞便，其實不管是在佛洛伊德或榮格，在分析的語言當中，一定會清楚知道這是比色識更早一點的東西。譬如佛洛伊德說口

腔期、肛門期，後來才到性器期，所以性器是從二、三歲到四、五歲中間才開始，中間有一段時期就是肛門期，孩子要被訓練到可以控制肛門，包括小便、大便都有可控制的括約肌。你要能控制之後才能夠跟家人一起和諧生活。大小便這些東西不能夠在任意的時間／空間排放。可是大小便對於一個孩子來說，既然是他的身體裡排出來的東西，最早的時候，孩子並不知道它是髒的。假如那個孩子在幼年時，伸手去抓他排出來的糞便，不要大驚小怪，因為他身上排出來的東西雖然有臭味，但他連什麼是臭、什麼是香都還不知道。他伸手去抓的時候，大人會有像發生災難一樣的反應。大便塗在地板上是很可怕嗎？可是對孩子來說，那是他自己身上排出來的東西，他把很緊張的肛門裡的東西排出來的那一刻，感受到的是一種快感。排泄本身是把負擔的東西排出來，所以排解的那個剎那之間是卸除負擔的快感。但是後來要處理糞便的時候，就會變成說整個文明社會的大問題：文明的前提，根據佛洛伊德的說法，就是要清潔、要秩序、要美，因此糞便就變成一種「惡」了──中文的這個「惡」字，我聽過一位法國精神分析師幫我們作說文解字，就說這個「惡」字，把「心」去掉，上面那個「亞」字，在甲骨文裡，其實就是一坨糞便。「惡」的具體表現就是糞便，這是大家都無法否認的一個原始問題。

　　以同學這個夢例來說，關於糞便而且找不到廁所，意思就是說，找不到一個正當的地方來排放，不知什麼緣故沒有廁所，但非解不可，所以解在地上。然後下一步，她在夢裡還蠻有理性的，就是把糞便清洗掉。旁邊因為有水池的關係，水池就是馬桶

裡本來的水，只是現在馬桶不見了，只剩下水而已，所以她現在是既排出糞便、解除負擔，但同時又放出一堆邪惡的東西必須要處理掉——她在夢的最後，做了一個很理性的選擇。但夢裡為什麼會這麼理性呢？在作夢的時候，夢裡有一部分強調的是解糞以及可能用手去抓糞。說老實話，那是很噁心的事情，在白天你都不敢做這種事情，但在夢裡面你做了。所以夢很勇敢，伸手去抓糞便，然後清洗掉。清洗的這件事情可以說就是回歸秩序，可是在拉糞的時候解除了負擔，很愉快。

你看看現在面對的負擔有多重：父親生病、弟弟生病，家人的病首先壓在弟弟的身上，但後來發現連弟弟也病了。這一堆親情負擔的東西，我們可以說壓在你的心口也可以，壓到你的夢鄉也可以，到後來壓在你的腸子裡也可以。總之就是壓在身體裡。你有個很大的期望，就是要把負擔解除，可是一旦解除，心裡也有奇怪的矛盾：就是你不想照顧，而這個負擔也還沒有真的解除掉，而只是排開而已——你沒辦法照顧的時候，你一定還是覺得不安。

剛才你說因為有很多事情忙，所以就可以不必去照顧，父親也沒有很嚴重，這種話是給自己解釋一下，給良心一個交代，其實心裡還是不安，不安到最後，就是你解出那一大堆糞便。這樣的解釋沒什麼不可思議的地方，但如果你想想夢境裡面有解糞以及清除時是用手挖糞便，夢裡的你不怕糞便，換句話說，你還是有心要去解決。拉是拉掉了、排開了，可是它絕對還是你的負擔。所以一次的夢，就把這一段生活裡的東西，非常具象地表現成如此。夢就是這樣，有什麼來什麼，兵來將擋，夢本身就是有

這樣一種奇特的能力。任何東西，在你身上有任何能耐容得下它的話，就要讓它清楚顯像，才會有辦法解決。如果都用避開的方式，就沒有解決可言。

我把這位同學的夢聚焦在把糞便拉出來的這個要點上，並且用手去清理。光是這一點，就不要把它看成負面的事情。積極一點講，就是同學的夢挺有本事的，能替你解決難題。就憑這一點來說，它果然就在幫你，而你是有能力的人，可以去解決難題。

總之，化繁為簡再說一遍，榮格所說的夢，若能仔細去翻譯解釋的話，就會發現夢是可以解決問題，也是在為你的明日整裝待發。當然這是很明顯的，你逃不開照料親人這件事情，那一定得繼續承擔下去，只是這樣子而已。你的夢目前為止並沒有告訴你要怎麼樣去調和工作和照料的兩難，目前沒有顯現出任何跡象。我們在做夢的詮釋時，雖然佛洛伊德跟榮格提出的夢例，會有很多拐彎抹角，但有時候你總是可以用容易理解的方式去說它，只不過要點擺在哪裡很重要。因為在他們分析的系統裡，都發展出這樣的詮釋要點，就是說身體的排放物，如口水、糞便、精子、經血之類，所有這些跟身體直接黏在一起的東西，都是非常重要的。不要把經血想成墊一塊衛生棉就算處理好了，不是這樣的，只要跟身體連在一起的東西都是重要的，絕對還有很多其他的意思。

我們的文化裡，對於這些排泄物都只注重如何處理掉，可是在夢裡，它不是只有「處理掉」，而是「怎麼處理？」——這才是夢裡的要點。譬如說你身上血流不停，夢裡也可能會出現，所以不是墊一塊衛生棉就解決了；糞便也一樣，一旦拉出來以後，

糞便就變成蠻重要的。我曾經讀過一些文獻，就有想要去拉糞卻找不到馬桶的事情，你的夢這樣做，我在別人寫的著作裡也看過類似的東西。這表示作夢是想要解決問題，可是這個處境沒有提供方便的解決，最後不得已只好採用了一個看起來是下下之策的方法，也就是把糞拉出來，這樣就解決了，但不是拉在馬桶裡面。所以這裡也看出了一些公共的語言，在我們對於夢的翻譯，事實上跨越了不同的國界。你看英國人做的夢，為什麼夢到跟你類似的，沒有馬桶這種事？在那個案例裡更困難的就是他一直作同樣的夢，就表示沒有馬桶的問題，在他們的世界裡一次比一次更嚴重。

好吧！夢如何翻譯的問題，還有很多後話，有機會我們把不同的案例串在一起的話，事實上是可以講分析的方法，以及如何在分析中得出意義——就這件事情來說，它還是有理可循的。但這個「理」究竟是什麼，就有很多種變化。有些時候你自己本身的體驗就可以解釋，但有時候必須動用文化傳統來解釋，榮格所謂的「集體無意識」，就是後者了。

小結

關於這個夢例，我想先跟大家分享到此為止，我們把基本的精神分析以及動力心理學，從佛洛伊德談到榮格，這樣差不多就勾勒出了一個梗概。下面會進入普呂瑟所講的那一套東西，除了閱讀《宗教的動力心理學》導論之外，我們下一講的討論會根據當中的二、三、四章的主要內容，來談一個更接近的主題，就是跟宗教信仰有關的問題。當然它背後的問題還有很多。在榮格之

外，英國學派談客體（或對象）關係那部分，我們還沒談到，但在往後一定會談。

所謂的對象（或客體）是什麼東西？比如剛剛那個糞便就是一種對象，而榮格所舉出來的夢，裡邊出現的碑文、鳥、大砲，還有跟她身體有關的口袋、錢包等等，都叫做對象，或叫做客體。更有意思就是，只要你把那個對象認出來之後，好像幫你把翻譯的問題更進一步變成具有「可翻譯性」，這樣你就會知道那個對象到底是在指什麼。

我們知識之間來往的成果，一代一代，長江後浪推前浪，一直不斷地累積下來，發現精神分析事實上可以掌握的地方，比它剛誕生的時候來得更多。剛開始的時候，大家覺得處處是謎團，但後來就慢慢覺得它沒有那麼困難，當然會更合乎大家的期望，也難怪百年之後，喜歡的讀者會愈來愈多。可是如果你喜歡這種翻譯的方法，翻到這些原典的時候，那就會碰上另外一個大麻煩。你回到原典去閱讀的時候，就像我們剛剛講的：「瘋狂到底是不是一種理想？」——碰到這樣的問題時，你一下子就不敢回答了。所以我們先這樣說好了：在普呂瑟的書裡面，他不會這麼強調瘋狂，他只強調「可解釋」的事情。任何東西在可解釋的時候，若憑你的經驗不夠的話，那麼傳統就進來了，於是在談傳統的時候，最重要的東西就非宗教莫屬了。大家很可能忘記了，當管仲講「禮義廉恥」的時候，是在講政治而不是宗教；可是當孔子在講「仁義禮智」的時候，就比較接近宗教了。傳統不是只有一個樣子。不要搞混了，管仲是個政治家，我們的傳統校訓不都是寫「禮義廉恥」嗎？大家就以為我們是管仲的後代了？不是這

樣的，管仲屬於法家，在儒學裡是一個陰錯陽差的配角。蔣介石選錯了，所以大家都被他呼籠了，連龍應台都搞錯，這樣一個有名的作家，她竟然說「禮義廉恥」是我們的傳統價值，那就不對了。黃埔軍校的校訓可以是這樣，可是在我們人民的生活裡，「禮義廉恥」不是我們的綱紀，我們的德目應該是「仁義禮智信」，「廉恥」是用來訓官而不是訓民的。有機會我們再來繼續談我們傳統裡的很多謎團和矛盾。

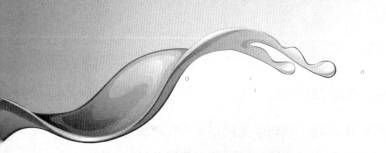

【第四講】

宗教中的感知、
智性與思維

普呂瑟的心理動力模型

本講要談的主題是「宗教中的感知、智性與思維」。《宗教的動力心理學》的作者保羅・普呂瑟在精神分析的討論上，曾經談過佛洛伊德，也談過榮格。但佛洛伊德的理論還是他的根基，然後還要再加上現象學——佛洛伊德有那個色彩，但是並不強調。在此我們看一下普呂瑟所使用的理論模型（Pruyser model），看他跟佛洛伊德之間的關係，然後接下來我們再來談他跟現象學的關係。先把我們的骨幹抓住，然後再往下談，看普呂瑟到底是怎樣寫法。有一些要點，我在這邊整理出來，可以對大家有所幫助。

首先，我們先來談普呂瑟的心理動力模型的問題。

我們可以看普呂瑟在使用佛洛伊德的理論模型，我想你們都還記得佛洛伊德畫出來的圖形裡面有 ego、superego，還有 id（it），我們還特別解釋過 it 如何經過轉輾翻譯之後，其實已經偏離了它原先的意思。現在普呂瑟用「驅力」（drives）這個字來替代 it 這個東西——我們本來不知道它是什麼，可是它常常黏著自我而難以名之，後來我們又發現它還有另一個很重要的面向，就是它一直在不斷地在逼你、催你，是一種力量，所以叫做驅力。這個字在佛洛伊德的原文裡叫做 trieb，後來翻譯成英文drive，這是對的。另外還有一個更抽象的概念，叫做 libido，是指那個原始的驅力，這還是一樣有「力」，但正因為那是佛洛伊德專用的理論術語，幾乎無法翻譯，有人把它翻譯作「欲力」，是個不完整的譯法，不如採用玄奘的「五不翻原則」，只翻譯

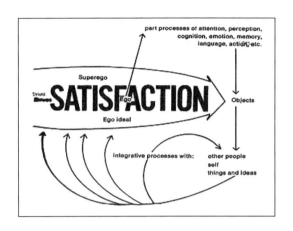

【圖一】普呂瑟的心理動力模型（**Pruyser model**）[1]

發音為「力比多」。現在我們所稱的「驅力」，是比較容易理
解的，意思就是「它」（it）會驅迫你，透過 superego 之後，迫
使 ego 作出活動來。佛洛伊德的晚年已經提到 superego 會分裂
成兩邊。一邊維持原來的名稱叫 superego，它是壓制性的，多半
是在說「不行！不可以！」反過來說，另外一邊叫做 ego ideal，

1　此圖取自 Paul Pruyser (1974) *Between Belief and Unbelief*. Canada:
　　HarperCollins, p.9.
　　圖片文字翻譯：
　　【中間（左至右）】Drives：驅力／SATISFACATION：滿足／Objects：
　　對象、客體
　　【上方】part process of attention, perception, cognition, emotion, memory,
　　language, action etc.：行使注意、感知、認知、情緒、記憶、語言、行
　　動的部分歷程
　　【下方】Integrative process with: other people/self/things and ideas：和他
　　人／自我／萬事萬物與各種想法的整合歷程

它也是一種驅迫力，但是它不是說「不」，而是說「好的，儘管去吧！」（Yes, Go ahead！）一直不斷地要去追求，所以叫做「理想」（ideal）。這裡有正面的力量和負面的力量，同時在一個人裡面，ego 也就同時與這兩面為敵。叫做「敵」，是因為它在壓制你，你要想辦法去抗拒，這叫做「防衛」（defense）；但對於 ideal，則是一種追求。雖然叫做「追求」，卻可能也有陷阱：你的追求本身，一方面跟文化所要求的最高境界或許是一致的，但同時還有另外一個危險，就是它事實上正是你的自戀狂。看起來，驅力催促你去尋找那個 ideal，卻很可能會變成一種自戀，美其名叫做高貴的理想，其實到後來，很可能完全是自己私欲的變裝。所以佛洛伊德討論 ego ideal 時，還是很小心翼翼的，它跟 superego 有時候是難分難解的。

後來的英國學派乾脆就講白一點，兩種東西，你可以把它看成正面以及反面。佛洛伊德還在糾纏不清時，到了下一代，寧可把它分清楚，這樣就更方便理解。我們可以說整個 ego 的核心任務，就是「滿足」（satisfaction）——處理得當時就叫做滿足——所以這是 ego 的一種狀態，普呂瑟會把「SATISFACTION」寫得這麼大，正是為此之故。Ego 其實是面對著驅力（drive），驅力看起來是內在的，可是實際上它又跟那個外在的「對象」（object）之間構成複雜的關係。譬如說「對象」會轉化成很多不同的東西，也像是 id 和 super-ego 化身為無數個對象（objects），內在地逼著你而來，然後你在朝向那些對象（包括理想）而行使自我功能時，不就是在行使注意（attention）、感知（perception）、認知（cognition）、情

緒（emotion）、記憶（memory）、語言（language）等等。所以，ego 在幹麼呢？它必須要憑自己的能力，行使它的功能，這時候才有可能達到「滿足」；但從另一面來看，它確實轉化成各式各樣的東西，每一樣都對你構成挑戰。所以本來是內在的，現在可以說是內外夾擊。一樣的，往這方向想，還是要有「能」去處理，但是反過來想，那個「敵」的確是十面埋伏，到處都是。例如圖上講得很清楚的是「他人、自己、各種事物和想法」（other people, self, things and ideas）等等，它會用很多種方式來挑戰你，他者、他人，因為你不瞭解，所以很危險。圖上還寫了「self」，很奇怪的，看起來是「你自己」本身也是一個大難題，然後還轉化成「things and ideas」，就是萬事萬物，還有各種各樣的觀點，其實就是一直在直面挑戰你，那你就必須把它整合起來，叫做「整合歷程」（Integrative process），這時候整合的功能就是要靠注意、感知、認知等等。這就是普呂瑟在這本書裡說的：要用心理學的「範疇」（category）來談基本問題，就是把這些功能的主題一個個分章來談。我們需要做的事情就都擺明在這眼前了。這張圖示在《宗教的動力心理學》裡沒出現，但是在他隔幾年後的下一本書，《信與不信之間》（*Between Belief and Unbelief*），普呂瑟把他自己的理論用圖示的方式來說清楚，所以我是用補充的方式，把它拿來這裡讓大家知道。

神聖的觀念

我們現在進入宗教的感知、智性與思維的討論。普呂瑟在書上分成三個不同的章節來寫，可是我想合在一起，其實是企圖

說明一個基本的問題，就是說，在談宗教時，過去我們從威廉・詹姆斯開始講起，他就已經宣稱「不要用過去宗教研究慣用的方式」，譬如從經典教義、宗教組織以及從宗教史談起，這些都不是他想要採取的路線。他說心理學應有其自成一格的範疇，譬如他就用了一個概念 the divine，也就「神聖的」（人、事、物）。對所有的人來說，即使不是信徒，那種可稱為 the divine 的經驗，就會成為一種引導性的概念。任何文化都有類似的字眼，在英文裡至少就有這麼三個字：the holy，the sacred，威廉・詹姆斯是用 the divine。普呂瑟用的關鍵字是 the holy，而我們曾經提過的現象學家魯道夫・奧圖，寫的那本堪稱經典的書叫做《論神聖》（*The idea of the holy*）。三個英文字在中文，我們都叫做「神聖」。

神聖的觀念是什麼？這幾個同義詞，有其不同的來源。主要是來自於古希臘，後來是基督教在沿襲使用。但在羅馬還有一個字，在基督教之前老早就有的，一個拉丁文叫做 numen，變成形容詞就是 numinous，這個字勉強可翻譯作「奧祕」，意思就是說，這是跟「神聖」講的東西不一樣。「神聖」比較是被宗教化的字眼，或者單獨拆分成「神」或「聖」也都是這樣；但「奧祕」，在基督教傳統裡，被認為那是屬於教外別傳的領域。我們之所以會把榮格納進來談，就因為榮格最喜歡是屬於後者，而不是前面那些。

不過在佛洛伊德的世界裡，他不管這些分法，因為對他而言，這全都是一樣。佛洛伊德寫《圖騰與禁忌》（*Toten and Taboo*），一開始就已經在說：不管你這樣講、那樣講，其實背

後有一個自成一格的道理，那就是在人自己身上的發現——你跟父母親之間有什麼不可逾越的關係紅線？或說，所有的人類最害怕的禁忌是什麼？什麼禁忌是重大的普世禁忌？——那就是亂倫禁忌。「亂倫」是父母跟自己子女之間最嚴重的禁忌。而其中最可怕的是處女的身分。處女變成禁忌中的禁忌，也就是最具體的不可任意碰觸之物，碰觸總會帶來危險。所以在佛洛伊德整套的學說中，不是把要點擺在神聖、奧祕，而是在「禁忌」。我們可把書名的 taboo 翻譯成「塔布」，或「鐵布」，意思就是鐵板一塊，如果去踢它就會傷了你的腳，而對方竟是紋風不動的。他講的第一個最嚴重的「塔布」是「處女禁忌」。為什麼大家都會這麼害怕？那不明明就是人（男人）最想要的對象嗎？然而最想要的也就是最危險的——這就是佛洛伊德別有用心的理論取徑。他不需要使用到 sacred、holy 這些字，而是用大洋洲初民部落傳來的「塔布」，這樣一個字就夠嚴重了——它指的是不能碰，也就表示人很怕它，但又一定是指很想要的對象——這就把「慾望／恐懼」合而為一，成為精神分析的基底概念。

這時出現了魯道夫‧奧圖，他並沒有跟佛洛伊德共謀，但這位現象學家用現象學描述的方式，把我們在談的「神聖」或「塔布」下了一個綜合的定義，用拉丁文叫做：「*Mysterium tremendum et fascinosum*」。這幾個字轉成相關的英文，就是：mystery、tremendous 和 fascination。拉丁文的文法是用後面兩個字來形容前面這個字，因此 Mysterium（神祕）就是：tremendum（偉鉅而可怖）以及 fascinosum（令人著迷）。又可怕又迷人，那不就跟佛洛伊德有點像在暗通款曲嗎？真是英雄所

見略同。奧圖給了一個重要的定義。這就是整個宗教研究需要去對上的東西。不管在哪個面向上——宗教史、宗教哲學、教義等等，一定有個核心，就是指向奧圖的這個現象學描述。普呂瑟宣稱要使用的心理學範疇，但同時也就是現象學範疇，這兩套東西就自覺地在這裡交叉。

奧圖另外還有一些別的概念，值得一提的是「全然的他者」（The wholly other）。上次我們曾經談過，「全然的他者」跟你之間的關係一定是「他是他、你是你」。他還有一個空間上的特徵，就是在別處／不在這裡（elsewhere），我們通常都會說不是在天上就是地下，是個幽冥之境，其實沒人知道在哪裡。另外一個特色，就是在情感上，人對此「全然的他者」會產生一種敬畏感（sense of awe）。平常我們說的「That's awful」是很普通的感嘆，但在宗教裡講的，就是一種「敬畏之情」。這個在漢字裡翻譯成「敬畏」是非常有意思的。「敬」就是要恭敬，就是你在卑屈的，對方在尊貴的位置，所以叫做「敬」；而「畏」呢？從現在所知的漢語字典去查的話，「畏」大概就等於懼怕。可是在我們的閩南語和客家話中，它殘存著一些古漢語的痕跡，會含有很特別的意思。譬如你用閩南語唸「畏」，然後想想你對它的了解是什麼？是吃東西吃得膩了，感到噁心，那才叫做「畏」。然而在國語、普通話裡並沒有這個意思，沒有膩到噁心的。所以「敬畏」之中，一方面含有謙卑的恭敬，但另方面卻有覺得厭膩的意思。這些都是很特殊的情緒，不認真去考察它的話，就會漫不經心地把它忽悠過去——這是我們之所以要用動力心理學（精神分析）和現象學描述等方法來進行考察的理由。「That's awful」，「That's awesome」，是家常話，但對於其中隱含著關於宗教的特殊情愫，「sense of awe」（敬畏感），我們還有很多話說。

感知體驗與智性思維

我們把這些東西拿出來之後，就曉得對於這樣的東西，神聖也好，奧祕也好，我們要接觸時，它的媒介是什麼？就是所謂的感知體驗和智性思維。感知不是講道理，感知是只要它來了，你也就接了。對感知的體驗就是指把任何可感的東西都接收下來。但智性思維是另外一套，就是人發明出一套思想，及思考的體系，以邏輯來進行演繹推論，激盪出一些合理的結果。這是兩套不同的接法，所以當我們真正的去接上時，其實是接到了心靈真實（psychic reality），這也是佛洛伊德創造的概念，就是說，對你而言，任何東西，你可以不管它是真是假，只要是你可以有所感知的東西，那就叫做真實（reality），是真的「感到」。譬如剛才說過，有些食物吃多了之後，下次你一看到就會感到厭膩噁心。還有，最噁心的是什麼？那就是人類（其他動物有些也一樣）看到自己的同類死亡之後，變成屍體。如果你親眼看到，可能就會產生一種「畏」——這種「畏」的噁心程度幾乎是無與倫比，譬如在車禍現場看到腦漿四溢的屍體，只要提到一下就夠嚴重了【有些學員在皺眉頭】，要是有一天你真的看到了，那一天你一定吃不下飯。叫你去吃東西時你就會感到「jiog-ui」（「足畏」，台語）。換句話說，它不就是「看見了嗎？感覺到了嗎？然後你的身體不是有反應了嗎？」這叫做心靈真實，就是很真，

無法逃避，你的身體已經直接產生這樣的反應。我講的是屍體，可是你也可以說死亡，一般來說，你碰到死亡的相關場景會吃不下飯。吃東西用來保持自己的體力，這是簡單的道理，可是吃不下，就違反了生命的簡單道理。所以你知道，人生在世，一直在講健康、快樂之類的事情，這只是一面；另外一面是當你碰到時，你會感到討厭、嫌惡、恐懼，到後來根本就無以言之，整個身體會起了特殊的反應，身體在排斥生命，讓整個維生功能都當機，甚至開始生起病來。這在精神分析是個很重要的概念，你一定是在面對著心靈真實，它是非常的真實，可是它的特色就是在心靈上的（psychic），而不是客觀真實。

我們不太能夠用客觀主義來完整解釋這些現象。好比我說到屍體，大家一定都害怕，可是對於那些整天在處理屍體的人，他們會這樣嗎？葬儀社的人，把棺木送進焚化爐的人，不是天天都在接觸屍體嗎？對他們來說，其實並不可怕。你自己有沒有碰過這樣的情況——我親眼看見父親的棺木被送進焚化爐，在門關上，火噴出來的一剎那間，我整個人發抖，幾乎就要癱掉了。葬儀社的人很清楚，他們知道親人一定都會有這樣的反應，馬上就上前來攙扶，他的動作非常快，就是曉得一定會發生這種事情。他說：「我扶你走，慢慢走，別難過！」他知道怎麼做，因為這是他的職業。我們人類文化會發展出一套行為方式，知道要怎麼樣對付這種事情，讓它成為一種真實。我們對付這種真實境況的方式是一整套的構成，有的是怕到腳軟，有的則是不怕，然後能去處理它。

威廉・詹姆斯會說這是看不見的真實（unseen reality）；佛

洛伊德就說不管你見沒見到，反正它是心靈當中一定存在的體驗。我現在要特別解釋一下，在普呂瑟的《宗教的動力心理學》中，我翻譯作「經驗」或是「體驗」，兩者有什麼差異。一般的「經驗」英文是 empirical，「體驗」則叫 experiential，特別在現象學裡講 experience 時，它絕對不叫作「經驗」，因為「經驗」大多是在講客觀的經歷，譬如在報導一件事時，報導者並沒有親身投入；但在精神分析或現象學中，所描述的就是切身的「體驗」了。也就是說，你親身進入之後，精神投注於其中，在意識當中烙印下來，就再也逃不開了。譬如看戰爭片，有屍積如山的畫面，你大概看過也就算了，可是如果你真的置身在那現場的話，一定會怕得要命。尤其以「畏」這個字來講，分析它的字根，會發現它的寫法：上面有個「田」字，底下有個「衣」。田是畫一個人的臉部，但是在一個方形（或圓形）裡面打個叉，那就是一張鬼臉，跟「鬼」的字頭是一樣的，也就是穿著衣服的一張鬼臉。這個字在代表什麼意思？在《說文解字》裡，有一種解釋，說是刀兵而死的那種人，也就是在戰場上看到全身穿著衣服盔甲，但已被砍到不成人形的人。想像一下戰場的景象——到戰場上去收屍，通常都是戰後隔幾天，屍體發臭，兀鷹、烏鴉、野狗都在那裡啃著屍體。想像自己現身古代戰場，這種景象有多恐怖。不用講到鬼神，當親自看到戰爭的後果，要收拾戰場時，那就是一輩子的創傷，人類文明一代代經歷這樣的事情，永遠忘不了。

　　所以，體驗本身因為逃不掉，我們就只好去面對它。不要說嚴重到看到屍體，只要是跟死亡有關的，不管是親人或者是自

己，當你吃不下飯，三天不吃不喝，那就是在跟自己的生命作對，也就是在慢慢地自殺；換句話說，有一種死亡已經存在心裡面，任何人都要去面對它。把人類可能最極端的體驗所需的各種知識都能發展出來，這就是我們這種學問的目的。

「因為荒謬，故我相信」

除了體驗本身之外，在《宗教的動力心理學》這本書裡，比較重要的是談到知性的部分：認知或感知，都是關於「知」的部分。這種「知」裡面有一種弔詭性。一般人在談知時，譬如說哲學，是從邏輯、知識論開始談起，意思就是：任何東西都是可知的。但在宗教裡要談知時，有一種必要的弔詭——它既是理性，譬如說你會用邏輯的方式去談，可同時它也是非理性的。理性有時候說著說著就說就到了盡頭，再往前也講不出什麼了。像剛才我們說的，為什麼你看到屍體，會有這麼強烈的反應？在此刻，講道理沒有用，我們的語言也就講到了盡頭。一旦看到時，你會覺得非常奇怪，怎麼會這樣？整個人覺得忐忑不安，我們就是無法去避免。在宗教裡面，就是要去面對這些生死問題，這就是宗教和所謂的哲學或其他的東西不一樣的地方。它一定要把這種非常極端的體驗當作它主要的關懷，所以它跟哲學不同的地方是：哲學到最後發展出來的是理性、理智、理論，但我們的知識不會停留在此——從理性一直要走到非理性的境地，才能說是完成了真正的宗教知識。

有一位羅馬哲學家，忒土良（Tertullian），他講了一句很關鍵的信仰原則，拉丁文是這樣的：「Credo quia absurdum」（I believe because it is absurd.）──「因為荒謬，故我相信。」我相信，不是因為它有道理。就是因為它荒謬，我們的「理」已經無法面對，最後只好用「信」來讓它安頓。「因荒謬而相信」，這句話變成基督教傳下來的一個知識真理：「因信稱義」，也就是當哲學走到盡頭，只剩下荒謬，那麼除了用「信」之外，還怎麼能去面對它？那，要信什麼？不是信荒謬，而是相信有拯救之道（稱義）。我們知道它的前提，不是因為它很有道理才相信的──這是哲學上必須如此，但在宗教裡，則是因為它荒謬，所以我非信不可，無信不立。書中舉出的陳述是：（一）「The Son of God was crucified: there is no shame, because it is shameful.」你看，就是這種弔詭。神子怎麼就被釘上十字架？「這沒有什麼羞恥的，因為它實在太羞恥了。」有什麼比這更羞恥的事情呢？怎麼會把神的兒子釘上十字架呢？他已經是人類道德的最高楷模了，沒有人比他更是個有德之人，但他的終局就是必須被釘上十字架。人類不可能做出比這更可恥的事情，所以你就知道他為什麼要說「這沒有羞恥，因為太羞恥了」這樣的弔詭語言。（二）「And the Son of God died: it is by all means to be believed, because it is absurd.」神子死了，這是怎麼回事？簡直沒話講，這麼荒謬的事怎麼可能？神派祂最摯愛的兒子到這個世界來施行拯救，而你們竟把他殺了，這麼荒謬的事實就發生了，它是歷史上無法抹除的記憶。當時的羅馬人，犯了叛國罪才被釘十字架，耶穌的罪名在羅馬法典上是叛國罪，因為他聚眾滋事，有圖謀不軌之嫌。這個罪名在羅馬是成立的死罪。猶太人對於這到底要怎麼判，爭論不休。後來交給羅馬人處理──羅馬人對待

叛國之徒，一概如此處理，所以耶穌不是例外。

你們看過一部電影叫《萬夫莫敵》（*Spartacus*）嗎？這部電影被反覆拍了幾次，主題是關於競技場上的神鬼鬥士。有一位鬥士斯巴克斯（Spartacus）決心要反抗羅馬帝國，有武功的人聚集起來成為一個特種戰鬥部隊，一時之間奮勇無敵，但他們畢竟是少數，所以羅馬當然是用大軍把他們剿滅。電影的結局，羅馬人把這些叛國之徒從戰場通往羅馬的這條大路上，每隔十尺釘一個人，一路釘下去，釘了幾千人，叛亂者就是這個下場。那種釘法其實是非常殘酷的，就是不把人釘死，就讓他一直掛在十字架上，掛到死為止。所有經過的人都會看見這些垂死之人，滿路都是。這種事情在羅馬發生的頻率很高，因此耶穌被釘，相對而言，在當時的羅馬可說是司空見慣的事情。然而在基督教的歷史上把它凸顯出來，認為這個人被釘死了，是一件非常特別的大事——當你特別強調這個人是人的典範、是神之子時，他被釘死就是非常的荒謬。後來的基督教必須說最後一個陳述：（三）「And, buried, He rose again: it is certain, because impossible.」他死了，埋葬了，而後復活升天。在人間沒有這種事情，大家都知道，但是在這個真實的事例中，你就必須相信：有一個人，生時叫耶穌，死後升天了，就叫做基督。祂必須要復活，以便祂能生生世世為我們的楷模。全天下的人都知道那是不可能的（It is impossible），但是那是必然的（It is certain）——必然如此，因為這又是另外一種荒謬。連結了這幾個荒謬的陳述，構成了另外一套三段論：最終，你不靠信仰要靠什麼？所有的理性都不可能推到那裡去。可是他們最後就說必須有這回事——這就是基督

教傳統後來發展成神學時，一定要說：神學不只是解釋一個哲學命題，同時也要解釋這個基督慘死以及身後發生的事情。因此這個「命題」在一開始就非比尋常，甚至必須說是荒謬。這算是解決了人類的大難題嗎？是倫理的大難題，我們等一下再回頭來談。

「非關理性」的智慧

在我們的漢語傳統裡，我們特別要談「巫」這個問題。這其實並沒有足夠的研究文獻，但是有一段文字是很多提及此問題的人都會引述的。在《戰國策·楚語》裡記載，楚國大夫觀射（讀音「業」）父，他說楚地巫風很盛行，因此告訴北方大國：我們的巫並不是你們想像那種祭淫祠、拜鬼、搞邪門的東西，相反的，楚有大巫，是「聖智聰明，齊肅衷正」這種人才有資格擔任的。「聖智聰明」不需多做解釋，「齊肅衷正」呢？「齊」其實是「齋」，齋戒沐浴；「肅」是端正，「衷」是指內心。這樣的人除了聖智聰明之外，還要加上內心端正，潔淨而誠懇，兩面條件具備的這種人才能夠稱巫的。因此他們對於巫的要求很高，楚國告訴北方諸國說：我們楚風跟你們不同，北方諸國的巫大概都淪為下流，可是我們楚地真正的巫是這樣子。這就是大巫／小巫之別。戰國時有這種人物留下，有時在記載中就直接稱為「聖」，由此可知古代的巫，在一個國裡曾經是最高階的知識分子（聖）。即使這在北方六國已經逐漸消失了，在南方的楚國還是保留下來。但到了漢代，楚文化最興盛的時代，小巫林立，但

大巫卻不見了。[2]

　　所以這裡就出現這「非關理性的智慧」（wisdom as non-rational）。在我們整個宗教研究的討論裡，它跟理性很不一樣，它既叫「智慧」（wisdom），也有個特徵叫「非關理性」（non-rational）。有兩個字，大家要分別一下：irrational，「非理性」；non-rational，「非關理性」。Non-rational 不是非理性，「非理性」是說行事不合理，會出亂子。可是 non-rational 的意思是說：用理智去解釋時，無法解通，所以只好說成 non-rational，「非關理性」。

　　這時候就出現了一個知識的概念，叫「智慧」，不只是「智能」，很可能與「聖智」相當。在英文叫做 wisdom，在佛學裡也出現，叫做「悟性」、「慧根」之類的說法——正因為它是無法翻譯的概念，所以玄奘大師訂立了「五不翻原則」，由梵文直接音譯為「般若」、「漚合」。更有趣的是在西方的傳統裡，一直留著一個麻煩的名稱，叫 witch，跟我們所謂的「巫」很接近，但如果你說 She is a witch，你是在稱讚她還是在罵她呢？說不定就跟 She is a bitch 一樣，是罵人的髒話。但是女性主義者對此作了很多考據，發現這個字的字根是 wic，也就是 wisdom 的字根。有一種古代的智者流傳下來，但後來都傳在女人身上，本

2　小巫林立，可參見林富士（1988）《漢代的巫者》（新北市：稻鄉）。關於大巫的消失，可在司馬遷《史記‧日者列傳》中記載了一個很可信的旁證：賈誼和宋忠一起到市場拜訪了一位「日者」司馬季主，一見面就問道：「吾望先生之狀，聽先生之辭，小子竊觀於世，未嘗見也。今何居之卑，何行之汙？」

來也是「聖智聰明，齊肅衷正」的，後來被統稱為「女巫」，這傳統有「白巫／黑巫」之別，在童話故事裡常現身為「魔法巫婆」。他們原是些會採草藥治療人、會安慰人、會幫人解決問題的那種人，所以叫做 witch，其實真正的意思就是聖智聰明。可是後來在中世紀被教會扭曲成邪淫之徒，也開始以驅魔的名義把他們獵殺——通常會被燒死——這就是一般人所知的「獵巫」。然而，在今天，它的另外一面，在女性主義恢復了這個字的原意時，會發現跟我們的整套「聖／巫」傳統的講法可以互相呼應。

感知與種種感覺

我們回到這本書上特別說的「偉鉅可怖以及令人著迷」的那種神祕，然後要問的是我們怎樣利用我們的「感知」或是「感覺」來面對它？我們的「面對」是用 perception，我翻譯為「感知」。大部分心理學教科書上都翻譯作「知覺」，是用來和「感覺」（sensation）分別並舉的字眼。我們應該有整合兩者的意思，所以用「感知」，並且把那個抽象的字眼 sensation 換成具體的經驗，就是 senses——種種感覺。感知是既有所感，也有所知，例如先前談到的「jiog-ui」（台語「足畏」），是我感到很噁心，我不會說我知道很噁心，但實在不知道怎麼回事，這是感知的一個面向；這一面的東西，很可能因為難以言說，最後就會變成模糊而涵蓋全面的「統覺」（apperception）——這個字，在康德哲學裡使用，但不是我們在此所指的意思。我們對某些事情的感知方式，有時候它不光是「一件事」，而是一種全面的「有事」。對於「有事之感」並不只是我們在心理學裡最容易討

論的各種感覺，亦即感覺不會只是那些清楚分明的範疇：視覺、聽覺、觸覺、痛覺、味覺、嗅覺等等，而是經常會混在一起，在意識中呈現，譬如肌動覺、視觸覺、量塊感等等。先談什麼是肌動覺（kinesthetic）？打籃球的人，在投球時，他可能會說「今天的手感不好」，那所謂的「手感」就是一種肌動覺——身體本身因為動作而累積起來的一種肌肉感覺。這就是所謂混合的感覺，其實就可統稱為感知。

在我們談的種種感覺裡面，有些不常用的字眼，事實上比教科書式的分類範疇重要得多。除了以上提到的肌動覺之外，還有諸如共振感、色溫、視觸覺、量塊感，以及更難以描述的不可思議感、幻覺、靈視。我們一般講的視聽觸痛味嗅這些感覺，大家好像都很熟悉，但這麼單純的命名並不能代表感覺有本來如此的「基本範疇」。我們該從那裡進階，也就是把「基本範疇」予以懸置，從而邁向一些真實顯現出來的複合感，譬如在聽覺裡可能會延伸出共振感。它好像是一種聽覺，但因為人真正在聽的，並不只是耳朵，而是整個身體一起共鳴。當過兵的男生大概很難忘記震撼教育的經驗，就是要你從鐵絲網下爬過去，上面有打個不停的機關槍實彈射擊，旁邊還佈置一些炸藥，在身邊爆炸。那時除了聽覺之外，五臟六腑都跟著一起震動，那種「聲音」，尤其是低頻的，通常用音響器材沒辦法複製，幾乎可說是令人「聞之喪膽」。不只是怕，而是那炸出來的震波，已經穿透身體，所以雖然明知爆炸點有距離，但經驗過的人就能體會那是一種很恐怖的共振感。至於色溫也是很值得推敲的一種混合的視覺。黑色、灰色、白色都有不同的色溫——那是溫的、那是涼的、那是

冷的——視覺和某種溫度感在經驗中就會結合起來。那麼，視觸覺呢？你在藝術館看到雕塑作品時，會想去摸它，因為不准摸，所以你會用視覺來替代，你用眼睛看時就會看到它的份量——同樣一個雕像大理石的就是沉沉的、硬硬的、結實的；石膏像仿製品，看起來就是輕輕的、沒有份量。視覺和觸覺會用很特殊的方式結合起來，成為視觸覺。

不可思議感更怪，就是不可名狀，看到一個東西你不知道要講什麼。例如有一位前衛藝術家杜象（Duchamp），他送了一件作品去參展，他送的是一個男性用的尿斗，陶瓷做的，它同時又像飲水器，在二十世紀初都還有這樣的飲水器。他就送了一件這樣模稜兩可的作品去參展，而且其實那根本不是雕塑，而是一個現成品。結果辦展覽的單位實在頭痛，又像尿壺又像飲水器，可是尿尿跟飲水的性質明明相反，這樣一位蜚聲國際的大師送來的作品取名叫飲水器（fountain），但是你看到的明明就是個尿斗，所以評審人真的不知道該講什麼，陷入一種不可名狀的感覺裡去。杜像是故意的，他認為藝術史搞來搞去，能搞的都搞過了，現在就隨便拿一個東西來，取個名字，讓觀賞者去頭痛，也就是要讓人體驗到不可名狀的樣子。其實還有很多不可思議的實例，你會慢慢發現，它到處都是。佛洛伊德談夢的時候，呈現的很多夢景都帶有點不可思議的性質，就在於它的變形扭曲，以致不知道要用什麼語詞去形容它。

另外，還要談談幻覺，這在意識中已經屬於一種嚴重的病態。明明看到的是一個杯子或是投影機之類的東西，精神官能症或精神病患者總是有辦法把它「看」成另外一個，對他而言可能

是念念不忘或是非常可怕的東西——看到杯子很可怕，看到投影機也怕得要命。你不知道他在怕什麼，但對他來說一定特別指向某個對象。在臨床上，這些指鹿為馬的對象是可以經由對話而問出其來由，但你也可以知道它已經跟常人所知的不同。這樣的感知體驗在我們的討論中必須要全部包含。心理學教科書常會停留在簡單的感覺範疇，才開始就等於已經結束了，這樣一種輕浮的說法，我們不必仿效。整個 senses——種種感覺，都含有難講的成分，我們在做宗教研究時，尤其要處理這些感知和思維的問題。

宗教思維與思想

我們就來談談什麼是宗教的思維（thinking）與思想（thought）。Thinking 是正在想，though 則是已經成形的思維。正在想的東西有很多值得我們作深入的探問。我們必須知道：宗教思想和科學思想，是兩種不同的邏輯。我們的教育體制在現代主義（啟蒙主義）掛帥之下，幾乎一面倒向理性邏輯思維。但人類文明本來就不只是這樣，我們陷入「教育體制」的陷阱中，幾乎到了不可自拔的境地，所以為了平衡起見，我們有必要以另一種思維方式來重新啟蒙。

我們先談邏輯與前邏輯（pre-logic）的問題。在邏輯的反面上並不是「不合邏輯」，而是有「前邏輯」。這原來是人類學家在研究大洋洲、澳洲某些初民部落的人，發現他們在談的一些東西，聽起來好像都有道理，可是他的道理卻是以原始思想（primitive thought）為前提開始，所以你會發現他們振振有

詞講的道理似乎有不在邏輯當中的前提（premise，也就是 prelogic）。有個非常經典的笑話，可以把這問題在文化比較上表現出來。有位英國的人類學家，在做田野時聽當地人說山裡面住著鬼或龍，也聽說有人看見，村子裡的人想要去一探究竟，就先來跟這個英國人唧唧呱呱講半天，說要怎麼去，去了要幹什麼等等。這個人類學家認為他是在胡言亂語，所以很不耐煩地一再看手錶，希望趕快結束。當地人講著講著突然停下來問道：「你不相信我嗎？你相信的是別的東西，對吧？」人類學家說：「我不是很耐心地聽你講嗎？」當地人就指著他的手錶說：「No！No！No！你不相信我！你一直在看這個，所以這才是你的神吧？對不對？」人類學家真是無言以對。其實他講的沒錯——我們這些現代人在看時間時，會認為時間很寶貴，而你講的盡是廢話，應該趕快結束。在當地人看來，你那麼正經八百地在看，那肯定是因為它很重要。對於理性世界的人來說，時間真的很神。所以他們就會做出這樣的對比——我們講的是龍啊鬼啊，必須戴護身符來保護；你們卻把一種東西一直戴在手上，還不敢把它脫下來，這不就跟我們戴的護身符一樣嗎？——這個非常有趣的人類學的發現，寫在伊凡－普里查（Evans-Prichard）的田野民族誌裡。[3] 你說他們講鬼話，可是他看起來也很有邏輯。你覺得時間是再合邏輯不過，可是合邏輯裡面卻有個不合邏輯的前提，就是你把時間看得特別重要。時間有這麼重要嗎？對當地人來說，差一分鐘，甚至差一個小時也不算什麼差別，但你們怎麼盡在分

3　Evans-Prichard(1965) *Theories of Primitive Religion*. Clarendon Press.

秒必爭——你覺得他們的龍和鬼很不正經，但他們覺得你才怪呢！

在整個人類文明中，所謂的邏輯都不代表真正的理性。如果你知道三段論邏輯跟因明邏輯的差異，那就可以理解理性法則在西方／東方有根本的差別。三段論是希臘發展出來的推理系統，他們的代表說法是：「凡人必死（大前提）／蘇格拉底是人（小前提）／所以蘇格拉底必死（結論）」。這樣的推論被認作一個綿密的推論系統，整個西方哲學就建立在這樣的三段論基礎上。可是在印度哲學裡的推理系統不是這樣。他們不是講原因—結果，而是倒過來，先講結果。譬如他們看到蘇格拉底死了，然後才問為什麼。這個「為什麼」有一個必然的原因，就是凡人都會死，但也還有另一個可能的原因，就是不知道為什麼他就死了。你把歷史再看一遍，就知道蘇格拉底是被賜死的，他可能只是個很奇特的例外。在佛教思維中，認為任何事情都有可能，有可能是一個普遍的原因，但也可能純粹只是因為你無法料想到的一個特例。怎樣才能把兩面都想到呢？你之所以會這樣問，是因為你已經看到一個具體呈現的狀況，就是蘇格拉底這個人是怎麼被弄死的——蘇格拉底是全雅典最聰明睿智的一個人，怎麼會這樣慘死？所以這是印度式的推理方式，就是結論先行，然後接下來才去找原因，把具體特例作為問題，也由此開始推理，這跟希臘式三段論是完全相反的。有了這樣清楚的對比，我們才知道是宗教研究給我們揭示了東／西兩大系統在思維方式上的基本差異，也就是希臘羅馬跟印度——當然，後來所謂的東方，除了印度之外也包含東亞。

不過，這種「東／西」二分的說法是太籠統了。在漢傳的思想系統裡，其實這兩種思維都不缺。有看起來很合理的東西，譬如漢學裡發展的考據，沒有明確的證據就不可相信，這種態度很早就建立起來。反過來說，道家、佛學代表了另一種思維方式。我們只談談其中的一個特例，即佛教傳入之後慢慢發展而成的禪學。在這個傳統中出現了更「奇怪」的想法，在宗教思維中甚至屬於「神祕主義」，也就是前面談過的「非關理性」的思維方式了。他們認為有些事情用推理去想，永遠達不到那種理解。以日本禪學家鈴木大拙來說，他常引用有名的禪學公案，來和西方思想做對比，結果會產生聳人聽聞的效果。他說的是丹霞大師，冬天在一個廟裡避寒，但那裡家徒四壁，小沙彌問大和尚要怎麼辦──我們總要生火才能取暖，怎麼辦呢？丹霞說：「那佛壇上不是有很多佛像嗎？劈來當柴燒，你就有火了。」小沙彌聽到嚇壞了，怎麼可以燒了這些佛像？丹霞就問道：「佛像裡燒得出舍利子嗎？」「當然沒有！」「所以我就說當柴燒，聽懂嗎？」大和尚講的話，聽起來是乖違佛教信仰的，可是他講這話時，坦然無畏──不過就是幾片死木頭，你們在害怕什麼？這就是禪宗思維。你把這種道理講給西方人聽，他們難道不會說：誰敢把耶穌基督像劈了當柴燒，聖母瑪利亞當柴燒？這是極端的非理性，可是為什麼禪宗講這話時很輕鬆呢？這是思維方式不一樣，當然可以導出不一樣的典型。凡是顛倒的東西，禪宗就會認為本來如此，因為有道理的東西，講久了就會變成陳腔濫調，所以推翻你所熟知的道理，最好的方法就是反過來講，或甚至岔題去另闢蹊徑。禪宗公案幾乎都是這樣，這個特異的發展讓我們看見：宗教

研究所接觸的問題實在不是科學理性中一定能碰上的。

概念的形構與拓展

接下來我們就要回頭看看任何概念的形構與拓展。首先要知道基本的分類與組織，然後也要知道，高層次的理想係由基本的概念構成，譬如在精神分析中有這樣的前提：就人格組織中的知識而言，「概念的基礎乃是慾望的實現」（由「它」到自我）──我們在談這種概念或知識的基本結構時，當然不是要從ABC談起。最好的談法應該是先談談知識世界裡一直存在的一種特別思維方式，尤其是跟大家常用的思維方式有所不同的。對這麼基本的知識分類問題，可以從好奇心來開始。這種特別的思維方式是這樣的：知道一件事情，是透過另一種知，來間接知道此事──這就是象徵（Symbolism）、隱喻（Metaphor）、指引（Indexicality）等等「間接的知道」，我們用「象徵主義」來總稱。有時候它變成一種中介之道，在理性／非理性之外，用轉化的方式變成一種象徵的知，它可以講這個，同時又可以講那個，以此來幫助我們跳脫單純的循序思考。當我們碰到很多屬於人文的複雜情況時，就會大量的使用這種中介之道。在宗教傳統中發展出來的思考方式必定是這種，後來更常看到的，多半是詩人、藝術家在使用，這跟我們熟知的科學思維方式顯然不同。

　　「象徵」這個字眼，在中文裡是用來翻譯symbol，但它有兩種譯法，一個叫做「象徵」，另一個叫做「符號」。用在數學物理時它只能講符號，就是說某一個東西被規定成什麼，譬如π就代表圓周率3.1416，π這個符號等於什麼，有一個意思是規定的。

　　可是象徵通常不是這樣：拿一個東西出來指別的東西，它到底指的是什麼，有時要看情況而定，它有一種指引的作用，可是不確定。這個都是在宗教思維裡經常使用的方式，而在科學裡則經常要想辦法把它固定下來，就是變成穩定的指代，由此可看到宗教和科學的思維方式像在互相打擂台的關係。

　　回過頭來，談談所謂「熟知的科學思維」——臨床心理學在研究一個人的知識結構時，最該用的起手式是排組分類法（sorting），而不是量表（scale）。這世界上的每一個人到底怎麼想事情，不一定都有個常模在背後，因此普呂瑟在他的著作裡就說，我們不要用制式的量表來問問題，這通常都搞不出名堂。可是如果使用分類法，拿一些手邊的玩具或任何東西，來測個十題、二十題，就很容易知道你這個人的「想法」，試想想：任何東西交到你手上時，你都會想知道它是屬於哪一類。先用「三」來開始：這裡有投影機、電腦、一壺水，有三樣東西擺在你面前，請你給我分類——告訴我什麼和什麼是屬於同一類，而另外一個跟那兩個則不屬於此類。在心理學實驗室裡也會這樣，任意取樣，請你分類，用這樣來考驗一個人的現實感（senses of reality）到什麼樣的程度。一定有一種叫「自然分類」的方式，但有些人就會作出很出人意料之外的另外一種分類法。當他這樣出現時，你就可以問他為什麼這樣分法──譬如說投影機、筆電和水，進行分類時，我相信大家都會說，投影機和筆電分在一起，這是一類，水是另外的、不屬此類的東西。可是，如果那個人說投影機跟水是一類的，筆電是另外的東西。他這樣講時，你一定會想知道他有什麼道理？他的想法是不是有違常理？但他的想法，你聽了才會覺得也不是沒道理，只是想法跟你不一樣而已。他說投影機有影像投射出來，喝水時也有水倒出來，所以投影機跟水是同一類；筆電倒不出東西，也射不出東西來，所以是另外一類。這個人的想法，也許有些異於常人，但很快就可以理解。這時候我能看出來，不是透過制式的量表分數，而是看他怎樣進行分類──也就是他怎樣去想，他的思維方式很奇特。由此我們才可進一步看看概念怎樣是分類之後組織而形成的東西。

高層次的理想是由基本概念構成的，這大家都曉得。但什麼是基本，什麼是高層次呢？不要以為其中有一定的關係，好比說具體的東西是基本的，抽象的東西是高層次的──天底下的事情並非都如此。譬如前面提到的榮格，他給你看兩張圖，一是耶穌釘在十字架上，另外一個是獅子英雄被蛇纏住，這樣的圖片很具體，但同時它也表示了最高的抽象，他用這方式對我們顯示的是一個「真理」。對於真理本身是什麼，你說半天也不見得能說清楚，可是具體呈現時，它只用一個意象或圖像就說清楚了，千言萬語盡在其中。所以你若以為基本的東西就很具體，而「仁義禮智」、「真善美」、「我是真理我是道路」之類的標語就很抽

象，我會覺得，不一定能用這樣來區分「具體／抽象」。有時候那些看似抽象的標語，沒根沒底的，就只是瞎說，沒有意義，不必說它抽象。

佛洛伊德會說：「意念（ideation）或理想（ideal）背後隱藏的東西，就是慾望的實現。」高遠的理想背後都有慾望的推使，因此你要去找任何一個理想時，就要知道那慾望基礎到底是什麼？精神分析在這一點上，也可說是採取了佛教因明或是前邏輯的思維方式，倒過來講，證明每一個人都會這樣思考。怎麼說呢？因為做夢時，夢裡出現了七顛八倒的東西，可是它明明在告訴你一件事情，只是你很難搞懂。你用常理去推它也無法推知，可是你若能轉個方式，用造字法裡的「會意」，你就會知道夢就是用象徵的方式在對你說事。在宗教裡出現荒謬的人子（神子）被釘在十字架上，基督徒每次上教堂，就會看到一個犯人、一個受刑人被釘在十字架上，然而他是最高理想。這種說法挺奇怪的，最初基督教剛傳到中國時，教士家裡有個僕人，每次進出都很怕看到十字架。教士問他：「你到底在怕什麼？」僕人說：「對不起，我很怕死人……」他看到的明明是一個死人釘在牆上，他是這樣理解的。傳教士只能嘆氣說：「他不是死人，他是我們的理想。」對僕人來講，這話是怎麼也說不通的，那就是很弔詭。

新生的真理：慾望的實現

最後我想問：什麼叫做慾望的實現？釘在十字架上這個理想，事實上代表著每個人慾望的實現。如果你不是基督徒，你可

以不必這樣想，但是基督教現在已經變成什麼呢？全世界人在接受現代化的同時，也同時在接受基督教化，或說，不知不覺接受了基督教的象徵，以及象徵所指的價值。什麼叫做自由、平等、博愛？法國大革命時提出來的這些人性理想，其實就是基督教的精神。因為耶穌是用這種方式來對待人，雖然他違反了羅馬帝國和當時猶太人通俗的待人之道。但他以彌賽亞之名宣揚：「人和人原來都是平等的，你不要以為你是尊貴的，就可以加害這些卑下的人。」他一直都在講這類的話。當時的妓女在街邊做生意，沒人會管你，可是若跑到人家的家裡，登堂入室、白晝宣淫，被發現時，拖出來，根據當時的習俗，所有人都準備用石頭砸她。正準備要砸時，妓女爬到耶穌的腳邊向他求救，耶穌在這時講出一句千古不易、但也很奇特的真理，他說：「你們誰覺得自己是沒有罪的，你就第一個丟石頭。」每一個人都把石頭放下跑開了，這個妓女就活了下來。耶穌為什麼要救她？很卑賤的一個女人，那些人要是被激怒，石頭甚至就會砸到耶穌身上，但是他們為什麼不敢砸呢？耶穌是預料到他們會把石頭放下來嗎？不能這樣講。只是耶穌有一個很奇特的洞見（insight），就是我只要講這一句話，每個人聽了手就軟了，走了。所以他顯露了一次如同神蹟，但完全是人的作為，就是他說中了人的弱點——誰敢說自己從來沒有罪？這被耶穌講出來時就造成了一種道德上動人的魅力，他常常能在現場表現出這樣奇特的、直指人心的話語。

當你了解這個故事背後有這樣一個奇特的理由，會發現它不像希臘羅馬式的推理，比較像是印度的、倒過來講的真理。先知說人不可以傷人，後來就變成基督教裡的「博愛」真理，透過

法國大革命傳遍全世界，然後也衍伸出人人生而平等的理念。所以現代化的社會學會的是基督教的價值，我們大家都逃不掉。譬如說「法律之前人人平等」，這在世界上的千百年間都不是如此，只有在近兩百多年才開始變成普世真理，先前的世界一直都有貴賤尊卑之分，一旦區分之後，貴人對賤人的欺負，大家都沒話講，可是在今天就變得不可以。這原來不是真理，可是後來變成真理時，是透過很特殊某些人的洞見，轉變成全世界的人都相信。這種人在人類之中一直都是高遠的特例，但經過價值的演化，人類學會了這麼奇特的理想。

這種現在看起來很合理的理想，進入宗教研究的領域之後，就會引發一種看起來像是反常的方式，才能理解。普呂瑟在強調這一點時，從分類法這麼簡單的一件事情開始，就知道人的想法不一樣。平常看起來像是真理的，事實上常不知道這理究竟何在。人人生而平等這個理在二千年前不存在，到了幾百年前，這樣的觀念仍然沒有必然性，只有少數的宗教團體會把這種社會救濟的事業當成自己的任務。所有的慈善事業，在現代化之前，一直都是由宗教團體在撐持。中國史上大量的賑災濟貧都是佛教團體在做的，一般官方不太管，如果真要插手的話，賑災就常變成貪污的手段。可是在宗教裡沒人會貪污，因為宗教有一個很大的力量，靠信仰來做事，所以濟貧救災不會打折扣。為什麼宗教能有這麼強的力量？在官吏的系統，不也是紀律嚴明嗎？可是那系統裡也包含有一個潛規則，就是官官相護，所以貪污都找不到證據。當你研究宗教史時，會發現原來慈善的這個概念，不是按照務實的理性可以推出來的，它是在宗教裡靠信仰才可能實現的。

當我們要把這個基本的理性概念推展開來時，常會發生一種混合的現象，在實際的宗教裡就不斷出現，譬如說道教就是一個非常鮮明的例子。它把不同的東西混在一起，就變成一個新宗教。道教在漢傳的歷史裡面，比起我們原始的宗教，也就是民間信仰，是很晚誕生的。它託名老子為創教者，可是事實上老子哪有變成什麼教條？都是後人的偽造。唐代瞎編的老子叫做李耳，跟唐朝皇帝同姓，道教從此誕生。它是竊取一些佛教的東西，再盜用一些民間信仰，給它一些造作的宗教詞彙，比如說太乙真人、太上老君，本來就是二流三流派生出來的宗教，把很多的東西混在一起，看起來像是宗教的教義，但事實上它的源頭並沒有像基督教一樣，有一個聖人為世人犧牲。老子就不是這樣的人物，傳說中他乘鶴歸去。一個宗教如果很仰慕這種羽化登仙，肯定會走向虛無主義。這種理想當中沒包含什麼難題，最終的羽化登仙比科幻還要科幻。所以道教在某一個意義上來說，是虛無主義的典型。但它在唐代吸引了那麼多人，進入道觀裡去修道。修道還有它的實體法則，就是修煉丹術。煉丹除了煉丹藥之外，還要煉內丹。這樣的道教有一段時間非常風行，因為長期以來，所有的人都在亂世裡掙扎，難免產生了修煉成仙的慾望。一方面是利用教義的論述，一方面是為了在亂世中用了不得已的逃避方式，這樣的宗教其實一直都有。直到今天，所謂的新興宗教，很多時候它講的理想，它所信仰的基本價值，跟我們知道的幾個世界宗教，[4] 在理想上其實背離得非常嚴重。高度的自戀、高度的

---

4 「世界宗教」（world religion）是指在歷史上傳遍世界（或某部分世

排斥異己，在其中所謂的修道成仙其實只是自求多福而已，對別人有什麼幫助？他們會因為成仙而去賑濟別人嗎？成仙的道理不就表明了不顧世人的死活？所以要曉得，不是所有的宗教都很「講理」，有時候是有不得已的源頭，後來變成墨守成規的教條主義（基本教義信仰），對於解決人類的苦難，已經是風馬牛不相及了。

拿伊斯蘭教來看吧。最初，沒有信仰的阿拉伯人必須從猶太人那裡學宗教，學到後來益發覺得沒辦法再接受，就想辦法轉化，特別是轉化成阿拉伯語的宗教。靠一個聖人穆罕默德把猶太人的東西用阿拉伯語講出來。基本上道理是差不多的，而穆罕默德每次都是在起乩的（迷狂的）狀態下宣講真理，這些宣講的結果就是《古蘭經》。經上每一篇都可以看出來，先知穆罕默德，在每篇經上的開頭都會先說一句禱詞：「奉普慈特慈的真主安拉之名……」，其中道理跟基督教聖經做比較，其實相差無幾，因為它是從猶太教裡抄過來的東西，只是用阿拉伯語講出來，表現出一種文化特色。但《古蘭經》裡有很特別的一章，就是先知在這一章裡沒有起乩，沒有從禱詞開始，直接講了一個他自己的道理，這一章就是今天聖戰士用來當成「一手聖經、一手聖劍」的那套「真理」的出處。就是說，外邦人要應當皈依我的宗教，不能決定的話，給你三個月的時間，反省要信或不信。要信，我保

界）的大型宗教，其教徒總人數通常都以億萬計。具體而言，就是指佛教、基督宗教、伊斯蘭教，但都是總稱，不計其中區分的無數教派。這種「總稱」也是因為這些宗教信仰中的核心教義後來和人性的核心價值有很高程度的重疊。

你；不信，我砍你。這一段話是先知沒有起乩時講的話，這就是今天聖戰士最相信的「清醒的」真理。很諷刺，是吧？

伊斯蘭教的教義中，有時會把基督教的博愛精神發揮到極致，譬如說寬恕的道理，比起猶太教有更過人的地方。在某一部影片裡看到，俄國軍隊攻擊阿富汗，把阿富汗人殺得屍橫遍野。但阿富汗人用人海戰術來對付，還是把俄國的坦克圍困住。俄軍需要出去找水喝，怎麼辦呢？裡面有一個軍士是個穆斯林，他教同伴說：「在我們伊斯蘭信仰裡，你犯再大的罪惡，用先知穆罕穆德的說法，用阿拉伯語喊一聲：『我願意求饒，請你饒了我！』你就會得到寬恕。」結果這名俄軍出去找水時，果然被阿富汗人包圍，大家把他五花大綁，正準備用石頭打死他時，他竟然用學會的阿拉伯語喊道：「請饒了我！我願意求饒！」突然間，阿富汗那個帶隊的領導叫大家住手，說他已經說了穆罕默德的話，要我們饒他，根據先知的道理我們必須饒他。那個俄軍驚魂甫定，還不斷問說：「你們是真的饒了我嗎？」那個領導回說：「什麼真不真呢？現在不就是饒了你，也給了你水喝嗎？」俄軍說，我們基督教也講愛人，可是我們會講的，不一定能做，但你們居然真的做到，不可思議。宗教的世界裡，這種不可思議的地方真多，所以我們在談這些事情時，別以為你已把文明史、思想史都讀通，其實你常沒有完全讀通，因為宗教史常常被晾在一邊，而宗教的東西跟我們熟知的世俗理性經常是反其道而行的。

以宗教的想像解決難題

　　最後我們來討論一個根本的問題，就是宗教到底有沒有解決、或者已經解決了我們所關切的難題？宗教加進文明、加到思想史裡來，到底它解決了什麼難題？除了我們剛才講的宗教會思考、有思想之外，其實還有一個很重要的功能，就是它用想像的方式來製造我們可以信仰的真理。其中一個重要的關鍵，就是它必須使用想像，所以這種想像的東西就會把思想和觀念劃分成兩界，一個叫做神的觀念（idea of God），另外一個就是用科學所解釋的萬事萬物的道理。先看看這兩界劃分的模型，然後再來談它是要用來面對什麼難題。

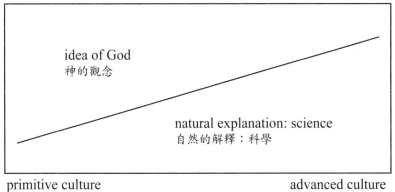

【圖二】普呂瑟的兩界劃分模型 [5]

5　本圖表取自《宗教的動力心理學》，p. 149.

右邊底下這一界叫做自然，那麼左上這部分就叫做超自然的（Supernatural）。這裡把左方稱為「神話思維／原始思維」，另外一邊就叫做「進步文化／理性思維」，其實不一定是這樣。劃分為兩界，是因為進入宗教的討論之後，你才會曉得，這裡強調的是我們一般看到的生活世界，除了自然科學解釋之外，其實還有另外一界，叫做神的觀念（idea of God）。在漢傳文化中，可以把左邊的這部分叫做「幽冥界」，它可以是神明的、也可以是鬼的，它構成一個鬼神的世界。我們的良心常常受到鬼神的左右，跟理性不理性其實是兩回事。我們的警察辦案碰到瓶頸時，最後常都會靠某人的託夢來找出嫌疑犯，而我們的新聞很喜歡報導這類事情，因為和社會期待相符，不論對錯都會有收視率。

　　宗教想像裡有一個核心，就是我們剛才談的那個叫做「它／自我／現實」的東西。這是在生活世界裡的每一個人都有的「組織／結構」。在其中是有一種互相之間的平衡關係，只用兩界劃分的方式是不容易想清楚的，所以現在要動用另一個模型來理清。有三個東西，他們互相之間要達到平衡。我們上次不是說過一句佛洛伊德的名言嗎？「凡是『它』（id）所到之處，自我（ego）一定要隨之而至。」自我是每個人的意識，要跟上去，這時候世界才能夠達到一種平衡狀態。否則它是它，我是我，它一定會造成一個不穩定的世界。今天我們的理性世界其實就是這樣，都是在一個不平衡的狀態，然後要想辦法用看起來像是合理的方式來解決，但是這種解決方式，有一方面看似解決，但是產生更大的矛盾。我們要講的真正的道理是在說：那個沒道理的東西，「它」，一旦出現時，你那個能講道理的意識一定要跟上

去，如果跟不上的話，不就永遠沒有平衡可言？理想就不可能出現——這樣說，有點像在繞口令。我們打開天窗說亮話吧：在動力心理學中，「它」（id）正是指幽冥難知的世界，可以指鬼，也可以指神。

我們在談關於宗教問題時，如果你一定要把它跟理性、思維、感知擺在一起，很多東西都可以讓你重新發現，其中有奧妙之處。不要只在玩文字遊戲，說什麼是很神祕、很奧妙，實際上到處可以找到它的蛛絲馬跡，這就是普呂瑟想要在他的書中跟大家講明白的。我們在臨床研究時，會發現在我們身邊的人，再怎麼平凡，都有可能有一些思考或感覺的方式，不是用平常的道理可以講清楚、看明白的。因此，用我們的方式重講一遍時，你才會曉得，這些所謂的思想、思維都有值得探討的另一片天空。

＊　＊　＊

【學員提問】————————————————————

要請問《宗教的動力心理學》裡第三章，翻譯成 R 型思維跟 A 型思維的部分，還有所謂的原初歷程跟次級歷程是什麼樣的內容。

因為這是精神分析的術語，叫初級歷程（primary process）跟次級歷程（secondary process），primary 叫做原初，像是慾望，心為之動，那個動心忍性的動。事實上最早動的是慾望而不是思維，因此動的那個初級歷程，就是慾望。接下來才有所謂次級歷程，就是你開始把它當成可思考的對象去想它。在做實

驗研究時，把它分做 R 跟 A 兩組，去探討這兩種思維，看看是不是有人比較傾向其中的哪一種。一般來講，現代化以後，你相信這是一個法治的社會，一切有法可管，會比較偏向次級的。但假定有一個人，比較偏向直覺，喜歡跟著感覺走，那他就叫做初級的。人很可能確實有這樣的差別，有些人認為這是跟性別差異有關，其實不能這樣說。最近一些關於腦科學的研究，發現男女就腦科學上的思維方式而言，基本上是沒有差別的。所謂偏向右腦、偏向左腦，都是經不起考驗的說法。男性與女性在這點上不是真正有性別差異，可是在人和人之間是會有看得出來的類型差異。有些人習慣使用象徵的思維，可以直接跳到結論，而不經過推論；另外有一些人，他要一步一步推理才能夠安心。這樣的話，在做實驗時，可以把人分成兩組，基本上就是根據佛洛伊德的初級歷程跟次級歷程的說法，只不過他把它換成真正可以在實驗室裡面檢驗的方式，經過操作定義，區分成 R 型思維跟 A 型思維。一旦這樣區分之後，大致上是有一些意義的。譬如說，我們在人和人之間，就有講理／講情之別。情和理根本上是兩回事。講理講得很到位，人家就會很信服你，但有些人重視的不是理，你要讓他在情上過得去，事情就可以擺平，即使沒有道理也沒關係。

當然這樣的分法在他的敘述脈絡中，並不是要給分類法作出充分的證明。早先一代的威廉·詹姆斯，在他著作裡[6]曾經用一種極端的區分，他說，在宗教信仰當中，一種信徒擁有「健康心

6　指威廉·詹姆斯的《宗教經驗之種種》。

態」，另一種則叫「病態心靈」，這兩種人都可以成為宗教人。那些健康心態的信徒，他們常常上教會，事實上是一種體面的行為，做給別人看；而另外那種病態心靈，他們去上教會時，真的是去苦苦追求救贖之道。在詹姆斯的分類當中，會認為病態心靈所追求的宗教，才是真正的宗教，而那些看起來很健康的人，雖然他可以在社交、節慶上搞得很熱鬧，但他們的宗教都只是擺門面而已，沒有什麼意義。詹姆斯有這樣的分法，他用很有趣的方式來說明——為什麼把那些叫做「健康」的心態？因為他們都已經沒有感覺，「就好像老母牛在擠奶時，都不吭一聲，但那小母牛在擠奶時，都會痛得哀哀叫。」這是不是在諷刺呢？他可以做出這樣的分類，所以你若採取二分法，其實可以分出很多種。譬如說有些人就是明心見性，另外一些人就是不推理就不相信。我們可以作出的分類方式很多，書上提的 R 型跟 A 型，只是一個例子。

【學員提問】

我想問老師的是：靈媒跟童乩是不是有神的臨在？我比較想判定的是他是不是真的靈媒？是真的有神靈在的那個狀態？

　　所謂「真不真」這個問題，其實是蠻關鍵的。你知道在整個漢傳系統裡，讀完四書五經，會發現其中並未討論「真不真」這個問題。認真回顧一下，譬如《王力古漢語字典》的作者就發現，十三經裡根本沒出現「真」這個字。我們的古漢語傳統裡不談「真」，只有「忠」或「誠」的問題，那就是相當於「真」

的另外一種表示，但意思還是不同。講出來的話是真話，叫做「誠」；情動於衷，這是「真情」，但沒有「真理」。所以現在問這個問題，可說是問到我們傳統思維的節骨眼上。

我們的傳統不像西方科學一樣，經過證明之後會形成一個個真理或法則，譬如說牛頓的力學定律，動者恆動，或 F = ma，他講的這些法則，都是可以求證的；但漢傳文化裡沒有這樣的真，而後來發展的真，比較像是指「務實」，而不是科學真理，所以你問的問題比較像這樣，就是思維傳統的問題。對於靈媒，我們在意的並非「有沒有真神」，而是在意他有沒有口吐真言，以及他是不是動了真情——或說，也許不是他有沒有動了真情，而是他有沒有讓你動真情。如果他打動你，你動了真情，那麼你可以說這叫做「真」。

我只要給個非常簡單的例子就可以立刻明白。人的處境確實有可能是這樣的，這種真情可以立刻被勾起來。你們去參加任何殯儀館的告別式，不是有個司儀嗎？上香、獻花、敬禮等等，都有固定的儀式，其中有一個重要的段子，是唸祭文。如果家人不是自己寫，那麼他會幫忙寫。他們寫出來的祭文，悼亡母怎麼寫法、亡父怎麼寫法，其實都是一樣的。但問題是，他唸出那些句子後，家屬真的會痛哭流涕。那種很套件的方式：「母親！我們多麼想念您，想要報答您時，您就這樣離開了我們……」他就用這樣的口氣，唸了這麼幾句話，家人就是天雷勾動地火，涕泣滿面，真情就被勾了出來。我們還不要講起乩，那些在殯儀館擔任司儀的人其實都是公務員，他不需要起乩，他只要唸祭文，而且是用人人都接受的悼詞，你就會被他勾動真情。所以你問靈媒真

不真，我反倒想問你，作為信徒，你有沒有動真情？你在那個告別式裡，有沒有真的對你的亡父或亡母依依不捨？如果你真是這種孝子的話，你就會在那現場對父親、母親的過世而痛哭，那個司儀果然就會讓你動真情。因此你問到底有沒有真神這個問題，還不如問你是不是會被勾動真情？他能夠勾動你的真情時，你當然會覺得他就是真。

　　但我要說的是，有時候問題要顛倒過來想，信徒的真情可以被勾動，然而那個靈媒是不是口吐真言呢？我們的文化，做真言，只要你講該講的話，就會認定這種話叫「真言」，用這公式寫的書叫做「善書」。很多人知道在什麼情形下講什麼話，就一定會打動你，這是套用場面話就可以奏效，再用稍有一點點表演性質的方式去說，就是什麼神降臨在他身上了，事實上有很多戲碼可演。要講出一個離經叛道的道理時，用三太子來降就一定很有效；碰到奇怪的事情，孫悟空來降也很有一套講法。但是，請記得，關聖帝君不會來，媽祖不會來，觀世音菩薩也不會來，這是道場上的規定，在教義上來講，這些大神不會降臨在靈媒身上。道場、神壇都會選些特定的神來降壇。譬如一貫道就常用濟公，濟公會講出一些奇言怪語，常是有違常理的，但對你來說，也許剛好可以解決你的難題，不依常理去想反而更容易想通，那他不就替你找到一條出路嗎？所以他到底是不是講真話？你的問題很有趣的地方，是問「他到底真不真」，其實更應取決於你在求問時的狀態，而不是取決於他到底有沒有真神。神有一定的神格，有一定的敬拜之法，乩童在很盡責地表演時，你會很欣賞他，因為他給你一個機會，能把真情給勾動起來。他這樣講話叫

做真言，你就變成真情流露了。

　　我不需要解釋有沒有真神的問題。寧可說是有很多現成的戲碼可用，還包括下地獄去把家人的亡魂引渡出來的，這一類神話演出，在民間信仰裡很多。因為你思念心切，尤其白髮人送黑髮人，孩子不幸夭折過世，非常想念他，卻怎麼也沒辦法，就只好去找觀落陰、牽亡之類的巫祝、仙姑。找來之後，他們真的用那孩子的口氣講出話來，要勾動你還不簡單嗎？譬如死去的是十六、七歲，如花似玉的女兒，爸爸當然非常懷念她。當她被帶出來之後，什麼話都不用多說，只要說：「爸……我很冷、很冷……」老爸就會哭得死去活來。為什麼呢？在我們的觀念裡，陰間當然很冷，它就符合你的文化期待，你不為之心動才怪，這種「冷」就是我們的講法。但你對西方人，那就講不通了，因為他們的地獄裡都是火，你跟他講發冷，他不可能相信。所以文化給了你一個現成的講話方式，那就叫做口吐真言。

　　簡單說，這是相對的，不要太快把它當作這是不是真神的問題。我們應該倒過來講，研究信徒比研究那些司公、道長講的話還要更可信，因為神職人員其實都是在照譜演出。這樣作法產生的神棍騙徒可多了，上次不是談到宋七力的問題嗎？像這樣的道長，他明知他把你玩弄在股掌之間，但是他樂在其中，非玩不可，除非把你玩到你膩了，否則你就是一輩子信他。妙天禪師賣蓮花座，聽說可以讓靈魂超渡，一個蓮花座可以賣到幾十萬。我有一個學生寫論文時，也是信得不得了，替她的父母各買了一座，拋出了一百萬。她在口試時，把這個信以為真的故事講出來，所有的口試委員都對她說：你這是鬼話連篇，雖然你說禪師

也這樣講，信徒也這樣講，但是很可惜，你過不了我們口試委員這一關——我們相信你很信，但是你講的話我們不信，所以論文必須重寫。那個學生當然不服氣，但經過她四處探訪之後，發現很多人退貨。因為妙天禪師這一招，完全是在詐騙，更糟的是在法律上不構成詐欺罪，因為你是心甘情願掏錢出來給他的，告他也沒用。他的信徒發現這樣買蓮花座，聽其他的禪師、禪寺都說是斂財。法鼓山、靈鳩山都說這根本是邪門歪道，這種斂財方式完全不合佛法。她總算相信了這點，準備去跟妙天退貨，結果得到的答案是什麼呢？「貨既出門，概不退換。」她非常生氣，想要告他，也告不成，她更加生氣——錢沒要回來，道理也沒站在她這邊。後來怎麼辦？她現在終於相信口試委員講的話，也知道論文該重寫。所以她非常明白地在論文的第二版裡，把這整個騙局揭穿。我們會說，這樣講才是有道理的，先前的那種想法沒有一個口委會認同。這就可算是「真不真」問題在反面上的一個起碼答案。

【第五講】

宗教中的情緒歷程
與行動功能

語言學轉向與「精神話語」

對於普呂瑟的《宗教的動力心理學》，我們到底是用來做導讀呢？還是在作重新的詮釋？其實是後者的意味比較重。用普呂瑟寫這本書真正的用意，是為臨床心理學的人說明研究宗教議題時要怎麼做，有一個專業性的指向，有針對性；但我知道各位的背景都不一樣，所以不需要這樣。就像今天我要談〈宗教中的情緒歷程與行動功能〉的時候，事實上在這一本書上是包含在第六、七兩章中。前面我們談的，差不多是二、三、四章的綜合，中間會跳過一章，是關於〈語言功能〉這一章。之所以會跳過去，有一個很重要的考慮：語言的問題在心理學或在整個人文學裡，已經佔據了一個非常重要的位置，不是我們這樣把它看過去就算了。譬如說，我們在講思想史的時候，會知道二十世紀後半葉（後五十年）發生了學術上巨大的風潮，是一種具有革命性的劇烈轉向，就是「語言學轉向」，有些人會稱作「文化轉向」。但「語言學轉向」的說法是大家可以接受的。也就是說，許多人文社會學科的重要人物，原來他們自認為各有自己的基礎學問：譬如傳媒人研究媒體上所出現的各式各樣的新聞報導文本，研究社會學的人就會取得社會調查資料文本，人類學也注重田野民族誌文本，甚至文學也變成了文本研究，他們都發現一個關於語言本身的問題，那就是一切俱在「文本」（「文本之外，別無他物」——德希達〔Jacques Derrida〕）。大約在二十世紀中期的時候，出現了幾位非常具有代表性的思想家。我們現在先提兩位。

一位原來是屬於邏輯實證論的大將，就是維根斯坦（Ludwig Wittgenstein）這號人物。但看他的晚年著作，亦即他的天鵝之歌作品，[1]事實上是把語言這東西，在整個哲學裡抬到至高的地位。這本書出來以後，真是語驚四座——他把邏輯實證論全部翻盤，本來以為邏輯實證論可以主宰整個科學論述，維根斯坦本人就是個科學家、數學家，但問題是，他把這個翻過來重述一遍之後，大家對於什麼叫做知識，還有語言到底是什麼，其間的關係真的被他整個改寫了。知道他的厲害，包括他的指導教授羅素，後來都去聽他講課，我們就知道他是一個非同小可的人物。

　　另外一位就是屬於現象學傳統的海德格（Martin Heidegger）。從胡塞爾到海德格，現象學已經發展到相當極致的程度。胡塞爾筆下開啟了一些非常重要的問題，但他用的是相當生硬的筆法。到了海德格，進行艱苦卓絕的轉化，一度跟存在主義結合，但後來還遠不止於此。思想界現在一直在談的是晚期海德格。直到二十一世紀，他所提的概念，在《存有與時間》之後，仍然發展為哲學的首要問題。[2]維根斯坦加上海德格，對整個時代思潮激發了顯著的改變。

　　佛洛伊德在這過程中被「重讀」了之後，精神分析更深一層的理論被發現了。佛洛伊德本來沒有談語言的問題，雖然語言的問題一直就在那裡。但後來的人發現他談的很多思想材料是夢，

1　維根斯坦，《哲學探究》。
2　晚期海德格，我只推薦一本具有關鍵地位的書：《林中路》。

這下子問題就來了——夢跟語言是相等的嗎？夢明明就是另一種語言。在歐洲，佛洛伊德的著作一直毫無疑問地非常受重視，包括英國，繼他去世的 1939 年之後，毫無間斷地發展。歐陸稍微晚一點，譬如法國的拉岡，五〇年代開始講課的時候，說要「回到佛洛伊德」。大家都知道佛洛伊德這麼重要，可是美國卻出現一波反佛洛伊德的風潮，五〇年代和六〇年代，出現很多罵佛洛伊德的著作，罵他泛性論，把人類的道德良知轉化為本能，像洪水猛獸般……說得很不堪。從五〇到七〇年代之間二十多年，佛洛伊德被貶到幾乎一文不值，他們把佛洛伊德斷章取義，還幫他來一個「健全的轉化」，也取了一個名稱叫做 ego psychology，就是「自我心理學」，然而事實上，是他們先誤解佛洛伊德為 id psychology 的。在歐洲從來沒有人這樣講，但美國是一個學術帝國，對學術圈的影響也很巨大，很多人以為美國人既然把佛洛伊德講得這麼不堪，佛洛伊德就不值得看了。這是思想史上的一個誤解得非常嚴重的定論。

後來發現不是這樣的，美國人自己隔了一代，也就是到七〇年代，出現了一次很重要的「重讀佛洛伊德運動」。如果仔細注意的話會發現，美國也有很多年輕的青年才俊，他們先是到歐洲去留學，發現美國根本把佛洛伊德給讀錯了，尤其因為本身意識形態本質的限制，只取了佛洛伊德的片面學說，在此暫時不說。直到七〇年代，《佛洛伊德全集》已經全部出版之後，他們也跟著歐洲學者一樣，把《佛洛伊德全集》從頭到尾讀完，才發現自己的誤解。他們也大量到歐洲取經回來，到了八〇到九〇年代，美國的精神分析學者才開始陸續抬頭，有創見的著作也開始

多了，再也不只會講佛洛伊德的壞話。於是我們現在講的語言學轉向，就會出現像維根斯坦、海德格，然後再加上復活的佛洛伊德。在整個語言學轉向的思想核心裡，這些就構成了基本材料。人文學、社會科學皆然，我們在談到語言問題的時候，不可以等閒視之。

為什麼要叫做「精神話語」？這意思是說：我們在講心理學時，也有一個很重要的方法轉向，就是除了那些心理學概念之外，你到底是用什麼方式去講它？你在談「心」的時候，事實上你用的是「語言」，那麼，「語言」是不是等於「思想」呢？這就是一個巨大的公案，也就是一個巨大的難題。我在開頭的時候說〈語言功能〉的那一章，我們開頭的時候就已經先講了一些，到了第七講、第八講的時候，我會把它併到關於「靈語」的問題上。因為我們還要再回頭談到關於巫的問題，我們要強調的是如何跟巫相遇？也就是我們上次在討論時談到靈媒，以及談到所謂的「真神」，我們說其中一定有「媒介」的問題，而不是神不神的問題。至於神的問題，有時候我們必須「存而不論」。也就是說，不管神在或不在，他其實並沒有真的影響我們。譬如說，我們會碰到的，是一個在表演中的人，他使用了一些表演的語言，我們跟這種人接觸的時候，並沒有接觸到神，我們接觸到正是「語言」這個東西，因此我們就可以把重點擺在關於媒介的概念上。好好去想一遍，就會發現這個媒介裡隱含的許多鬼鬼怪怪，可能會取代所謂真正的神、真正的鬼。

儀式是一種強迫行為

　　我們今天要進入情緒、行動的問題。我想各位都知道，在英文裡情緒是 emotion，在 e（引發）後面加上 motion（動作），所以 emotion 一方面是在說心動，但同時它一定會指向行動，情緒常常是行動的先兆，所以你可以看得出來，其他幾個跟情緒有關的字眼，通常都有這樣的意思。在西方的學術傳統裡，千年以來，對於所謂「心」的概念，常常都用一種三分法，叫做「知、情、意」。其中「知」和「情」你們大概都知道，就是我們一般說的「理性」和「感性」──「知」是理性，「情」是感性。那「意」呢？「意」是什麼？「意」是介於「知」和「感」的中間，也就是從「知」到「感」，或說把「知」和「感」併在一起之後，產生的一個行動傾向，雖然它不一定真正是行動，但你總可以說，那個「意」是「心意」，然後「意」很快就會變成「意圖」或「意向」（intention），然後就會往外變成行動。像這樣的基本心理結構，很怪的就是在我們的心理學教科書裡，通常都不採用，所以事實上當這些教科書在談到關於「意」的問題時，通常都會變成很無能。我們的心理學教科書對於「意」的問題，大概只有社會心理學談的「態度」和「動機」會有關係，可是他們談成的「動機」又是什麼？你們會覺得動機好像蠻容易理解的，譬如說罪犯有犯罪行為，但最後要給該行為定刑罰的時候，就會說其中有犯罪動機，量刑輕重需要根據動機的差別，是蓄意謀殺呢？還是過失殺人？這就是動機的問題。可是這個問題通常在法院裡會變成一個很簡單的概念，轉變成人人都聽得懂的普通

話。

　可是如果你懂精神分析就會知道：動機永遠是一個深淵。說老實話，過失殺人難道不包含某種故意嗎？包括自殺在內，你知道其中有蓄意成分嗎？不小心摔倒了或是碰到車禍，到底是故意的還是無意的？法官和陪審團不一定能夠判定，所以動機的問題，丟給心理學也仍是一個謎團。在精神分析裡面，就會把動機談成最主要的問題，譬如說你今天所做的事情，很可能它的動機是在你三歲、五歲時，就已經開始結下動機的樑子，那樣的想法，在法院裡面怎麼可能談呢？我們大家都被日常生活裡所習慣的講法固定了，然而事實上我們不能只會這樣講。現在我們既然要談跟宗教有關的問題，那就不是在法院裡談宗教了。宗教裡面看起來怪裡怪氣的東西多得很，而我要特別強調的是，要是不怪的話，就不值得另外開出「宗教」這個領域來談了。我現在引一段普呂瑟所說的話：「在許多方面，儀式都是一種強迫行為，它透過動作的象徵，同時既隱藏又顯現出一團願望與反願望。」（p.338）我們若把這段話移到法院裡去，請問法官能解釋嗎？律師願意解釋嗎？陪審團能夠聽得懂嗎？這種話根本就不能用在那種理性辯論的場所。但是，我必須說，這句話是宗教研究的精華，能夠把它濃縮到這樣寫出來，造就了一個很不尋常的話題。

　　「儀式是一個強迫行為」，佛洛伊德在 1907 年的時候寫過一篇文章，就是說：儀式都具有一些頑念（obsessional）的性質，他最早談宗教問題的就是這篇文章。[3] 整體說來，所有的宗

3　Fread. S (1907) Obsessive Actious and Religious Practice: S. D. IX: 115-127.

教儀式都是透過一種強迫性的觀念或行為而發生，當你身在儀式中，所做的事不是你有意或無意的問題，而是在無意之間會做出不是真正有意的事情，這叫做強迫行為。然後透過動作的象徵，既隱蔽又顯現，又要說出來但又要藏起來；願望與反願望也一樣——我希望要這樣，但同時我又不希望這樣。我們把這種語言叫做「辯證式的語言」，佛洛伊德和現象學的語言一直都在這樣的辯證傳統之中。在我們的語言當中，譬如你在跟人家講話的時候，人家問你說 yes or no？你可能說 yes and no，這到底是什麼意思呢？我們都會這樣子，yes and no——我邀你去看電影，你說「Yes, but...」，but 就是說我有些不情願，表面上我當然表示要跟你去看電影，可是我有難言之隱。所以，yes but、yes and no，這種兩面俱陳本來就是很常見的事情，但你不特別去想想的話，過去就算了，電影只好去看了，誰會再去細究 but 是什麼呢？但你要是走進精神分析裡面，你一講 but，就知道後面還有很多。這個問題其實普呂瑟已經表達得很清楚。

我們就拿最怪的現象來開場，不管是叫做儀式或是行動。在美國南方有一個教派叫做弄蛇教派（Snake handler），Google一下可查到不少相關的圖片跟資料。像在這個教會裡，教徒為了要顯現自己的本事，他就把蛇放在自己身上，用的是很毒的響尾蛇。可以看得出來，這是個儀式性的行為，用蛇來開啟禱告。別以為光怪陸離的現象在台灣的民間信仰中已經夠多了，你還沒見過基督教裡也有種種奇觀。基督教的弄蛇教派出去遊行的時候就把蛇盤在身上，看到的人都會退避三舍，可是這些弄蛇人是很驕傲的。要曉得被響尾蛇咬一口就會致命，那他們為什麼要這樣玩

命呢？這種行為一方面在表現自己很有本事，但同時卻跟死亡是半步之隔。此即所謂願望跟反願望，之間有非常奇特的關係，這在宗教儀式中可能是無法避免的，先見識一下這樣的特例，才知類似的東西在宗教中並不少見。

情緒描述的侷限（一）

所以我們現在就直接回到語言的問題：假若我知道不管是動機或是願望，其中必有內容，我要把這些內容帶出來時，要怎麼做呢？我們唯一的辦法就是要把它講出來，也就是把它「描述」出來，所以其實你還是要用語言把它說出來，這時候我們可用兩個例子來說說「描述」是怎麼回事。老實說，這是很困難的，你可以看到其中有不少東西，看起來好像已經講了很多，例如下面摘述的這一段。這是某一個人被問到要他去描述自己，不要用思想，純粹用感覺，感覺到什麼就說什麼，我們看他怎麼說：

> ……我只是在感覺。再說一次，我從未學會描述這麼一種遠離著所謂「正常」的感覺。整個來說是哀戚，是身體上的不適和低落，這不是來自於智性的概念，而是一種深沉的、肉身的、內在的狀態；一種感覺到的失落，完全地失落到對於地點時間無覺，對於聲音屬誰都沒概念，沒辦法清楚知道我自己的認同，失落於身心靈，失落於光形色；一種帶有自我反感的酸苦欲嘔——所有這些都是以一種感覺橫掃過我。但這又不能像一張圖表那樣，能把整個集合裡的各個分子描述出來。它是

一整個地在那裡，而我不能意識到其中有任何知識活動在內。我的整個存有都降服於感覺。我一點也沒有防衛，無論是在內或在外。這個感覺自動地膨脹，像巨浪一樣襲捲我。我喘息、掙扎；其中有濃烈、急遽的時刻，然後是融合。這情緒就變成了我。[4]

你們看他的確是非常努力地要說，不用思想和概念的樣子，但請各位注意一下，「我的整個存有臣服於感覺」——他會用「存有」這個字，這是不是概念呢？他是讀過現象學的人，你仔細看裡面還有不少，他說他沒有用概念，但如果他沒有這種概念，他能夠講出這種話來嗎？他很想要用純粹的感覺去說，可是當他在描述的時候已經在使用概念。他雖然在說「是一種深沉的、肉身的、內在的狀態；一種感覺到的失落，完全地失落到對於地點時間無覺，對於聲音屬誰都沒概念，沒辦法清楚知道我自己的認同，失落於身心靈，失落於光形色；一種帶有自我反感的酸苦欲嘔……」——他很想描述一種身體的感覺，可是你真的能夠不用任何概念來描述自己嗎？我們好像應該有這種不帶概念的語言，但事實上沒有的，你在這裡就可以看出來。他現在要告訴你的，正是「要描述自己是有多困難」。

下一個例子是一位分析師在分析她的患者，一位年輕女性，因為講話語無倫次，不知道在說什麼，所以就讓她去畫圖。結果這個叫做蘇珊的女性患者，二十歲開始進來，從二十歲到

4　摘述自《宗教的動力心理學》，pp. 265-266.

【圖一】蘇珊的畫

三十五歲之間，分析了十五年，那位分析師叫糜爾納（Marion Milner）。在中間的那段時間裡，蘇珊畫了一些圖。分析師這樣說：

> 蘇珊畫中的旋轉、如葉片般的形狀（圖一），其中央有某種東西長出來，起初只是個空殼（也就是無區分的），後來我慢慢看到，這也許是在描繪那內在的複雜母體，而她對情感的意識就是從中而生。她似乎是在描繪這個內在母體之如同「湧湧而出、嗡嗡作響的渾沌」那模樣，是個尚未分化的身內體驗，好像是初次碰見、並結晶為一個意象，代表著衝動或慾望，而這對原初的混亂來說，似乎是自己必須接納的。[5]

---

5 參見糜爾納（Marion Milner）（宋文里譯），《正常人被鎮壓的瘋狂－精神分析四十四年的探索》，pp. 222-223。

這是這位分析師對這些圖作分析詮釋時候說的話，雖然你可以說這不是患者本人的描述，而分析師當然也不否認使用一些詮釋的意象。譬如這裡用到「複雜母體」的詞彙，這不是那個當事人自己能講得出來的，這位分析師在說：「有一種東西，我看出那是一個整體，但它是一個母體」，這個「母體」的意思是說它會往外衍生，於是它就開始出現一種在母體裡面「湧湧而出、嗡嗡作響」，在那個人的裡面有一片沒有分化的混沌跑出來，最後就形成這圖像的樣子。她仔細的分析，你還可以看得出來，這中間有一個螺旋狀的東西，其實她給它取名字叫做凱瑟林圈（Catherine wheel），是英國的一種放煙火的方式，使用輪狀會轉動的一種道具，這畫裡面還暗藏著一隻像龍一樣的動物。分析師把這些意象轉化成描述性的語言，但她會說這是一種「詮釋的語言」，不是當事人的直接描述。這也是一種描述的方式，原來我們光看圖看不出來，但她用詮釋來幫我們說了，所以這樣的詮釋也是描述的另一種方式。

在普呂瑟作研究的時候，大部分都要透過類似的方式。就是用一張圖形上面畫幾個人物——有表情的、沒有表情的，互相之間的關係不清楚，就請你看這樣的圖講講故事。當你在講故事的時候，就會講出很多投射。投射，即把你許多願望或某些東西，想要的、不想要的，都會講出來。講出來以後，我蒐集你的語言再做一番詮釋，這樣我會得到一個「描述」。所以描述本身，有些時候當事人自己就可以把自己描述出來了，可以說是很直接的，就是我跟我自己之間的；可是你以為你和你自己之間，就叫做「無縫密接」，你相信自己是這樣子嗎？在精神分析和現象學

裡面，都不承認有這種可能性。「無縫密接」這個詞，我是引用自內衣廣告，你們大家都聽得懂。無縫密接就是表示它接得非常好，但我現在要問你，你的頭腦跟你的身體、你的語言跟你的感覺之間，有沒有無縫密接的問題呢？就是不可能，它中間有「媒介」，這個東西會介在其中，因此要描述情緒是什麼？說老實話，這個問題本身就是一個大問題。我們沒有辦法說明情緒是什麼，於是就用喜怒哀樂愛惡欲，七情六慾，簡單地把它講完了；其實不能這樣，它還有非常複雜難言的內容。

情緒描述的侷限（二）

我們現在拉回正題。所謂的宗教，其中是不是有特殊的情緒？我們大致可以這樣說，關於「敬畏」（awe），關於「至福」或「極樂」（bliss），這兩面在宗教裡的確是特有的。所謂的「極樂／至福」這種語言，在別的地方不太會使用。在平常生活中沒有人在追求極樂世界，即使有的話，那已經別有所指了（指死後的世界）。但在精神分析裡常會說：享樂原則所追求的極樂，在人類當中完全不是空穴來風——人類最高的一種享樂就是性高潮的體驗，也就是在交合的時候，銷魂蝕骨、欲仙欲死。即使只經歷一次，你也知道那種樂無法用其他東西跟它相比；它確實是一種極樂，但也只有幾分鐘就過去了。我們會說上天堂就是進入極樂世界，好像說二十四小時，或甚至永生，都在銷魂蝕骨的狀態中，這在人來說定是一種妄想。可是宗教常宣稱它最後會讓你上天堂，也就是進入一種至福的極樂狀態。這是宗教的語言，它需要這樣說。對你而言，不是完全沒有本錢可以去想像

的，但你的本錢常只有一兩分鐘的長度，而宗教最後給你的許諾是最終可以到達一個永恆的極樂世界。想想看這種語言如果不是妄想的話，那又是什麼意思？

相對的，就是有一個強大的力量經常在壓服你、震撼你。如果你不聽的話就會帶來災難。我們上次講過，在奧圖的說法中，那種神祕的境界是畏懼可怖又非常迷人，它一定會帶有這種兩面性。我們把它換成普通情緒的用語，大致上就是這樣：恨、恐懼、忿怒、哀傷、悼念、心碎；而在其反面就是欲念、渴求、熱心、激情、希望、愛、歡樂、喜悅、感懷、謝恩、憐憫、慈悲等等。這些都不過是一些情緒的標籤而已。所有的情緒，其內在體驗的本質，寫出來都是千言萬語。我們對於我們的情緒，大概都只有這些標籤式的語彙可以去說它。文學家之所以很能吸引讀者，就是因為它可以把這些情緒標籤轉化成細密綿長的故事。因為人的情緒其實都是複雜的，但我們往往只能用標籤，並且還都受到一些文化限制——我們的文化裡使用的一些情緒標籤語詞總有個固定的意義脈絡，跟另外一個文化裡同樣詞彙所指的東西完全不同——譬如說你在某些中文裡面使用的情緒語詞，把它翻譯成西方的語彙使用，人家就是不知道你在講什麼。

舉個簡單的例子。有一天我跟朋友們一起吃飯，在台灣習慣把沒吃完的菜打包帶回去。一個在國外留學很久的同學說，他很早就放棄了這個習慣，因為西方人會覺得沒吃完的東西就是垃圾，怎麼能帶走？我們不但帶走，而且我們認為在辦桌時吃的流水席，幾十桌都是上好的材料，客人沒吃完的東西，我們把它湊起來變成「菜尾」，就是把剩菜煮成一大鍋，讓人帶回去分

享。有些西方人會覺得很噁心，但我們覺得把這些東西丟掉叫做「暴殄天物」。如果我把它翻譯成英文，就叫 brutally dispose heavenly things。這樣講，一定會把人搞得一頭霧水，因為他不知道這像是垃圾的東西怎能說是 heavenly things？這已經讓他覺得不可思議，而你還說不可以用「很粗暴的方式」把它丟棄，我說的 brutally 就是粗暴的、兇猛的，這些情緒的形容詞都是很普通的英文，可是你把它結合在對待食物的方式上，西方人就完全聽不懂這種說法的意思。所以情緒的表達，常常不是這麼容易說的，在不同的文化脈絡當中，意義糾葛、複雜難解。

而宗教裡的情緒，確實有很多複雜的情緒混在一起出現。我們平常在教室、辦公室、法院裡的語言，都是被定義好的，有標準的處理程序可以了解、可以執行，可是在宗教情境裡發生的事，很多你只能似懂非懂地跟著它去經歷，真要說說其中的意思，也總是說不上來。

不管是跟宗教有關或無關，情緒在不同的語文裡出現，如果要用範疇或名稱來說它的時候，通常會顯現為很奇怪的問題——就只是一個名詞，當中為何包含著那麼多種情緒的混合，通常還帶有互相衝突和矛盾的因子在內。我是說「不管是跟宗教有關或無關」，但進入宗教的語境，我們必須先暸解這種意義混合的情緒語法。現在舉個例子：在希臘文裡有一個情緒語詞叫 acedia，這個字幾乎找不到可用的中文翻譯。Acedia 就是指一種麻痺無感的狀態。這種情緒狀態既然不能翻譯成中文，那要怎麼理解呢？我們確實沒有相對的詞可以翻譯。【學員：行屍走肉？】是的，麻痺無感是行屍走肉、麻木不仁，意思差不多，但並不相

等。我是在看過很多說明之後，才知道一個人處在 acedia 的狀態時，他會變成一個冷漠無感的人，但又不是僵死了，或像植物人一樣，他會走會吃，但你問他有什麼意義、有什麼目的時候，他會說他自己甚至於根本不在乎。我們大概有一些意義對應的東西可用來理解，但你不知道希臘人當初發明這個字時，真正講的是什麼意思。同樣的道理，中文也有同樣的情形，就是不能翻為外文（我說的外文通常是英文）。

另外還有一個大家也知道，但都不容易清楚描述的狀態，叫做 embarrassment，也就是「困厄、窘迫、尷尬」，現在也有人寫成「囧」字。我們都知道 embarrassment 是一種情緒狀態，它是一種奇怪的複雜情緒，哭笑不得，常常在尷尬之中會出現一種乾笑，它也不叫苦，反而會笑；意思是 yes，但看起來又是 no。尷尬就是這樣一個奇怪的情緒，在我們生活當中經常碰到這樣的情形，正好可以說明人的情緒是複雜的。如果你只用「喜怒哀樂愛惡欲」這種籠統的光譜去標示它的時候，它就在當下會跨越幾種色彩的界線，因此你就不知道尷尬要放在光譜的哪個位置。很多心理學教科書會跳開這樣複雜的問題。但我們在生活情境裡不能跳開，尤其談到跟宗教有關的情緒，有很多這樣的例子。再舉一例：procrastination，這是「蹉跎終日、欲行難行」的樣子。事情是該做，但卻動不了手，一直不斷地拖延。如果這也是在宗教生活當中出現時，牧師或神父會來關心你，認為你一定有很大的困難，要你來告解，但你什麼也不會講。「你有罪嗎？」「我可能有，但我也不知道是什麼。」

這就提到了 sin、guilt、repentance，「罪、疚、懺悔」這些

宗教中很典型的情緒。這樣翻譯的中文，表面上沒錯，但在英文裡的 sin 是什麼？中文把它翻譯作「罪、原罪」，原罪是良知之罪，一個人如果真正感覺到自己有 sin，罪大惡極，他就不能原諒自己了。在我們的社會中，會自殺的人常常是身敗名裂，但我們不知道西方人怎樣因為 sin 而自殺。譬如我是個男性，經常在寫作中替女性發聲、辯護，但還是常被女性主義者說我有男性的原罪，所以，「原罪」是什麼意思？我不是基督徒，所以我不懂什麼是與生俱來的原罪。真正帶有原罪的，恐怕是《聖經》本身——這本書裡面有很多嚴重歧視女性的經文，還常被反覆引用。最兇惡的原罪恐怕不是上帝、不是耶穌，而是《聖經》這本書。因為很多的聖典都是人類經驗的累積，起源於二千年前或三千年前。其中出現卑視女人的話，那時都認為是天經地義的。所以我要說這裡面有很多的東西，在今天看起來是不合人情、不合常理，真神的語言不太可能是這樣的。但真神的語言裡面實際上夾雜了很多汙濁不堪的東西。好了，這個問題很複雜，在我們自己的經驗裡面也會經常碰到，如愛恨交加、模稜兩可（ambivalence）、曖昧（ambiguity）、不可思議（unheimlich）、莫可名狀（uncanny）等等。所以當我們在談宗教問題的時候，無可避免地，要把「動力心理學」和「社會建構論」結合在一起。

「社會建構論」是我們在上一次所講的主題。[6] 我們今天所

6　〔編註〕此處所指「上一講次」內容，收錄成《心理學與理心術：心靈的社會建構八講》一書（心靈工坊，2018）。

知道的任何事情，多半是屬於一般常識，其中包括許多至理名言或行為規範，而這些都是某一個社會用一套特殊的過程把它建構成如此的。你若把它當成理所當然，你就已經陷入那個文化的圈套——「自古已然」、「日用而不自知」的那種圈套。宗教一方面告訴你真理，但同時也給你製造非常多陷阱，這是我們在進入宗教研究之時必備的前提。

宗教性／神聖性的社會建構

　　透過情緒的問題重新翻過頭來想想，會發現宗教事實上就是這樣一個兩面俱呈的東西，願望跟不願、顯露跟隱蔽，常常無法分開。所以我現在要問個基本的問題：今天對你們而言，宗教性，特別神聖感、宗教情操、奉獻精神等等「動力」的奧祕，到底有、還是沒有意義？對我們來說，這些情操是不是已經完全過時了？談神聖感、宗教情操、奉獻精神，在我們的世界裡是不是都已變成沒有意義的話語？我們不需要常常上教堂，或常常舉香祭拜，我們要講的是：有些事情，你會不會用奉獻式的、不求回報的犧牲，去為別人而做？先舉個意味很輕的例子：咖啡店裡的服務生，主動而善意地提醒你使用折價券，她願意為你著想而少賺一些錢，這種對待別人的方式，你可以說是善意的，好心的、有禮貌的。「禮」其實是很宗教的，自古以來「禮」就跟宗教分不開。台灣社會不知道什麼原因，就是把「禮」保存了下來，所以還有餘裕可以進一步去談奉獻式的宗教情操這種東西。

　　我們這樣談並不奢侈。像先前在談所謂動機、動力的奧祕時，在精神分析裡有幾個奇特的術語，其中一個是「投注」，

由 cathexis 翻譯而來，後來有人覺得這樣的英文是過度翻譯，本來只要翻成 investment 就好，就是像「投資」一樣，人的心力可以像投資一樣，挹注在某一個對象身上。這樣在解釋動機的時候，就可以把它解釋成為：動機常常是要用「力」的，因此「力」常常可以是像投資、投注那樣，一旦投注之後就會有點像物理學的（力學的）概念，所以 cathexis 在翻譯的時候，英譯者動用了物理學的字眼。譬如說愛一個人的那種愛，佛洛伊德用 libido 這個字，就產生了 object-libido、ego-libido，他講的是一種很原始的能量／能力／欲力，因為是包含這些意思，就綜合翻譯成「力比多」，基本上可將它理解為一種「精神力」。譬如對一個對象（object），用力比多投注在他身上，這個人就成為愛的對象。愛的對象，就是指我的愛、我的心意，投注在對象身上之後，真的就像黏膠黏了上去一樣。這個人因此變得很特別，跟所有其他人都不一樣，他被我的力比多黏上去之後，從此他就是「我的人」，我們互相之間就會黏在一起。但如果一不小心這種黏結被剪斷了，那就會傷心（heartbreaking），我們會說「我的心頭被剜掉一塊肉」，就是這種感覺。失掉了這個愛人，就是被挖掉心肝寶貝。用這樣的方式，以解釋是不是真正的有投資，那個投資被中斷了以後，會有一種很嚴重的喪失感。只是佛洛伊德還進一步說，這樣的力比多從對象中撤回時，它也會向自己投注。這個力既然能投注到對象，那它也會有迴旋的力，投注到自己身上。所以在愛情當中是我愛你，我也愛我，我愛這個愛你的我，在愛之中的我是很可愛的，我必須要愛我自己的愛，否則我不能愛你。佛洛伊德的語言就是有這樣的意味，你要是能夠聽懂

的話，就會知道不要只講單面的東西，我要是沒有愛上這個愛你的我，我不會「自愛」，譬如說我就不會在你面前打扮得光鮮亮麗，不會振作自己、不會把自己最好的一面給你看——我要這樣做，除了是為你之外，當然還有很多時候是為我，因為我的身體是我自己在處置。我們都知道這種力的動機的問題，從對象到相互之間，構成了一個來回的迴圈狀態。所以我們在解釋什麼叫做動機的時候，不可以單方面解釋，這是精神分析會的基本信念。

在神學裡，比較會告訴我們「恩典、救贖、犧牲」之類的詞彙，在談這些的時候，看似跟佛洛伊德沒什麼關係，但後來你會發現，這些都可以在佛洛伊德的理論面找到。「犧牲」的意思是非常奇特的，剛才我們說到奉獻是不求回報——花我的心力，但我不會求你的回報——那犧牲就是奉獻到最高程度，連命都可以不要也不求回報，這就是犧牲。犧牲是奉獻裡最高級的程度，在許多宗教裡，它會變成一種固定的要求，在基督教裡很明顯就看到，有一個叫耶穌的人替所有的人犧牲，如同把自己獻祭給上帝，一個人被活活的釘在十字架上，他這就是一種犧牲，然後才叫做基督。所以，犧牲會變成宗教精神裡的最高精神，連命都可以不要，在我們的語言裡叫做「捨身取義」。這一方面可以是很宗教性的，但你也可以說，這在人性裡事實上也有的，絕對不只是神話故事而已。在戰場上，敵人丟一個手榴彈過來，爆炸時會傷到多少人呢？可能會炸到身邊的三、五個人，但是有一個人二話不說地撲上去，把整個身體趴在那個手榴彈上，「砰！」他被炸得粉身碎骨，但其他幾個弟兄都沒事。像這種事情，在戰爭的紀錄裡一直都存在。所有活下來的弟兄們在紀念他時，特別記得

他的捨身取義──他為我們而死，他不是普通的戰友，他是把自己的生命完全犧牲。所以這種人被紀念的時候，會像神一樣受到祭拜。人和人之間如果出現這種非常極端的奉獻時，常常都會被看待得像神一樣。所以所謂「宗教性」、「奉獻」精神的字眼，不是只有在宗教裡面才使用，反而是在人性之中發生了以後，被轉變成為宗教題材。

談到佛洛伊德講力比多問題的時候，特別談到對於對象（object）的問題，如圖二，有一個指向 object 的大箭頭，普呂瑟在這箭頭中心部位寫上的是「SATISFACTION」（滿足）這個字，中間還有個小字 ego。Ego 之所以要對對象投注這麼多的力量，其實他本身是要獲得滿足的。所以我們在愛對方的時候，同時也在愛著自己，這樣就合稱為「滿足」──我愛你的時候要付出很多心力，可是不管怎樣我都會滿足；我做得很累，但我覺

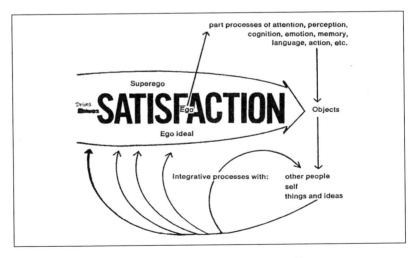

【圖二】普呂瑟的心理動力模型

得很值得，因為是替愛人做的事情，我不會埋怨，那就叫做「滿足」。所以 ego 有一個很重要的任務，就是要朝著對象去獲得滿足。它的動力是來自於我們所知道的驅力（drives），同時看起來有理念（ideal）在引導 ego，有 superego 在進行壓制，這些相對而言都是旁枝末節了。Ego 最重要的工作就是朝向對象，讓互相之間產生動力性的關係。

這樣的理論，雖然原初是佛洛伊德提出來的，但後來佛洛伊德對於對象關係（object relations，或稱客體關係）的問題沒有再多寫，而是由他的下一代，就是後來的英國學派把它擴張延伸。自我之所以會有動力，事實上是跟對象之間相互來回的，動力不是單方面的。這個理論的原型雖然佛洛伊德已經講過，但到了下一代才講得更清楚。對象永遠都在考驗你，但你願意接受考驗的話，都可以逢凶化吉。假如你真的得到滿足，就不只是自己得到，而是跟對方一起。滿足、滿意是相互的，同時又有另一種兩面性，就是滿意中同時包含著苦與樂──我們會進一步看到這樣的滿足。

信仰的動力：行動（一）

在進入情緒（e-motion，引發動作）、行動（action，movement）的問題時，聽起來會覺得這不過就是心理學和現象學裡的一個題目；可是當你跟宗教扯在一起，會發現這個題目裡面事實上都大有名堂。裡面有很多內容，一定要先弄清楚之後，才會曉得為什麼會在宗教裡出現一些怪異的行為，譬如弄蛇變成一種儀式；或者簡單一點，焚香、致祭等等；而這些動作，或此

或彼，在宗教裡都變得不可或缺。

　　我們該談的是，這些動作的方式和內容跟我們日常行為都是可以區分的。譬如在焚香致祭的時候，你會到哪裡去焚香呢？那就是在送葬、祭祖以及在神壇前。它有一定的行事方式和空間。宗教特有的行動除了焚香之外，還有頂禮、跪拜、合十、點蠟燭、禱告、頌念、畫十字等等，這些宗教特有的動作一定也在作象徵性的表達。譬如焚香表達了什麼意義？你就看那裊裊上升的煙在象徵什麼。我們稍微轉一下，看看《舊約》裡面用烤肉時上升的煙來表達什麼。因為他們知道烤肉的時候香味會上升，耶和華雖吃不到肉，但他可以聞到煙裡的香味。所以「香」，就會以不同的方式，在不同的地方使用。當然，我們使用的香不是漢人發明的，而是從印度傳來的；但無論如何，有香、有煙，然後上升，就象徵性地表達「上達天聽」的意思。至於「焚燒」本身，在基督教裡面就是點蠟燭，而不是點香，但這也有相似的象徵性意味。我不多說，留給各位去體會。

　　所謂的弔祭、禱祝裡面有一些動作，合十、揖手、畫十字，只能說意思相近，但是文化會有差別。你到國外去，會發現他們現在也學會中國式的揖手作禮，而這手勢裡有個意思，非常微妙，在西方人模仿的抱拳裡可能就不見了。在中文裡，「謝」一詞該如何解釋？「謝」這個字的意思既是「不要」（辭謝），可同時它又是「要」（感謝）。你既然給了我，我就先表達我不敢要、不能要，但同時我又必須接受，因為卻之不恭。於是出現了這樣的一種手勢：一個拳打出去，另外一隻手拉回來，這是古代最典型的「謝」的動作。可是你就看到這是兩個相反方向的力結

合在一起，構成了我們文化裡特有的手勢，就是指出那個「是」和「否」同時在表現。這個民族自動地生產出這種表達意義的方式，後來通行在整個漢語世界，乃至傳到西方。我們要瞭解的是：這個表面上看起來是同一個姿態，可是動力學的角度去看，這個抱拳和揖手的動作在道理上就不一樣了。

至於畫十字，就是在胸前點四點，形成一個十字，不同的派別有不同的點法。新教、天主教、東正教的十字架造形是不一樣的，這三個壁壘分明的基督教派別，他們所使用的儀式、道具、袍服都不同，包括畫十字的方式。因此表達一個象徵之後，使這個象徵帶有不同的意義，我們對這些都要觀察入微，才能瞭解它們之間的差異。做宗教研究的時候，把儀式裡面包含的場所、程序、聖物、裝飾、服裝，以及演出的舞蹈、頌歌、音樂等等都拿出來檢視，都會發現其中有很多名堂，非常值得作細微的研究。

我們拿一個例子來說，就是《詩三百》，不是包含「風、雅、頌」嗎？我們聽說孔子刪過《詩》、《書》，據說流傳的有好幾千首，孔子的「刪」就是挑選出三百首，留下來當教學的教材。但是當代學者的研究，譬如不受我們傳統的限制的日本學者，會直接找原典來探討它發展的原因[7]。他們發現一件事，就是所謂《詩三百》之所以能夠流傳下來，並不是孔子把它挑出來。口傳文學要喪失是很快的，那麼，是孔丘這個人去做了田野調查，然後把它留下來的嗎？這是說不通的，道理不是這樣。所

7　這裡舉一個日本研究的例子：家井真（2011）（陸越譯）《詩經原意研究》，南京：江蘇人民出版。

謂《詩三百》就是從貴族、士大夫到民間，在舉行各式各樣的祭禮或迎神典禮的時候，必須要經常吟唱的那些東西；於是就有一種專業的吟唱者在擔任這個職務，會一直流傳下去。平常一些口傳的詩歌、歌謠，唱一唱就會不見，但這三百首是有專業的人在傳唱的。「頌」用在王侯，「雅」是士大夫用的，「風」在民間使用。「頌」一定是服裝、道具加上舞蹈，樣樣俱全；「雅」就是要唸要唱，「風」大概就只剩下唸一唸而已。因為它們屬於不同的階級，在「禮」當中以不同的方式保存下來。我們現在講「禮」，都知道「禮」就是宗教行動，可是它也替我們保存了文學。同樣也可以看出來，在西方跟宗教有關的典禮上，常會出現一些音樂，而那些宗教音樂，在西方的音樂裡一直很發達。在過去幾個世紀以來，每一位重要的作曲家都曾經做過很重要的宗教音樂。譬如莫札特的《安魂彌撒》，貝多芬的《莊嚴彌撒》等等。由此可知，音樂在宗教的加持之下，常變成很重要的文化創作。後來它會完全獨立出來，不一定要出現在宗教場合中，會單獨在音樂會上演奏。音樂家為音樂賣命，並不一定是因為有重金委託作曲，而是因為他們認為宗教性的表現也屬於音樂中的最高成就，貝多芬的《莊嚴彌撒》就是如此。至於唱詩、舞蹈這些儀式上的動作，事實上我們後來所有的舞台表演，都是從這些儀式上脫胎換骨而來的，包括我們剛才講《詩三百》的〈頌〉都有伴奏的音樂，在其中跳舞的人都是所謂的優伶（巫的一種），他們的舞蹈表演，後來離開宗教場景之後，就變成純粹的舞蹈。以上所說的，就是有很多藝術都是從宗教中誕生的。

往下談還有很多內容，譬如禱告，我們留到下講談靈語的時候再談會比較好，因為禱告是個非常重要的議題。我們剛才談到的姿態、道具或音樂，但千言萬語都比不上我們在宗教當中講的話。我們的傳統中使用的禱告，大多是由巫師或祭師代禱；可是在西方宗教裡，發展出每個人必須自己禱告，睡覺前或者吃飯前，所有的人都必須先禱告一下。禱告中有時會出現很重要的語言，因為是在跟神講話。像這樣的行為，在我們的文化裡是沒有的。別的文化可以發展出跟神講話，而我們卻好像不行，為什麼會這樣？這是個很麻煩的議題。我們要跟神講話都要透過中間的靈媒，這是最值得討論的地方，談靈媒跟靈語的時候，再來仔細談。

信仰的動力：行動（二）

所有宗教的行動，後來可能都無法避免這麼一關，就是「講道」或「讀經」。譬如佛教後來會變成佛學，因為它產生了很多的經典，需要有人來講經。它從一門「教」變成一門「學」，也就是從純粹的崇拜、儀式變成了學問。宗教很難避免這樣一個走向，雖然不是所有的宗教都如此。我們可以檢視我們的民間信仰，看看其中有沒有產生這樣的歷程？我們能看到的民間信仰，譬如關公的「崇拜叢」，當中有恩主公廟、行天宮等大廟作為它的核心，發展出一大串事業系列，包括醫院。但在關聖帝君的信仰當中，就找不到像「經典」這樣的東西。【學員說：有鸞

書。】

　是的，在行天宮會貼個牌子禁止乩童在這裡起乩，但事實上他們私下流傳的聖書，《關聖帝君覺世真經》就是一本鸞書。換句話說，那確實是起乩時講的話，抄寫下來而成書，所以這些行為之間存在著矛盾。表面上說不准起乩，可是背後流傳的經書事實上都是鸞書。這就是我們民間信仰中非常奇怪的姿態：一方面它宣稱鸞書是不可信的，因為起乩時是一種迷狂的狀態；可是除此之外，就沒有其他產生聖書的管道。

　關公原本是個武將，沒有講過什麼值得學習的金科玉律，所以就只好使用一種自相矛盾的經書產生方式；但是其他經典，譬如伊斯蘭信仰裡，確實有一位很重要的先知，是有名有姓的穆罕默德，整本《古蘭經》都是他講的，但他也正是一個大號的乩童。大家要知道，這在歷史上是很真確的：穆罕默德每次在講經之前，都會經過一次顫慄的起乩過程。剛開始的時候，連他自己都非常害怕，但他的老婆很支持他。她比他大十幾歲，有點像他的母親那樣支持他。根據書上的描寫，穆罕默德覺得真主來臨時，會怕得躲在老婆的裙子底下發抖，而老婆安慰他說：既然有話要講就把它講出來。因為有老婆的鼓勵，年輕的穆罕默德就一路以講經作為他的事業，終於講出了那本厚厚的《古蘭經》。我們的經書常要透過中間的靈媒，以神之名來講，但不知道作者是誰，所以這裡就有一個很大的麻煩。

　觀世音菩薩的經典就比較簡單，因為他明明是從佛教偷渡過來的一尊神，叫做「觀世音菩薩」的時候，就已經不是佛教裡的「觀音大士」。而剛好在佛教經典裡有一本《妙法蓮華經》，就

挑出來當作觀音崇拜特有的經典。總之,這是很難避免的形式。經典的內容到底有多高深或是有多簡單,這是另外一回事,但是,宗教很難避免這樣一個經典產生的過程,也就是說,除了膜拜之外,你還要知道為什麼去膜拜。於是那個「為什麼」就經常要靠經典來解釋,所以這樣的行動就把關於「知」和「情」這些問題連起來了。

另外還有一個關於頂禮膜拜與靜坐冥思的問題,這是很多宗教也會發展出來的。在崇拜之中,有時候也會利用一些很安靜的行動,那就是頂禮膜拜或靜坐冥思。伊斯蘭教利用的膜拜,一天平均要拜五次,就是真心跪地到趴在地上,念念有詞地禱告。伊斯蘭教裡還有一個很特殊的蘇菲教派(Sufism),他們強調除了膜拜之外還要用舞蹈,就是跳旋轉舞,整個人一直旋轉,旋轉到最後,會進入「遊心於玄默」的境界。但在東方,要獲得這種境界則都利用靜坐的方式。這些都是宗教裡特有的行動。我們談到這些,也許正在為下面一講做準備,當我們談到神祕或密契經驗時,都跟這類的行動有關。

宗教中的二階關係

我們還要補上一段宗教哲學的問題,就是在「知」和「情」之間的二階關係。很多時候,宗教可以是一種一般常識,就是大家都知道的那些,像是儀式、典禮、經文,可是常常不只如此。宗教表達的意思常常比信徒的行為還要多出很多東西,裡面會出現一些像我們先前提到的弄蛇,那是一種奇觀,它誇張到很引人驚怪的地步。這種事情還包括大型的典禮儀式,像媽祖遶境,參

與者可能多達數萬，整個遶境隊伍很長，要走好幾天，腳都磨破皮了，但大家都不叫苦，沿路放著鞭炮，演變為一種壯觀之極，說得上是奇觀的現象。

　　當你碰到這些事情的時候，你會有不同的態度。這兩種態度剛好在英文裡面有很像的字頭，一個叫 observance（遵守），一個叫 observation（觀察）。Observance 是指參與這個儀式或典禮的時候，會一五一十地照著它的規矩走，譬如參與遶境的時候，你就會拿著香，乖乖地跟著走，那叫 observance，就是服從地照著它的典禮進行。但是 observation 卻是我們在做研究時的另一種態度。我會跟著走，但我不是在參與典禮，而是在做參與觀察。所以觀察跟遵守典禮，它們在英文裡居然是用一樣的字頭，這是非常有趣的語彙，表現的正是二階關係的概念。我為這樣的概念特別寫了一篇論文，就是以觀察一貫道為主題。為了寫，我必須進入他們的儀式當中去。可是我在裡面，到底是要成為一個信徒，還是只是要去觀察？如果我說我只是去觀察，他們是不會歡迎的。因此我就必須坐在一個法會裡面，一個四、五個小時的場子，他們在起乩、在抄寫鸞書，我就坐在其中聽，看起來我也是個蠻乖的信徒。但我叫助理把整個過程拍攝下來，回去以後可以好好分析。這意思是說，我不只在那邊當 observer（觀察者），我同時是在 observance 的過程裡，一邊做 observation，它可以是這樣同時併存的兩種態度。

　　因為世界上的宗教這麼多，我要跟這麼多宗教打交道，每個宗教都要言聽計從的話，那真是沒辦法。神和神互相之間是會打架的，宗教戰爭的惡夢在人類歷史中永遠作不完，所以我這個研

究者只能做觀察（observation）。有一次，某個「耶和華的見證人」拿個小本子要來跟我討論真理的時候，我很想回他說：「你告訴我真理，可是我在讀這本子的時候，跟讀任何一份文件是沒有差別的。你的真理是什麼我暫且不論，可是你的本子裡寫的真理其實是錯謬百出，簡直挑不完。」但我不想掃他的興，只好說沒興趣討論就罷了。

　　這裡就有一個重要的問題：整個宗教最重要的，其實是在談「宗教在發生時，到底發生什麼關係？」。「象徵」是在象徵什麼？「動機」到底朝向什麼而動？我剛講說朝向你又朝向我，所有這些都要想辦法攤開來之後，才有辦法瞭解宗教有一個叫「真理」的東西。所以宗教產生的關係裡面，有一個非常奇特的現象，普呂瑟寫到這個章節末尾的時候，他特別說：「我談到這些所謂的行動、這些五光十色精彩萬分的東西，到最後，很抱歉的，我必須要告訴你一件很安靜的事情，就是當你睡著的時候就開始進入了夢境，於是剛剛講的那些奧祕，就全部都來了。這時候你跟宗教的關係就更離不開了。白天你可以不理它，可是晚上你在做夢的時候，你絕對是進入那個神祕之境，除此之外你還能說什麼呢？」因為夢是你真的完全管不住的，裡面就是光怪陸離，所有你看過宗教裡各種千奇百怪的東西，在你的夢裡都會發生。這是我們先做的一個引子，下次我們一定談到這樣一個境界，它的所在地是「他處」（elsewhere），就是睡覺的時候你不在了，你不在你自己所在的地方，可是你當然還在，你在的是一個很奇怪的某個他處（somewhere else）。這就是我們下一次要談的問題了。

＊　＊　＊

【學員提問】

我自己本身有基督教信仰，在信仰中間遇到一些困難。後來當我接觸心理學的時候，發現有蠻多的問題。當我在信仰一段時間之後，發現很多人生的問題，信仰好像沒有辦法完全解決，我就接觸到了心理學，發現宗教和心理學都是在為人的生活方式或是人的存在找到一些出口，有很多東西相同但是也有很多東西抵觸，後來看到老師翻譯的《宗教的動力心理學》，知道有開這幾堂課之後，覺得很期待，就過來聽聽看。很想要問老師一個很基本的問題：就是您身為一個心理學家，您怎麼看待宗教性這件事情？另外就是為什麼您聽起來沒有特別的宗教信仰，可是為什麼要特別翻譯這本書，做這個研究？謝謝！

這個問題並不難回答——你說我有沒有宗教信仰？其實我在一開始就已經說過，我們在漢語世界裡長大的人，基本上都有宗教信仰，也就是祖先崇拜的信徒。我們在清明節時是要掃墓的，掃墓就是祭祀祖先的，而這套信仰在整個漢語，或漢語還沒形成之前的夏商周三代，就已經有了這麼一個原始的傳統，一直傳到今天。所以我們是無所逃於天地間，我們都是祖先崇拜的徒子徒孫。這是你問我有沒有宗教信仰的時候，我要說它是有典禮的、有儀式的，至於它有沒有經文呢？它沒有經文，可是他念念有詞的就是這幾句話：世世代代傳香火，子子孫孫永寶用。你去拜祖先幹麻呢？不就在求祖先保佑？就是這樣，你去祭祀，事實上是

要求他保佑你，所以你跟他之間不就是一個很正典的宗教關係嗎？我們今天叫漢人的，有哪幾個對這套信仰是完全不在乎的？當然你可以說現代人忙碌得很，現在連清明都未必去掃墓了，也許只要上網路去點一點，用虛擬實境的方式上香就可以了。

是的，沒錯，同樣的道理，基督徒當中不是也有很多人現在已經不上教堂了。所以這是大勢所趨，學術上會稱為「世俗化」。有這樣的情況，所以也不需要特別說每一個人一定是什麼宗教的信徒。反過來講，說一個人不是什麼教徒，這說法有時也蠻困難的。我參與的一項全台灣的大規模社會調查，問卷上有譬如說「會拿香的人口到底有多少？」這問題就表示確實有一個宗教信仰的背景存在，才會有「舉香」這個行為。其中還有關於「信」的問題，信鬼信神的到底有多少人？這兩個調查條目所得的數據都超過 60%。而根據中央研究院做過的調查，相信有鬼的人多達 68%，這是很高的比率，對不對？當選總統的得票率也不會這麼高的，但我們選到鬼的比率真是高得驚人。會有舉香行為的人也很多，將近 60%。所以這是第一個問題，就是說到底有沒有一個叫做「信徒」的身分？在我們之間，那是肯定的。

第二個，關於基督教的這個問題，我上次已經特別講過。基督教，現在大家表面上說的是你到哪一個教會，是哪一個教派的教徒，這是有明確答案的，對不對？譬如說你常去，而那個地方也認定你是教徒。可是我要說的是，在現代化與全球化之後，我們所有人都無法避免被「基督教化」的這件事情──就是「基督教的理想，現在變成我們人類共同的理想」這件事情。我上次特別講過「自由、平等、博愛」，這個口號並不是在法國大革命時

才喊出來的，它之所以能喊得出來，是因為基督教已經先替他們喊出了這話。「人生而平等」這件事情，在人類歷史上，從來就不是一條真理，但是在耶穌基督身上，那是他的真理，於是後來傳佈到全世界的時候，大家都認為我們只有這樣講才能建立起民主法治的社會。這個民主法治，果然在我們人類歷史近兩百年內翻天覆地的，把整個世界給翻過來了。皇權被打倒了之後就建立了民主共和，而它的基本理想叫做「人生而平等」。不過在哲學也好，在任何地方，它都是不能證明的。人生而平等是一個不能證明的真理，這只能是一個人的主張，或者是他的看法以及他的行為，後來他的行為打動人，打動到非常強烈的程度，所以我們就相信把這個當做真理，可能是最好的選擇。但問題是到今天，它並沒有成為全世界人的真理，人人生而平等這件事情，事實上是很難達到的。可是這話說出來了，以及風行到全世界，如果不是來自基督教的話是不可能的。伊斯蘭教也有類似的信仰，但伊斯蘭教比較封閉，有一段時間它拼命地征伐，建立了阿拉伯大帝國，就形成了今天所謂的伊斯蘭世界，從北非一直到西亞、南亞這一帶，但除此之外，他們就再也沒有跨過去了，就被封閉在這樣一個世界裡頭，一直到現在。伊斯蘭信仰裡有很多的理想跟基督教是很接近的。佛教也有一些很基本的東西，是原來在儒家傳統裡沒有的東西，跟基督教也很類似。譬如說佛教裡一個很基本的觀念叫慈悲，慈悲為懷、悲天憫人，普遍來說，這個觀念在耶穌也不是沒有。

所以，教義成為很多人的基本信仰，並不是做一個基督徒或穆斯林或佛教徒才有的，只不過是教徒因為比較靠近教會、靠近

某些經典，能朗朗上口，因此很容易講，但是其他人並不一定要
這樣講，可是他也會講出一樣的道理。所以，反過來說，假若
教會採用比較脅迫的方式，說這是真理，如果不這樣講的話就是
叛徒，這樣的話你可能會產生疑惑，因為教會變成一個牢籠。你
所領會的就是：它在告訴你一個真理的時候，它告訴你的方式產
生了自相矛盾——它不斷地跟你強行推銷，這樣的行動對我們來
說是有侵犯性的。有些教派的主張，別人看起來就是不能接受，
「我是真理、我是道路」不就變成了一道緊箍咒？確實是如此
的。

　　到了二十世紀，宗教曾有一次復振運動，是因為宗教有很長
一段時間被工業革命、現代化壓低了它的重要性，後來當很多
地方經濟復甦、民生樂利，沒別的事幹的時候，就忽然間出現了
宗教的復振運動。一開始之後就跟上全球化的腳步。凡是經濟
水平到了一定層次之後，很多宗教也就開始復甦了，這是很有趣
的現象，就是大家仍然覺得心靈空虛，需要找到某種寄託，果然
就會發現宗教可能是一條容易的出路。可是同樣的道理就是說，
它也是一個容易掉入的陷阱，是這樣的兩面刃。它在幫助你的同
時，也可能讓你陷得很嚴重。所以後來我帶幾個學生做關於宗教
的研究時，他們發現某一個教會跟另外一個教會比較，裡面一個
教會是嚴苛管制，另外一個比較開明友善，於是信徒就會跳槽。
這樣的情況，就基督教本身的教派之間就有這樣的情形。所以我
並不需要直接回答說：你到底是屬於哪一個教派？我要說的是，
如果你跳槽的話，原來的教派是不會原諒你的。因為我的學生當
中，經歷過這樣事情的人，一個又一個。我們現在的佛教也很昌

盛，一個又一個大師開講，通常他們最大的一個賣點，就是攻擊其他的教派，只有他講的佛法才是真理。聽久了之後你可能會覺得太張狂了，所以你就想去聽聽別人的，發現比較溫和，那就改聽他的吧！我們現在的宗教復振運動，就是擺上架子任君挑選，我就不需要特別強調哪一個教派更接近真理，只好說你會有你自己的選擇。但是，心理學能不能幫助你呢？心理學最多就是像我這樣，給你一點點提醒式的說法：它給你方便的同時也給你陷阱，看你要怎麼選擇了，就是不要忘記這種可能性。每一個人可能都沒辦法離開真正叫做「宗教性」的某些東西與方式（something、somehow），離不開，但也不能說非接近不可。

最後回答一下，很有趣的。一位從加拿大來的學者，彼得‧瑞比（Peter Rabee）教授，他同時也在做宗教輔導，因為這已變成一個專業，也就是有些牧師後來也學了心理學，設立了「教牧諮商」（pastoral counseling）。諮商在基督教世界裡能夠普遍推行開來，可說是來自久遠的傳統。瑞比教授在台灣演講的時候，人家也問了他同樣的問題：「你自己對於神的態度是什麼呢？」他給了一個很有趣的回答，他說：「我寧可採取一種 agnostic 的態度。」這個 gnostic，我曾經講過，是「諾斯替（信仰）」，意思是「聖智」，不就是用這個字眼嗎？加上一個 a，就是否定，所以 a-gnostic，事實上就叫做「不可知論」——他說，對於神的態度，他基本上採取的是「不可知論」，也就是「存而不論」，因為你越要追根究底去探問，其實問出的疑問會比得到的答案更多，所以寧可擱在一邊，就說他自己是個 agnosticist，他的信仰使他成為一個「不可知論者」。我的理解是：對於神明，

你去打破砂鍋問到底，不太有意義，除非你是想要當聖人，才會做那樣的事情。而這個世界曾經產生過這樣的聖人，到底有多少呢？屈指可數的那幾個人，幾乎可說他們其實都曾經進入「瘋／狂」狀態。我們看看耶穌或穆罕默德的傳記，都會看出他們事實上是狂徒。他相信一個東西，信到後來真的把命都送出去了，而他是甘願的。如果仔細看耶穌的傳記，會發現耶穌被釘上十字架，有很多的原因是他自找的。教會如果不願意講這種話，我就來讓你知道，有一些很重要的作者，談「歷史的耶穌」（historical Jesus），就不會避諱這樣的事情。至於你聽了之後告訴你的教友，人家會不會認為你是叛徒，那我就不能保證了。

【學員提問】

老師講義上有寫的一句「因宗教而發生的關係」，可是我總是覺得比較是「因關係而發生的宗教」。

　　事實上這都可以。本來我要強調的是宗教常常被人家特別地、單獨地拿出來談，譬如剛才問的：「你是什麼教的信徒？」就是這樣的講法。可是今天要說的是，通常這樣一種宗教的問題，常常都是要用關係來展開，展開之後你才會曉得你去敬拜某一個神，不只是你跟那個神的關係而已，其實還有包含著整個社群的關係。一個是你的理想剛好跟某一種象徵連上的關係，還有另外一個，你很難避免的，就是你所在的社群裡面把你推上這樣一條路。你自己一個人莫名其妙進到一個教會裡，然後說你要成為教徒，這是很少有的情形。常常都是因為有某種關係，才會發

生這樣的事情。所以，宗教常需要利用某種關係的方式來理解，因此你要說「因宗教而產生的關係」或說「因關係而產生的宗教」，我認為是同一句話。

【學員提問】────────────────────
我覺得宗教一開始是不是有某種關係的需要所以才產生宗教，重要是他們的概念，而不是真正有一個神。

　　這個講法很有意思。在社會學裡有一位大師叫涂爾幹，他在解釋關於宗教的基本成因時，把宗教稱為「集體的再現」（collective representation），collective 就是一整群人，他們聚集在一起的時候，到底有沒有神，他會認為這是一個次要的問題。當一群人聚集在一起的時候，整群人之間，會有一種像是情緒的東西蒸發出來，感染到全部的人，他說這種感覺叫做社會感。所以 society 這個字，包括我們用中文翻譯叫做「社」這個字的道理，就是古代發生祭祀的地方在「社」，因此你可以說宗教事實上是在「社」裡面發生的。「社」就是指全村落、全部落的人大家一起來，名目上是在祭祀祖先或祭祀某一個神，但事實上要點是在我們之間，大家同心協力、合成一氣，好像有一個什麼東西蒸發出來感染全場，大家一起，特別是在一起禱告或頌唱，大家一起唱的那種感覺，叫做「宗教感」。這時候的「神」事實上是次要的，是這種社會感本身，形成一個集體的共享，於是這就叫作「社會」。所以涂爾幹理論的確就像你所說的，神這樣的東西只不過是習慣上有一個東西擺在那，但那個擺著的東西

有時候是無名的，有沒有名稱無所謂。我們在古典祭祀裡面，譬如三代時祭祀祖先，後來都用很簡單的代號，帝乙、帝丙這樣，也沒有名字，反正就是用天干這幾個字排上去，就代表一個神。帝就是上帝的帝，在甲骨文裡，活著的叫做「王」，死後稱為「帝」，那東西是可有可無的象徵，但是如果沒有它的話，我們大家不會結合起來；一旦結合起來之後，那東西就變成次要的。是我們的集合本身會製造這個集體性，就是大家同氣相生、大家相互與共的感覺。這常常就是宗教感之中最重要的成因了。

我們這種說法，就是所謂的「關係產生」──我們要把它說成「神」，這是一種說法。但涂爾幹說，我寧願把它稱為「社會」，就是把它叫做 society，日本人先把它翻譯成「社會」，我們借過來用，但在古漢語裡叫做「社稷」。「社」是拜祖先，「稷」是拜五穀神。所以生活裡最重要的兩樣東西，一個是祖先，就是生我們的人；另外一個就是讓我們能夠活下去的五穀，這樣就叫做社稷。說老實話，神是什麼呢？它可以是這樣基本的東西，不需要另外有別的名字，管你叫耶和華或是太乙真人，這都是人類史上很晚才發生的，最早的時候根本不需要名字。這樣的話，是在說我們所有宗教的根源，只是跟我們的生以及維生的東西有關，只要這個東西說到徹底的話，都可以稱做宗教了。

於是說「關係生出了宗教」，在涂爾幹那裡，可以說完全就是這樣的意思。但反過來講，你是後輩，後生之徒，常常在大人們的典禮上觀禮，自然耳濡目染，之後就會成為那個固定想像的想像者，你只是這樣被感染而已。很少人會自己發明宗教的，而自己會發明宗教的那些人，我們必須要另當別論，下一次我們

會再回過頭來談。這些人常常都具有狂徒的性質，耶穌也好、穆罕默德也好，還有釋迦牟尼，佛經裡講的那些五光十色的現象，所謂過十萬億佛土，在西方有極樂世界云云，事實上也是釋迦在起乩。只是我們現在講會覺得不敬，但那是在佛教裡說的不敬，可是研究宗教的人會說這很難避免。不然佛經上講，他一出來，七百二十億菩薩等著他，還有蓮花處處，這種現象是怎麼回事呢？為什麼佛經裡要不斷反覆提這樣的景象？可見就是很難避免，要不是他的徒弟在紀錄時發狂，就是他世尊本人也是個狂徒，講出來的話就是如此。我們平常人聽就會覺得光怪陸離，但神話世界就任由它去了。

宗教作為萬事萬物的關係

從普呂瑟心理動力模型之修正談起

我們的八講次講到第六、第七講中間，有必要做個小結，用以溫故知新，回顧一下我們講過些什麼，然後還打算要往哪裡談下去。

我們在前面每一堂課都有不少脫稿的內容跌宕出現，在這種講堂很難避免這樣的情況。當然，我們之中有一部分人會想要聽聽有關理論發展的問題，我自己也感覺到有這種必要。在精神分析的發展過程當中，從佛洛伊德 1939 年過世之後，接下來很長一段時間主要的發展都在英國，後人稱為英國學派（British School），他們的發展總稱為「object relations theories」，有些人把這翻譯做「客體關係理論」，但我認為用「客體」這個字有點做作，那是哲學裡的慣用語，而這個來自日本的翻譯，本身就是問題重重。我們改用一個比較容易瞭解的譯詞，叫做「對象」。object 叫做「對象」，意思是說：凡是跟你（主體）對上的事物，就叫「對象」，那麼，「對象關係」所表示的意思就會比「客體關係」更準確了。

本講比較重要的問題是延續前一講已經開了頭的理論修正工作，也就是利用普呂瑟作的圖示（圖一）來做回顧。他當時是在美國，但他很清楚地說他是處於第二代——也就是跟英國的對象關係理論同步，因此他作的圖示也很清楚地在告訴我們關於對象（object）的問題。這裡面畫了一個大大的 SATSFACTION，即所謂的「滿足」，意思是：我們不只在講靜態的自我結構，而是很明顯的轉為動態，就是人一定有要什麼願望，而後他為了要

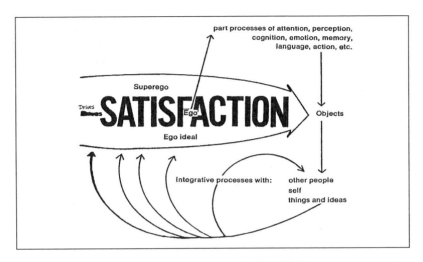

【圖一】普呂瑟的心理動力模型

達成願望的滿足，就必須要跟各種對象建立起足夠的關係。所以往下他就把對象分成很多種，其中有他人、有自我，還有萬事萬物。我們今天會談的萬事萬物，其實是延續上次談到的他人、自我，不過自我是一個很重要的關鍵問題，就是說：若要達成滿足，實際上是要把自我的功能，如注意、認知、回憶、情緒、語言、行動等等，全部發揮出來。也就是說：自我必須是一個「能行者」。有能的人才會透過這個能而發生關係，及其後的實現。所以非常重要的是，把「滿足」（satisfaction）強調出來的這個自我，就是指在行動或是在行使功能的狀態。

　　我今天特別要說明的，就是對於普呂瑟理論圖示的修正。他把中間自我的部分畫得太大，而我認為要把它縮小（下頁圖二）。縮得夠小之後，意思就變成：相對而言，我們要談的重點就會落在對象，也就是 ego 跟對象之間的關係。如果把 ego 畫得

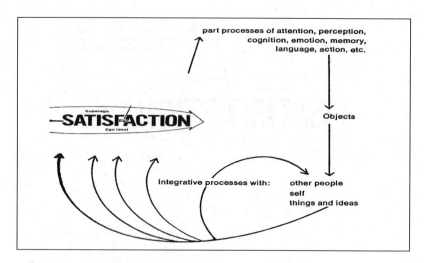

【圖二】普呂瑟模型的修正（宋文里修正1）

很大，就會讓人以為佛洛伊德喜歡談自我，那他一定是個「個人主義者」，或是個人中心的理論家，不過，據我們所知，他不是這樣的。

我在上次談到格根（K. Gergen）時，說我正在翻譯他的書，我希望能夠儘量把他的書翻譯得好，但有些地方實在不太同意他的說法。譬如他一口咬定佛洛伊德是個人主義者，但他似乎忽略了佛洛伊德在 1910 年寫的《群體心理學與自我的分析》，這是讀精神分析的人都不該遺漏的一本書。在本書裡，他劈頭第一句話就說：心理學無論如何都是社會心理學，心理學不可能只談個人。他說個體心理學（individual psychology）基本上是不可能的。他已經那麼明白地宣示：「所有的心理學一定都是社會心理學。」可見後來英國學派的說法，就是要把佛洛伊德更推進一步，朝向個體跟對象之間的關係發展。然而，佛洛伊德談到

所謂的驅力、衝動、本能，或者叫欲力、力比多，不管叫什麼，就是從早期開始，就強調有這樣一個重要的「力量來源」，會把自我推向它的對象。最後的要點是，兩者互相之間產生的關係，就是所謂的「對象關係」。他常常談這個「對象」到底是什麼東西。而英國學派就花了一代的時間來繼承並闡明這個理論。

我們可以看出來，四〇年代到六〇年代那幾位重要的理論建構者，除了有克萊恩學派（Kleinian）之外，還有好幾位獨立人士，他們各自成一家之言，著作也相當多。但在現有的心理學教科書裡，很少提到這些。幾位重要人物譬如岡特瑞普（Guntrip）、費爾貝恩（Fairbairn）、溫尼考特（Winnicott）、比昂（Bion）等等，在大學的心理學或社會心理學教科書裡談精神分析的篇幅裡都沒提到這些人。幸好普呂瑟不致如此。

愛的對象：從父母、愛人到領袖

現在我們回過頭來談普呂瑟。他是二戰之後從荷蘭到美國的移民，他對原來歐洲的學術發展是清楚的，所以他一直都能跟歐洲同步，而不是跟隨著美國的潮流。我們開始做這回顧的時候，重要的是說：「對象」到底是什麼？因為那理論也不只是某一個人的，而是一整個學派的理論，很多人都在發展，現在普呂瑟把它結合起來，放在一張圖示裡，這時候我們必須要有能力解讀這張濃縮的圖示，並且要在這上面動手腳，去做點改寫，把它推回到佛洛伊德——佛洛伊德自己不就說了嗎？他的《群體心理學》副標題說是關於「自我的分析」。書裡呈現的這張圖示（如圖三），佛洛伊德畫的自我是以三條線來代表，就表示有很多不

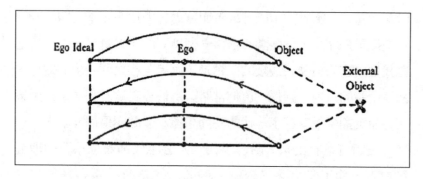

【圖三】佛洛伊德於《群體心理學》裡的圖示

同的個體串聯在一起，而「三」在中文的造字法裡是「三人成眾」，那意思應該就等於普呂瑟畫的那一整個大箭頭。

　　普呂瑟的箭頭指向一個對象，可是這裡有個很有意思的地方：它首先是指向「外部對象」（external object），但對象既然跟自我有關，那麼它應該還有一個是在裡面的，叫做「內部對象」（internal object）。自我所對上的對象，在生活的狀態下基本上常是指碰到的個人、群體，或碰到一件事、一個概念──Object這個字的所指可以很廣泛，要點在於能跟自我對上。可是，佛洛伊德每次用ego-libido來指向object的時候，英國學派的人就認為這個object應是「內部對象」，這是佛洛伊德沒用過的字眼，也就是當外部的對象撤回到裡面之後形成的對象，不再稱為「自我」。換句話說，在碰到對象的時候，可以說那是客觀的、在現實中碰到的，可是在力比多撤回之後，就必須要把對象拉進來，也就是「變成我的」。為什麼要這樣說呢？今天我跟對象碰上了，就有一回合的交手，但在此之後，ego對於這次交手念念不忘，記掛在心。過了一天之後，對象已經不在場，那麼，

記掛什麼？ego 必須跟心裡頭的那個 object 繼續交手。換句話說，這對象如果沒有進入我裡面來的話，不是就不見了嗎？怎麼還能繼續跟它有關係呢？假如這關係是重要的，譬如說在佛洛伊德書中談到的對象，首先是指愛人。「愛人」實際上並不是天天相見，但你會說她天天就縈繞在你的心頭。因此對象就已經跑到你裡面了。理論上就是這樣：當一個人墜入愛河的時候，那個愛戀對象（love object）一定會跑到裡面來。同時這個對象在裡面會發生變化，會轉化成一個 ego ideal，也就是如同「情人眼裡出西施」那樣的意思——那並不是說情人漂亮得像西施，而是說愛的對象成為內部對象之後，在裡邊會越轉越漂亮，越來越像是自我的理想對象。

這種講法，佛洛伊德其實是早在 1910 年時就已經有此說法，到了 1923 年，他寫了一本 *The Ego and the Id*，在這裡把前面談到的 superego 問題談得更清楚。Superego 跟 ego ideal 其實就是一體兩面。也就是說，superego 是從小以來的愛戀對象（love object），也就是第一個對象，而此對象不是媽媽，就是爸爸；一開始的時候，最重要的愛戀對象其實就是母親和父親。因此父母親一方面是愛你愛得要命，但同時他們對你也是絕對優勢的一種權力。他可給你溫飽，但同時他也有絕對壓制你的權力。你是一個弱小的嬰兒，要生要死是由他決定的，父母親就是具有這麼恐怖的力量，我們一定要認得。做為一個嬰孩，開始的時候當然可以隨便哭鬧，可讓脾氣任意發作——嬰兒所發的暴怒其實是很可怕的，要是成年人有這樣的行為，大家都會說那是「起猾」，只是在一個嬰孩身上，這樣的狂怒大家都認為是正

常，大人會想盡辦法去討好它安撫他。可是到了三到四歲的時候，這情形就改觀了——這個小孩很快就要進入父母親所給的一定規則，他們說會將就你，但反過來你也得學會來聽我的話。

這問題在佛洛伊德的講法是：一個外部對象，最先是愛人，可是後來就社會心理學而言，比較重要的對象變成領袖。至少有兩種領袖：一是政治的領袖，另外一種可能是各教派裡最高的長老，把他們說成無比的高深／偉大，這也是他們的日常話語。這個進到裡面之後的對象變成每一個人的 ego ideal，就是你在力求上進時，那個催迫你的力量、那個理想，要不就是政治領袖，不然就是宗教領袖。這就是你的對象在你當中變成一個理想／理念（ideal），後來的對象關係理論就說，是變為內部對象。如果一個人是這樣，那兩個人、三個人也都這樣，他們之間聲氣相通，結果這些 ego ideal 會連在一起，也就是舉國上下，或整個教團裡的人沆瀣一氣，一氣相通地認定這個領袖就是最偉大的、最理想的、最高深莫測的等等，所有的「最」都在他身上。

這樣的情形，在比較個人的情況下，也就是在墜入愛河的時候，對自己的愛人也是這樣，就是把他／她理想化。那當然是在熱戀時難以避免的，過了一、兩年，慢慢感覺到熱潮消退，那個美女西施會慢慢變成家中的黃臉婆。你終於發現這時候 ego 在人和人之間是可以調整的。這時候我們會看出很多理想原來只是錯覺（illusion），那就不要了，我們以後就用常人的方式，不用熱戀、改用情誼（affection）來一起生活就好。在成熟人之間是很容易達成這樣新的協議，可是在國家、教會裡面，要想這樣做，事情就難了。國家領袖要保持神祕，平常不讓人接觸，教派

的領袖也是一樣的道理，因為體制化之後就不容易有協商的空間了。

總之在普呂瑟模型，就是這個對象，從外部對象變成內部對象，英國學派一直努力地在發展，把這理論說出來。雖然原先的佛洛伊德已經開了頭，但我們可以說，後來二代的英國理論家，用對象關係的論述方式，把對象說得更為細緻而多樣。

對普呂瑟心理動力模型進行修正

現在我們也可以嘗試進行同樣的理論論述，跟他們這些大師辯論一番。一旦我們能提出有效問題時，看看他們是否有可能被問倒。我這就先針對普呂瑟的模型來提問：他畫的那個圖示，不自覺地畫出那個大箭頭，以針鋒相對的方式直指著那個對象，但我現在想換一個方式來講，因為我認為畫一個箭頭其實很有攻擊性，那可不可以畫成一個沒有那麼攻擊性的圖示（下頁圖四）——譬如把箭頭畫成一支叉子，甚至是一把伸出的湯匙？把箭頭變成往內凹的圖樣？我寫過一篇文章，把佛洛伊德的陽具，就是一般會用武器、刀劍、槍砲來代表的象徵，全部改過來，就是不要用這些。畢竟本來也不完全是這個意思，可是後來大家都想成這個意思之後，你就變成在為陽具邏各斯主義（phallogalism），或男性至上理論背書。在跟對象「面對」的時候，那跟所謂的「針對」是兩回事。針對是要針鋒相對的，但面對的話，你說不定是要張開雙手去擁抱他，所以要談「關係」時，我們可用的方式並不一定要用箭頭來表示。

因此在這個地方，如果不按照普呂瑟，我畫出這張替換的圖

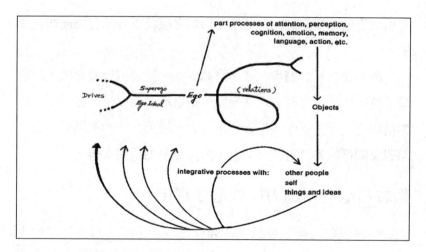

【圖四】普呂瑟模型的修正（宋文里修正 2）

示來，我的提問就是說：你是否同意我把你的箭頭改成反方向，
不要都指著對方，而且好像就要開戰的樣子。你要的本來是滿
足，但你的姿態像要開戰，那是要準備去掠奪他，對他進行攻
擊，最後把他搶過來，變成你的人。真的有這個必要嗎？所以我
要做的第一步修改，是讓這箭頭不光只有一個方向。我特別說過
它原有兩個方向：一個是對著對象，就是有一個往外的方向，可
是對象本身也會撤回來，所以它在裡面繞一圈之後，它就會指著
另外一方向。

　　我用這樣的圖示（圖五），其實是別有用意的，因為這個圖
示的方向，是用希臘字母 φ（唸 psi〔ㄙㄞ〕）來畫的，也就是
psychology、psyche、psychoanalysis 的 psi，都是用這個字母開
頭的，而它可以當成很妙的符號，就是它有兩個方向，一個是朝
著對方，同時對方一定會產生某種反彈或反作用力，然後彈回到

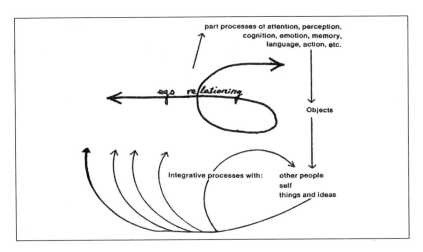

【圖五】普呂瑟模型的修正（宋文里修正3）

自己身上。於是我們現在講外部對象會變成內部對象，事實上不也是彈回來了嗎？但它彈的時候會有一個翻跟斗的動作，就是轉化，它是有這樣的可能性。一旦你認識這個可能性之後，剛才講的 ego 的所有能力，就是指這個 ego 在跟這個對象產生關係的時候，它必須有這些能力。而這個對象事實上也很難對付，因為它也是千變萬化，它會轉成很多種型態來讓你面對，像是他人、像是自我，也像萬事萬物。

　　這裡有個很大的麻煩，就是像「自我」這個字，有 ego 有 self，在中文裡都翻譯成「自我」。我們之所以會談到這個理論的澄清，就是因為有一個很核心、很重要的問題，就是自我和自我之間常常也是一個對象關係。也就是我對於我自己而言，不能說「我就是我」。那樣的話，我就是很自然地統整成一體，這樣簡單嗎？其實並不自然，人的自我常常都是需要創造的，自我並

不是你只要隨它去，它就會自然長成這個樣子。你們有沒有聽說過，你的面貌、儀容到了三十歲以後，會被什麼決定？就算你天生麗質，後來會有另外的東西，譬如說你的風格、你的習性，在重新塑造你。你後來對別人現身的時候，並不是你的身體髮膚受之父母那樣而已，你是被自己創造成某種樣子。那個被創造出來的自我，跟原來的自我之間有一種關係，譬如我們談過佛洛伊德的講法，在幼年時候你怎樣從父母的身上學習很多東西，學到後來你發現你真的不是他們的對手，最後你會想盡辦法用降服的方式，向他們俯首稱臣，也就是讓敵方變成我方，可是敵方不會隨便向你投降，於是我只好也變成了敵方，這就是美國人常講的俗話：「If you can't beat them, join them.」（你沒有辦法擊敗他們的話，就只好跟他一夥）。可是這話裡其實有一種含意，就是說，對於強大的力量，當你想要去對抗而沒有辦法的時候，你會從中學到東西，也就學得跟他一模一樣，以便跟他對抗，或者跟他對稱。教徒後來變得很像教長，而愛人是互相像，我們就說是有夫妻臉，兩個人都互相變化，朝著對方變化，這種變化的過程就是我方才說的「翻了一個跟斗」。

修正普呂瑟模型的用意

接下來，重要的是談這個修改過的普呂瑟模型，以及修正的用意。我們的要點比較像是這樣：整個 ego 把對象用開口狀的器具把它吸進來，最後投入的也呈一個開口狀，這器具就是有形的本能或驅力。它有個動力往這邊進來，同時它也把進來的很多東西一再轉化，在這過程當中，轉化是不自覺的。如果採用這樣的

圖示來說明，所謂的 ego 跟外面的世界之間，透過關係就會內外合一，不光是自己本身的統整，而是內外合一的統整。把外面的變成裡面的，而裡面的東西也是針對著外面的東西而發生變化。這樣的對象關係，最終的意象就是要針對這個理論的精髓來作出更適當的圖示。

　　我要說的是，如果要跟這位大師爭論的話，我會把這個圖示呈現給他看，然後問他同不同意？我會問：可不可以不要畫出一個大陽具？他自己可能都沒料到他的原圖看起來就有個大陽具，於是他就可能問道：為什麼你要這樣畫法？我的回答應該是這樣：在東方──不一定是指中國──包括印度、伊斯蘭，很多的時候，真正的理想人物並不是一個能征慣戰的英雄，而是裡面有一個母親形象作為核心，或至少是個慈父形象，跟西方人的想像不同──譬如希臘、羅馬的傳統、還有北歐人的傳統，他們想像的是一個絕對的英雄，就像今天在好萊塢電影裡出現的超人、蜘蛛人、蝙蝠俠、鋼鐵人那樣，一個英雄就可以對抗全世界。你們知道這樣的想像方式，在我們的感覺裡是非常荒謬，但對於美國人來說，他們已經非常習慣，至少覺得很合乎他們的幻想，所以超人一個人就可以推動地球。可是在我們的文學中，也就是虛構（fiction）的傳統，除了上古神話之外，從來沒有創造出這麼怪的英雄。在我們的歷史上，譬如關公，你很勇敢地出頭，很威猛地登上舞台，演了幾齣戲之後，接下來就是被砍頭了，我們沒有說關公後來奪得江山，造就一個天下，我們只能把他當神來祭拜。奪得江山都是那些流氓頭子，像劉邦這些人，其實是他的戰將幫他打天下的，打完天下之後，戰將們一個個人頭落地，而流

氓頭子自己當起皇帝來。我們的歷史大抵是這樣的，因此我們的英雄從來都不是超人，很多朝代的建立者都是些假惺惺的英雄，大家都知道，所以我們連幻想都不太可能創造出那麼怪的英雄人物——可堪一比的《封神演義》，瘋到明代，就只能停在那兒打轉，沒有下文了。

但是希臘羅馬文化，再加上後來的北歐文化，不斷地強調打殺搶劫就是他們的真功夫，尤其是北歐。在羅馬帝國時代，那些所謂的「北蠻子」（Normans），安安靜靜的時候是住在他們自己的漁村裡，可是每次出去幹活的時候，他們主要的工作不是去打漁，而是出船去搶劫，搶回金銀財寶和美女，這就是他們的工作，他們幹的活。希臘人的想像也是一樣，在特洛伊這場長達十年的劫掠戰裡，就有一個刀槍不入的飛毛腿阿基里斯，我們可拿來跟力拔山兮氣蓋世的項羽做個比較。兩人都是所向無敵，可是項羽最終被自己打敗了，自刎於烏江邊。阿基里斯則是三千年前希臘人想像的一個超人，卻有一個不可思議的弱點，在他的腳跟，後來這裡中箭而死。這對我們來說是怪裡怪氣格格不入的，我們無法產生這種人物。關於西方英雄這方面的著作，有卡萊爾（Thomas Carlyle）的《英雄與英雄崇拜》，把西方文明的這一方面寫得相當透徹。

所以我們回頭來談這個圖示，把它改畫成像是個母性的英雄，即使他是個男人，也是帶有母性的，是慈父而不是一個英雄式的老大。我碰上了普呂瑟，當我在翻譯完他的書，最後在寫〈譯者導言〉的時候，我想對這位作者說：對於一本經典著作的大師，你不一定要開始崇拜他，而是永遠都可以跟他爭論的。

整套佛洛伊德的精神分析就是一個英雄主義的模型，但是後來發展的對象關係理論，或明或暗地把它轉向母性化，因為其中好幾位帶頭的理論家都是女性。梅蘭妮‧克萊恩（Melanie Klein）是女性，佛洛伊德的女兒安娜‧佛洛伊德（Anna Freud）當然也是女性，接下來就看到對象關係取向裡的分析師、督導師，女性居多。很長一段時間克萊恩和她的女性同僚幾乎獨霸整個英國精神分析學界。她們把女性慣用的想像方式帶進精神分析，那就跟佛洛伊德這種非常男性化的東西，產生了互補的效應。這是我的理解，也根據這種理解來改寫普呂瑟的模型。

關係的「介面」

我們現在用這種方式回過頭來談，談法的起點還是很佛洛伊德取向（Freudian）。譬如所謂的「家庭羅曼史」，就是指家庭中的父母親和孩子之間有一種三角戀愛的關係，在兒童的整個發展過程中，他一定要經歷這家庭羅曼史的過程。他有兩個愛人，首先第一個當然是母親，不管是男孩和女孩都一樣；第二個愛人是父親。那麼對這兩個對象，他要如何選擇呢？男孩、女孩各有不同的對待方式以及發展的軌跡。我們先暫時不談性別差異的問題，但要點就是說：這場羅曼史一定是從母親開始的。女孩、男孩都是先愛上母親，這是一定的。因為她是所有愛的來源，你也會回報她以愛意。所以我們說的「孺慕之情」，比較像是在愛戀自己的母親，當然後來也可以指對父親的愛。

父親在我們文化裡面已經不值錢，這叫做歷史的業報。父親想要掌握整個文明裡面的權力，到了現在，我們已經可以宣佈

說：「父親已死」——父權雖然支配權力數千年，但在歷史的事實中是註定要失敗的。從皇帝君主一一被砍頭開始，就註定了這個模式的失敗。我們現在已經暗地裡轉向了所謂的「媽咪主義」，這在一般的家庭裡是非常風行的。現在女性的政治領袖在世界各地不斷出現，都不是例外，以後還會變成慣例。女性做為領導者，事實上有很長的史前史，至少兩萬年來，人類一直都是在母權的狀態下過生活，後來被父權打倒，這只是近幾千年而已，所以母權的復出，可以叫做文化復興。

現在我們要說的是，我們每一個人都是在跟雙親的戀愛關係之中開始我們的生命的，不管你是男性或是女性。第一個愛戀的對象必定是母親，後來才開始慢慢出現父親。剛開始照顧小孩的時候，父親都是副手，可是到了四、五歲以後，男孩和女孩，都會以父親來作為最重要的教練；這時候反倒過來，母親變成副手了。父親開始正式成為一家之主，同時也變成你生命的主人。可是在佛洛伊德理論裡，有一個最重要的、值得我們談的，就是一個幼兒以他整套的裝備去面對不管是什麼對象，他的本質或本錢是什麼？這時候佛洛伊德就說：每個小孩就從幾個「介面」做為對象關係的接合點：口腔、肛門、尿道兼生殖器，至少有這三個介面。佛洛伊德說一個人有基本的裝備，用來應接那個最愛的人：口腔用來吸奶的，求生的第一個關卡，也是營養供應的來源；排泄的時要用肛門——這裡出現比較複雜的關係：在很小的時候，沒有人會要求幼兒在什麼時候、什麼地方排泄，反正就拉在尿布裡，換掉就好了。可是到了三歲以後，這個要求就會逐漸變得很嚴格起來，就是要在一定的地方、一定的時間才能拉

出來，拉錯了地方，通常會挨打，也就是「打屁股」的起源。所以口腔、肛門，再加上另一個，在幼兒最初還不能叫做生殖器的（它跟生殖完全無關），佛洛伊德把它稱為「如同陽具」，也就只是性的象徵。在幼兒身上的性器官，並非完全沒有性功能——只是不具生殖功能，但卻有性感。

所以佛洛伊德理論中強調，在人類生命的早期發展中，就用幾個介面來跟外面的世界接觸。口腔是一個介面，肛門的排放也是個介面，而所謂「如同陽具」的，一樣是介面。但這三個開口狀的器官就決定了關係發生時的「關係內容」。譬如跟母親開始接上去的時候，好像一節車廂跟一節車廂接起來，接得很準——口腔的造型剛好對上乳頭的造型，真是接得天衣無縫。口腔就是生命賴以生存的源頭，營養就是從這裡來，所以口腔就接到了；剛開始是貼上母親的乳房，後來就慢慢學會吞吃東西。總之，就是「吮吸／吞吃」變成關係裡的一種基礎型態，這時我們會換用一個具有總稱意義的字眼，叫做「含入」（incorporation），事實上，身外之物變成身內之物叫做含入。所以外部對象會變成內部對象，其最基本的形式就是這樣。

除了進食之外，有一個伴隨的關係產生，就是當接上乳房之後，乳房就會變成人的生命當中（在記憶當中）一個原初的「愛的對象」。因為這個時候幼兒還看不到母親的臉孔。不論男人或女人，都會覺得乳房的造型很漂亮，但你講不出來一個為什麼會漂亮的道理。我們不太能夠純粹用形式美學的角度去講它。

　　我們在很多的考古遺跡裡會發現非常有趣的現象，就是八千年到一萬年前所留下來的古跡，都可發現母性崇拜的徵象，而在崇拜母親的時候，常都會堆出一個像山丘一樣墳起的土堆或石堆，可能在上面再擺個牌子或石塊，這個造型本質上是乳房造型的一種象形。這個墳堆有時候會堆成一座小山。也就是整個村落的人在紀念祖母（其實是外婆或姥姥）的時候，每個人放一坏土上去，而那個墳堆有多大，就看那個聚落的人有多少。一萬年前的人所留下來的另一種母神崇拜遺跡，還有仿造母親造型的偶像。這種女神的造型跟我們今天的想像完全不同。大乳房、大肚子，整個身體圓滾滾的，這就是所謂的「上古維納斯」或「大母神」，基本造型都是如此。

　　我們在古漢字裡也留下一個很有趣的字，就是自身的「身」字。「身」這個字在甲骨文裡是這樣的寫法：

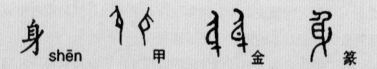

它的意思就是「有身」的女人，這個「身」一定是指母親的身體。所以後來在漢語裡面，女人可以自稱「老身」，很重要的是她的身子是會生你的，它的特徵一定是大肚子。我們在紀念的時候，有人說那土堆是乳房，但也很像大肚子。在意象上它可以具有兩面性，大肚子是把你生出來的母親，乳房是餵

養你的母親。一直到今天，去觀察文化的遺存，整個漢人傳統的墳墓造型，非常明顯的地顯示出我們文化裡念念不忘的，就是把一個母親的身體再現出來：（見圖六）墳堆是大肚子、前面中間有墓碑。這墓碑是個活門，一旦家族有新的成員要埋進這個墳裡，就是將墓碑取下來，把骨灰罈放進去。這個墳通常可以容下好幾代的家人。所以這個活門，是象徵什麼？這是母親生產的時候，張開兩條腿，孩子從這個開口生出來，所以死時也回到這裡去。整個文化關於生死的象徵，一直很明白的在告訴我們：我們的出生入死，生死之門其實就是那個陰門，從哪裡生出來，最後也回到那裡去。我們一直都保留著這樣的想像。這在西方世界裡是沒有的，他們的想像方式跟我們不同，所以墳的造型跟功能也都是很不一樣的。總之，我們有土堆這樣的紀念物，以及墳的造型，都是我們生死的象徵。

【圖六】漢人傳統墳墓（宋文里 2004 夏攝於嶺南地區）

這非常明顯地在告訴我們，我們整個家庭羅曼史的關係，在佛洛伊德整個的描述當中主要是在說嬰兒如何通過這些關卡，跟父母親之間達成某種關係——開始的時候是你贏，你是小霸王，可是慢慢的你就輸了，降服了，然後學會父母的東西，跟他們認同，然後你才能變成「大人」的一份子。這一整套的關係模型，前面一段代表從口腔對上乳房，然後你有東西要從肛門拉出來，都是家人幫你料理，把髒的東西抹乾淨，事實上你就像皇帝一樣接受服伺。可是這樣的黃金時代沒有多久，最多兩、三年最多，接下來就會整個大轉變。佛洛伊德認出這整個轉變的關卡有很多的難題，所以就會出現「伊底帕斯情結」的問題，就是幼兒跟父親之間會出現敵對的關係，這是指男孩子要搶母親，然後會發現父親是個很難對付的對手，所以這套模型所代表的整個西方文化，就是兒子跟父親之不斷重複的鬥爭關係。我們從他那邊學會所有該學的東西，但是你心裡可能暗地裡會想：有一天我們得推翻這套西方式的羅曼史和鬥爭史。

我們不一定要完全接受這套說法。很重要的一點就是，利用怎麼樣的介面，就會發展出什麼關係，譬如一直講口腔／肛門／性器，但這樣講法並沒有講到「所有的開口都是關係的介面」。還有其他的開口沒談，譬如說天氣很熱時，身上什麼地方流汗？從頭頂到腳底的皮膚都流汗，所以皮膚有千千萬萬的開口，會有汗液分泌出來。我們全身的皮膚都是很敏感的接受器，並且是個排放器，因此你把皮膚也當做一個「關係的介面」來看待的話，這就更有意思了——也就是人和人之間的關係，譬如說朋友在見面的時候，會握手或擁抱，這時候其實是皮膚的接觸，你把這關

係也放進來討論的話，就會覺得佛洛伊德所提供的三個關係介面說法，顯然是不足的。我們後來很重要的關係是皮膚，朋友間的握手，是手掌和手掌接觸，掌心接觸的時候很有感覺，有些握手是會來電的，可不是？還有其他很多不同的接觸方式。據說波斯人的傳統不是用握手，而是見面時，互相靠近對方，用手去摸對方腹部的右側，也就是摸肝。這不就是「披肝瀝膽」的意思嗎？我們現在的握手已經儀式化，可是最重要的是掌心在接觸，掌心是不可以隨便向別人攤出來的，因為它是個敏感點，而當你願意用你的掌心和對方接觸時，那至少是在表現友善。所以皮膚接觸也是一個很重要的介面。這樣想的話，我們渾身都是介面——這樣想就會把佛洛伊德的說法不斷的延伸，果然就會跟世界上所有的人或物之間，接來接去。也就是說，全身都是產生關係的器官，包括眼睛的看、鼻子的聞等等，全部都是。我們全部的感官都是關係的感官，這樣想的話，雖然是以佛洛伊德為基礎，但我們把它擴大到這樣，自此，我們就可以談到萬事萬物的關係了。

鬼神、宗教作為「介面」

我們雖然好像有點繞圈子，在講這個基本關係的產生，可是很快你也會發現：宗教裡有一些很特殊的情感、特殊的動作，跟日常生活中的其他方面無關。所以我們常會說，在我們生活裡還可以區分出「聖／俗」兩界：「聖」（sacred）是一界，「俗」（profane）是另外一界。所謂「俗」就是我們的日常生活，跟宗教的神聖生活（sacred life）是可以區分的。一旦跟宗教接上頭，很清楚會發現這界線。這一條所謂的界線，並不是空間上直

接的一條線。在古代的社會，譬如說我們的歷史，從上古的聚落開始，中間多半會留有一個廣場，很多重要的神聖儀式都在這個地方舉行。但是這個村子擴大了以後，他們會慢慢發現這樣的方式對生活造成不便。中央這個地方既是神聖的地方，但同時也是曬穀子或是屠宰打獵回來時處理牛羊屍體的地方，混在一起就不好了，所以後來改用另一個地區來埋葬先人的遺骨，和居住的地方分開。在這同時也要把界線畫出來。線內這個地方是祭拜的場所，其他日常生活的事情就不在這裡舉行，慢慢會出現這種分化。

　　不同的文化，後來區分的情況不太一樣，譬如在考古學上會發現某些家戶旁邊就有小小的墳，這是很有趣的現象。那些沒有跟先人骨灰放在一起的小墳，挖出來的其實都是小孩子的遺骸。也就是，父母親捨不得把夭折的小孩葬到墳堆去，就藏在自己的家屋旁邊。換句話說，生死這個問題，別人說死後就叫做鬼，可是在父母的心目中，死去的孩子還是心肝寶貝，永遠不會是鬼的。這也是人性（或叫做「人心」）的一種很有意思的表現。

　　但畢竟很多死亡都是很慘的，在以前的世界，很多的戰爭或災難，都常看到屍積遍野，那景象非常可怕，當然會希望把它放到另外一個地方去，然後就一定會出現這個界線。過了這個山門（日語叫做「鳥居」）之後，那邊不是廟宇就是神社，不然就是墳堆。那些就叫宗教的領域，在空間上必須區分出來。

　　但是，我們在生活上會用另一種方式去面對這個被稱為神聖生命（其實包括鬼在內）的另外一界，我們會用一種方式去面對它，這時我們面對的方式叫做使之神聖化（sacralization），就

是舉行慶祝。這裡面還會細分出多樣的形式，譬如頌讚、禱告、祝福、禳災、詛咒等等。這些其實都是跟神聖界要接頭的時候才有的特殊方式。我們來談談「慶／祝」。

「慶」常常代表著一些歌舞、一些吃喝，「祝」比較多的是念禱詞或是吟唱之類的活動。這都是我們使用的一些方式，以界分生死兩界，之後互相之間有要有接合的方式。這種接合方式，跟我們剛才說的，人在活著時跟父母親用嘴巴、用懷抱去接合是不同的——跟死去的祖先就不能這樣接，因此比較重要的是透過象徵的方式，譬如用歌唱、儀式、舉香、點蠟燭等。在這狀況之下，很多的祭品擺出來，祖先是不可能吃的，祭祀完之後子孫們才是大快朵頤的一方。我們的文化就逐漸重視那一塊吃喝的部分，而在西方文化裡，前面念念有詞的禱告部分事實上就保留了很多。

一般來說，西方的祝願禱告部分很重要，譬如在吃飯前，大多會先禱告一下，在東方（漢人）哪有這樣？日本人還有唸一下、合手一下的開飯動作，但西方傳統，在家裡開飯還保有基督教或伊斯蘭教的禱告。我們的禱告慢慢不見了，整個移到廟裡去，廟裡可以跟神禱告。在家裡，也則可在神桌前，對公媽牌上香，上香的時候大概是可以唸幾句的，但這樣唸幾句，在我們的世界並不很流行。我一直在注意我們的生活、風俗習慣。掃墓的時候大家也都是行禮如儀，三炷香，拜天，拜後土，拜祖先，然後插上香。然後大家就在那裡聊天，等香燒得差不多的時候，放完鞭炮就收了，跟祖先之間其實很少有什麼對話。所以關於祝、禱這樣的活動功能就一直在萎縮。但不知道為什麼，我們的祖先

看起來還是蠻重要的，一直說要得到他們的庇佑；對那些好兄弟也說要善待，普渡的時候有幾家商業行號不燒香、不燒冥紙的？我每次經過新竹科學園區那些高科技公司，他們燒起冥紙來的規模才真是嚇人——整個科技園區集中起來燒，他們是把一個十字路口用鐵絲籠子封起來，幾十家廠商的冥紙全部投進去，燒出一座火山，真嚇人。我們的表達方式就是這樣，就是畏懼，禮數不能少，然後就可以保佑安全，我們只要求這些。沒有其他什麼事情是需要禱告的。

所以我們的祖先崇拜是一個很麻煩的文化遺產，我們脫不掉、離不開。真正的祖先常常是那個該講話的先父，但是我們的父親，卻不是真正重要的關係人。我們回（老）家比較像是要回去看母親的，所以跟先父燒香也就不講話了。連要把骨灰罈送進去的時候也是安安靜靜地進去的，進出時燒個香就了事，也沒有禱告。可是先父才是應該禱告的，因為父親除了禱告之外沒有辦法接觸，而母親，你至少還可以回到她的肚子裡去（見前「岔開來談」所述）。我們的文化有一個很顯著的盲點——我們的禱告不見了。換句話說，我們的願望常常沒有真正的出口。我們文化在談到出口的時候，都需要由一個中間人來當我們的媒介，也就是靈媒，這時候這個靈媒就會就把媒介權獨攬下來，之後，你必須透過它才能講話。你自己本身想要去跟所謂的神聖界（包括所謂的冥界、陰界）交談，事實上都沒有管道可循。這是我們文化裡的一個特色——中國特色的難題。

神聖與禁忌

接下來要談談「神聖關係」本身的性質。這當中很重要的就是人的 ideal，它既是人心所向，但同時有另外一面，就是要避開它。所以我們的「神聖」這個字眼，就帶有一種很模稜兩可的意味。你們看《西遊記》，凡是說：「來者是何方神聖？」這樣講的時候，意思一定是指「來者是何方妖魔」。何方神聖就是指何方妖魔，所以我們的神聖跟鬼魅之間，常是等同的，難分難解。這就是我們的傳統基底——死亡是回到墳裡去，也就是回到母體裡了，生死一體。所以我們的「神聖」這個問題，跟西方文化的想像真的是有截然不同的地方。

我們在活著的時候，會出現這種奇特的避忌方式。我剛講過，皇帝獨攬大權、建立他的霸業的時候，他同時生殺予奪盡在一人之手，非常可怕。因此幫他打天下的功臣，到後來常常要逃去當隱士、當方外人，就是要離他遠一點。很多文化都會發展出隱士、修士這樣的身分，某個時候他必須避開所有的人，在深山裡面修練。但像我們的隱士是個很怪的傳統，不是來自宗教靈修，而是來自一些「高人」。一個普通人去當隱士，在歷史上是沒有意義的；可是如果像張良、範蠡，輔佐一個人奪得天下之後去當隱士，那就意義非凡了。就是要離開皇帝，他其實知道，皇權建立之後是要避忌的，那個權力中心非常可怕。在歷史上，我們的隱士雖然住在深山，但是大家都知道他在那裡。所謂鐘鼎山林各有天地，但是詩人會說：「莫買渥洲山，時人已知處。」小茅屋裡面住著一個很有學問的人，大家心嚮往之，會一直不斷地

把希望寄託在那個隱士身上；而我們這些人是不得已的——他們曾經在鐘鼎、廟堂之上，每天卑躬屈膝的。後來當然會高歌歸去來辭，不再為五斗米折腰。

非常有趣的，我們稱皇帝叫做「聖上」，我們的「聖」這個字，竟是用來指皇帝的。剛才講神聖是妖魔，現在講「聖上」不也是一個大妖魔嗎？你只要被指控為背叛，那叫做大逆不道，就會面臨滿門抄斬的厄運。誰有權力去做這種事？皇帝一直掌握著這個權力，在我們歷史上差不多延續了三千年。當個國王或皇帝，只要任何一個人背叛（也就是「逆」），就這樣斬掉九族或十族，算一算幾乎要斬掉一千人。所以皇帝是非常可怕的東西，而我們又把他稱做「聖上」，那就是大家也都得拜皇帝。日本人表現得更為透徹，他們的傳統是定時要朝著天皇的所在的地朝拜一番。有一部電影演出這個情節——他們要朝著皇宮的方向朝拜，可是今天皇帝朝西南邊出巡了，大家知道了，就轉個身向西南邊朝拜。我們其實就是這種朝拜儀式的起源。所謂「天高皇帝遠」，事實上意指皇帝跟天是一樣的。皇帝就變成我們的神聖，但同時你也知道所謂最神聖的就是最可怕的。這就是我們談到的——你要去拜他的時候，同時也要避忌他——「神聖」具有這樣的兩面性。

這問題很麻煩，就是文化到底有沒有 ideal，自我有沒有理想的問題。我們用精神分析來把這問題想一遍。我們會發現一個很徹底的疑問：在我們的傳統裡，我們可能把理想寄託在一個敬拜的神聖對象上——基本上就是以父權為代表的那個「父親」，可是暗地裡其實是在拜母親。我們的墳墓造型明明就是母體，可

是上面寫的祖先的名字是先寫父親，再寫母親。雖然清代顧炎武在考據的時候發現，一直到周代，祭祀典禮的順序是先妣後考，就是祖母在前，祖父在後。母系的遺跡仍在，還是可考的，但後來轉變之後就走上了父權的不歸路。所謂的「祖先崇拜」就是這兩種具體的崇拜：家裡拜最大的祖先，全國就崇拜先帝。我們一直都有這樣的傳統，這是我們特有的問題——我們談 ideal 時，如果 ideal 是這樣，這個文化到底是朝著哪裡去？所謂的理想，應會把人拉拔進步，但如果照這種敬拜傳統的話，就沒有拉拔的力量，也毫無進步可言。這是我們捫心自問時，非常嚴重的問題。

關於敬拜，依佛洛伊德的說法，在敬拜的關係中，敬是愛的關係，同時加上避忌的關係，雖然聽來可怕，但這必須是要同時講的。譬如看西方的典範，也就是耶穌基督的生命史，在山上寶訓之後接下來就被釘十字架，就是他在講出人間最偉大的道理之後，旋即死在你眼前。我們需要瞭解的是這樣的兩面象徵。可是無論如何，對於他那種愛，也就是理想的這種東西，我們所需要的解釋是：為了要達成理想，我們到底該怎麼做？佛洛伊德綜合此問，最後給出的重要講法是：凡是一個人能愛也能工作，能獲得享樂也能承擔痛苦，這樣的話，一個人才能與理想結合。但是後來，像艾瑞克森（Erik H. Erikson）這些下一代的精神分析師，就覺得光這樣講還是太籠統。工作裡不只是承擔痛苦，其中還可能隱藏著遊戲的成分。所以我們剛講的祭拜過程，也就是慶祝那回事，其實也是一場很大的玩樂。一方面是謹慎將事、按部就班地執行儀式，但同時它也在準備要玩樂、準備要大吃大喝、

甚至準備要狂歡一頓，在這裡邊定是兩面具陳。這是我們實際上從佛洛伊德那邊傳承而來的，把那些關於神聖的跟世俗的生活結合在一起，它最終會形成這個很有意思的座標，就叫做愛、工作、遊戲（to love, to work, and to play）。

很多遊戲事實上是起源於神聖典禮。神聖典禮看起來非常莊嚴肅穆，但其實它也是非常好玩的。這種兩面性正好與我們所知的「禮樂」傳統不謀而合。我們該知道的是：精神分析的使命是在處理整個生命。愛和工作是佛洛伊德講的理想，但後來他們會發現遊戲的部分一定要加進去，這樣會讓人類的生活，也就是所謂理想的部分，不會全部重壓在工作上。我們是為了所愛的人而工作，可是工作還有很多時候也是為了好玩，如果這一面不能加上去的話，精神分析本身就變得像在扛十字架一樣，背負著太沉重的使命。

「聖」與帝王制度：祖先崇拜的問題

在處理時間、空間跟神聖這樣的大問題時，我們談了很多關於祖先崇拜傳統的問題，這是因為我們在談精神分析重要問題的時候，很容易就掉入西方理論看待問題的觀點中。沒錯，我們是在利用佛洛伊德理論來幫我們撐出一個很重要的論述場域，但就在這個場域中，會發現有些不能適用的概念和觀點。例如佛洛伊德講的伊底帕斯情結，如果我們一直套用這個情結來看待我們的文化現象，有時候是沒有意義的。它只適用於解釋西方的希臘羅馬傳統，可是對我們而言，它只能視為一種特例而已。弒父娶母所構成的情結，那是他們打不開的結，可是常不是我們的結。

我們只要看看這樣的現象：男孩子跟媽媽一起睡覺，睡到十歲、十二歲，都沒有人會把他趕走的；相形之下的西方文化，到了三歲、五歲就開始分房了，孩子不會跟爸媽睡在一起，他們很嚴格地執行這樣的秩序。我們真的是有不同的生活方式，我們跟父母親的關係跟他們的，真的不可以放在同一個天平上來秤。但我們現在回頭來談崇拜祖先的問題，是特地要把這一部分加進來，知道我們在「古聖先賢」中的那個「聖」，其實是指「聖王」，你們如果認為那個「聖」是指「聖賢」的話，那不是歷史實情。

「聖」在歷史發展中最重要的意義其實是指絕對的統治者，他有權力宰製任何人。他要徵兵、徵糧的時候，任何人敢違抗，那就是死定了。換句話說，我們的「聖」，是指聖上，也就是皇帝。可是古代的人在感念祖上恩德的時候，他們想到的是在祖上之上還有聖上。孔子的制禮作樂，其實是要把聖王的道理變成一個理想。這個文化在創造理想的時候，照著原來的祖先崇拜那樣的方式進行，因而無法產生很大很高的理想，因為到後來只是要回到母親的墳裡去，那不叫做理想，只是回歸而已。回歸不是往前走，而是回到原點，所以我們文化有一個特色，就是對於「進步」幾乎沒概念，如果不是來自西方的刺激，沒有來自西方的現代化，我們根本不知道什麼叫做「進步」。幾千年來的文明，雖然已經在累積一定的進步，譬如工具的科技會越來越有效率，財政的體制會出現超過從前的辦法，但是每次太過頭的時候，就有會有賢哲出來咒罵這些「機巧」，而所謂的機巧就是搞壞東西的意思。所以我們的文明對機械文明乃至精巧的計算，其實並不崇拜。我們說的「工巧」是在稱讚人，但「機巧」就是在罵人。

有趣的是，我們找出來最早的祖先叫「炎黃」，可是那其實是一場歷史騙局，就連最偉大的史學家司馬遷，也不敢多談炎黃的問題，他只知道那是傳說。他比較敢寫的是差不多只上溯到大禹治水。治水是很浩大的工程，可能延續千年之久，因而「禹」只不過是個代表性的象徵。後來開始建立夏、商、周這些王朝之後，在我們歷史當中，確實就有證據證明他們是存在的。夏、商、周開國的先王，實際上就變成了聖王。那時候出現的聖王，跟後來像劉邦這樣的流氓當聖王是不一樣的。他一定是有一個有才、多能，再加上能領導許多能人之人，因此無論如何他所匯聚的「能」會被大家記得，就稱為聖王。到了孔子的時候，他稱頌堯舜禹湯，但實際上說的是周公。周公的父親和哥哥，也就是文王和武王，建立了周朝，很明確地形成周的歷史。可是大家應該知道，在周之前有一個殷商時代，所謂「周因於殷禮」，周人幾乎是把殷商的文化完全抄襲下來，形成周的文化。周本身沒有文字，發明文字的是殷人，周不但沒有自己的文字，而且學的殷商文字還沒學完。我們到現在所知道的甲骨文總計約有四千五百個單字，但到了周人能夠辨識的字，只有一千五百左右，換句話說，有三分之二遺失掉了，就是明明看見卻認不得。這一千五百個字延伸到後來的春秋戰國時代，發展出我們歷史上最重要的開創期。春秋戰國時代各國都有各國的歷史，但是在更早之前就只剩下傳說，雖然有一些遺跡，但更早以前的炎帝、黃帝，那是太遙遠了，當做榜樣來講，在很多地方都會顯得很奇怪。你們對於炎黃真正認識的是什麼東西？這裡面有太多莫名其妙的瞎掰史，只不過就是一種政治話語而已。

明確來講，夏有一個開國的先祖叫做啟，就是大禹的兒子，大概是而已。為什麼呢？因為三代傳下來的東西，記載開國開朝的始祖，都是知其母不知其父。所以周的起始沒有先公，他們所記得的，就是有一個大媽，叫做姜嫄，姜嫄教了她的兒子后稷種植五穀的能力，然後是從后稷開始當王。所以周最早的祖先應該是媽媽——那麼，請問姜嫄的老公是誰？在我們的傳說裡已經找不出來了。商朝的祖先也是這樣子，他們的祖先從哪兒來的？他們說，有個祖先（祖母）叫簡狄。簡狄有一次在洗澡的時候，有隻鳥飛過來下了一個蛋，她吞下去之後就懷孕了，生下了他們的祖先叫做契。那簡狄的老公又是誰呢？傳說裡面都沒有，都只說是有先母，然後生下了一個正式的先祖。很有趣的，從這樣的歷史來看，我們的始祖都是母系的殘跡。可是一直到夏，就有所謂「啟」這個人，到了商就有所謂「湯」，這兩個王也都確實有些歷史記載留到現在。啟就是開啟，所以後來的人會說「啟」跟「開」是同樣的意思。他有什麼東西留下來呢？在我看來，最有意思的是「開」這個字的寫法，有個「門」，下面是兩隻手把門打開。後來寫得簡單一點，只剩門下的「开」[1]。你們不覺得奇怪嗎？就是整個中國的神社，社門口的牌坊就是這種造型，一路傳到韓國跟日本都是這樣。換句話說：「啟」、「開」，它的象徵都還留著，開山始祖就是他，一直到現在整個東亞地區都留著

---

[1]　關於這位開啟夏代的第一王，「啟」或「开」，還有其他文獻稱為「王亥」，這是個夏商不分的混亂傳說，在甲骨文裡有更複雜的字形，見下文。總之，這是有據可考的第一個世襲君王，說他的王名傳遍九州，只是個合理的推斷。

「开」這個符號。啟這個人就是開啟歷史的一個明確人物。大禹還只是個傳說的人物，傳說中他三過其門而不入，顯然就不是個住在家裡的父親，所以大家都知道「开」的母親是「塗山氏」，又是在講媽媽。媽媽很清楚，但爸爸就都不太曉得了。我們可以看一些甲骨文的參考資料（見圖七），這些都是取自網路的資料，不是台灣開發的）。

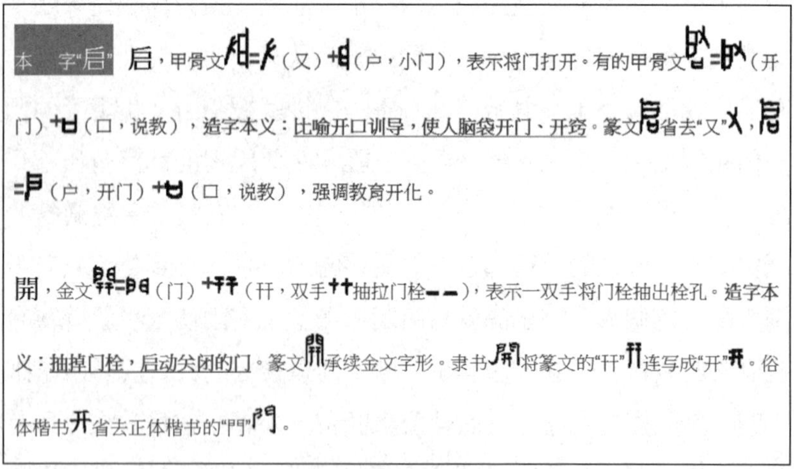
本 字"启" 启，甲骨文（又）（户，小门），表示将门打开。有的甲骨文（开门）（口，说教），造字本义：比喻开口训导，使人脑袋开门、开窍。篆文省去"又"，（户，开门）（口，说教），强调教育开化。

開，金文（门）（幵，双手抽拉门栓），表示一双手将门栓抽出栓孔。造字本义：抽掉门栓，启动关闭的门。篆文承续金文字形。隶书将篆文的"幵"连写成"开"。俗体楷书省去正体楷书的"門"。

【圖七】「啟」和「開」的古字

「知其母不知其父」在古代史裡是非常重要的原則，因為父親根本就不在家，也不到當家的時候；可是到了啟這個人，就是一個轉折的時代，因為他發明了一套「傳子不傳賢」的制度，從他開始把王位傳給自己的兒子。本來他是禹的兒子，但是禹並沒有要他當王，是他自己搶來的，從此也就開啟了所謂的帝王制度，這比起講炎黃要來得具體多了。他給我們開了一個惡劣制度

的不歸路，但我們只能不斷遵循著他的原則，那就傳了三千年，直到後來帝王制度被推翻，才不過是一百多年前的事。

比較有趣的是在先商，商的祖先，他們的甲骨文寫了一個傳說中的王，有能力而且能率領他們去創造文明的一個王，他的名字叫做「亥」，也叫「該」，就是「開」，也是上面講過開啟夏代的第一王，這段傳說有點混亂，但我們沒有更明確資料可考，只好這樣談。這個「亥」字是個簡寫，它原來的寫法是這樣的：

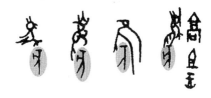

最複雜的情況是最右邊這組四個字，叫做「商祖王亥」。「商」，是大邑商，所以是個大城門；祖先的「祖」就是畫一個陽具，「王」就是一把大斧頭（後來稱為「戉」），「亥」才是他的名字。亥字上面是一隻鳥，下面是一隻豬，這就有趣了。講「炎黃」的時候，非常空泛無據，但講王亥的時候，上面那隻鳥是「隹」，下面確實是一隻豬。「亥」這個字上面為什麼是「隹」呢？那是鳥圖騰，合併了下面的豬圖騰，這兩個混合起來，就是我們所謂「商祖王亥」的名字。這時候它告訴我們一件事情，就是鳥圖騰確實是從渤海那邊向西往內陸發展過來的，中間會碰到豬圖騰——你們知道豬圖騰是代表什麼人嗎？豬圖騰大部分是跟北方草原游牧民族（滿洲人的祖先）有關係。所以我們今天看到的商這個民族，首先是跟東夷人有關，但後來也跟北方

草原的滿洲人、蒙古人或更早的狄人、匈奴人有關，也就是「蠻夷戎狄」中的「夷狄」——我們的祖先正是來自四夷，不會錯的。那些民族當中還有一些豬崇拜的殘留，豬是他們的圖騰，因為豬是養活他們的重要動物，從皮到肉到全身都是。你們看看，連「家」字的寫法都是寶蓋頭下面加一隻豬。家裡面擺著豬，並不是說家裡養一頭豬，而是豬已經成為他們崇拜的對象。「亥」的名字就是這樣，從東方帶來的鳥圖騰，再加上北亞地區的豬圖騰，就構成他的名字了，所以這都是有跡可循的。

我們講「炎黃」的時候，都是一些傳說，一直搞不清楚是怎麼回事，還不如說我們是「啟」和「亥」的子裔。先王裡面有個非常明確的「啟」，因為他的開啟，所有的神社都要以「开」為名。而王亥除了會用豬之外，還會用牛來耕田，他發明了「服牛」的技術，這在當時是非常厲害先端科技。歷史上記載：王亥帶了幾百頭被他馴服的牛，四處去侵略別人的耕地。一旦有牛來助耕，牠的耕田能力的比人類高十倍以上，產量也因此比當時只以人力的耕作要高得多。王亥就從一個小小的部落發展成一個大國，有能力四處侵略。這是一個很有能力的王，運用先端科技提高生產力。重要的是他有這個能力，所以後來我們要記得這個王的功勞，這就叫做「先聖先王」。所以講炎黃就太過於虛無飄渺，不知道在說什麼。譬如說發明養蠶，發明指南車，都是不明確的傳說，但在講到這個王亥的時候，就有明確的記載，包括在甲骨文裡留下來的證據，都告訴我們這個先王的事蹟：一個就是開啟「傳子不傳賢」的父權體制，另一個是王亥率領人民一起增進生產力，文明由此催生，這才是我們真正的「先祖之名」——

注意，這是講「名」，不是講血統的來源。這比講「炎黃子孫」會好得多。

小結

我們回頭來給我們的祖先崇拜作個總結。祖先崇拜有很多型態，猶如一道光譜。有一種祖先崇拜，其實我們是要看其中的道理何在——在統治階層中，由崇拜先帝一轉而成為崇拜此世的帝王。我們可以說，幾千年來，人（民）就是屈服於王的淫威之下，因為他可用那把大斧頭來掌握生殺予奪的大權，所以人民只能做乖乖的奴才。在我們的「理想」之中，做一個「人」就是當一個卑躬曲微的奴才，「人」字最早的寫法就刻畫出他的姿態（見圖八）長久以來，王掌控人和民，控制到非常可怕的程度。

甲骨文　　　　金文

【圖八】「人」的古字

有人問哈佛大學的杜維明教授說：「你可不可以概括來說，整個中華文明對於成熟、成人的定義是什麼？根據你的博學，可不可以概括地說說你們的成年到底設定在什麼年紀？」他說：「整個的中華文化設定的成年大概是三十歲。」猶太人的成年禮是十三歲。你要曉得這個差別在哪裡？十三歲已經要開始進入當家的行列，已經是個大人了，但是我們要到三十歲，要三十而立，才叫做大人。甲骨文裡的「人」都沒「立」起來，那是個大人嗎？

因此我們到現在有一個非常麻煩的處境：我們在大學裡的這

些學生，都已經十八、九歲以上，很快就會有公民權了，可是在學校裡的表現，老師們不得不說他們是「小朋友」，因為他們並沒有把自己當作成年人。他要到什麼時候才能叫做「成人」呢？我們的公民權是二十歲，民法規定十八歲可以結婚，但這些都是意味空洞的，因為文化要等到三十歲才准許你變成大人。所以我們的文化裡有一個很可怕的人道邏輯：它弱化了人的心智，並且把人變成長不大的，因為在帝王的制度之下當奴才就是這個樣子。所以學生在課堂上也很少能夠跟教授爭論的——你到西方的學校去看就會發現學生有多猛了，不用到大學，高中生就已經很會吵了，而他們普遍的學風如此。我們的大學有這樣嗎？你們看過學生在課堂上跟老師發生激辯的事情嗎？簡直不可想像。

回到大地母親，當作文明的未來，這是後話。在現代化的破壞性向四處氾濫之後，我們只好再度回到史前「大地母親」這樣的理想，也就是以生態和環境保護作為永續發展的基調。這樣的想法，其實就跟兩萬年前的想法沒什麼兩樣。在這個意味上來講，我們已經厭倦文明的所謂「進步／發展」，所以它必須回到那裡去，而我們崇拜的目標也會回到那樣的神聖對象去。這中間，我們談到關於「后啟」和「王亥」的問題，是說我們的先王先聖給我們訂下了的理想標準應該是像這樣的楷模，第一個是世襲的帝王制度，第二才是強調人有能力，會利用各種技術讓人類得到養生、益生之效，能一直生生不息，就會長出一種進步的力量。這不只是在強調人，而是會利用天地之間所有可以幫助人的東西來過生活。這不叫做「人定勝天」，絕對沒有這樣的概念。人跟天地之間是融融為一，以利以用，要求的不是機巧，但當然

它一定會包含機巧在內。在我們理想中，其要點可以從王亥的例子中看出來——他只是能跟一個力大無窮的動物合作，就可以變成一個很有能力的人——服牛服象，就是「大有作為」——「為」字正是指「服象」

【圖九】「為」的古字

（以手牽象）之事（見圖九的甲骨文／金文）。

　　大體而言，我們談的內容，談 ideal 到底是什麼的時候，我們跟萬事萬物要發生關係，到最後才會問：人如何能達到滿足？這樣的講法，基本上要避免掉進佛洛伊德的伊底帕斯那套論述，就是強調對抗，然後才能產生進步張力。這樣的東西，並不是我們的理想。我們要說的是我們可能有一個傳統，在祖先崇拜裡可能會產生它自己的 ideal，但並不是很清楚。我只能在這裡很努力地把它說出來，我們的 ideal 事實上是這樣子：我們在天地之間的存在叫做「天人合一」，其實後來轉向了比較像道家說法的「天人相與」。我們要看出這套理想的意義何在——人活在天地之間，最重要的是指活在大地之上，地是我們必須要跟它一起存活的地方，我們的空間其實是在地上，而天是比較空洞的想法，天是輔助地的，天只是個風景，重要的是你活在地上。如果這樣是理想的話，事實上就很貼近人類的處境，可以生生不息地在地球上營生過活。關於地，除了掠奪之外，你要去利用它——利用跟掠奪是兩碼子事。

　　西方人帶來很惡劣的進步標準，就是在大殖民時代，四處掠奪，也進行滅族屠殺，這就變成文明現代化的開端，是非常恐

怖的開端，所以我們有歷史先見，知道那是不能學的。你不能學它，但反過來，你要學什麼呢？我剛講到王亥的時候，他也是侵略別人的，他要擴張疆土，還把別人的老婆搶過來，傳說中的王亥就因為奪人之婦，才被忌妒的對方殺了，這種事例姑且當作一個參考。我們要講的是先聖先賢，看起來也像是一套具體的宗教傳統，它有相當可信的文本根據，不要再講什麼「炎黃子孫」——除了不掉入別人的圈套之外，更不要掉入自己的圈套。很假的傳統是我們的教科書文宣，而在這個講堂，我們要另闢蹊徑。

＊　　＊　　＊

【學員提問】————————————————————

上禮拜，一位外國老師說儒家是一種宗教，我跟他談過，最後同意他。他的說法大概就是說它有廟、有經典、也拜了它，那不是宗教嗎？老師你怎麼看呢？

　　這個問題很值得我們談談。依我們的談法，為什麼我不強調孔子？大家都知道我們講先聖的時候有一個已經定於一尊的典型，事實上是可以避開的。我談到的后啟跟王亥，其實是在孔子之前兩千年。那時重要的崇拜是在「社」，而不在「廟」。為什麼要儒家說成宗教呢？我們必須反對這個說法，有一個很重要的理由，那就是：「你說有廟，但你如果真正懂得什麼是廟的話，你現在跟我到台北逛一圈，去大龍峒看孔廟，還有其他的大廟，然後比比看。比什麼呢？孔廟在一年三百六十五天裡，只有一天

有祭祀活動，就是在所謂「孔誕」那天，有官方舉辦的祭典；其他三百六十四天，孔廟就只能用「門可羅雀」來形容——它是一座沒有人會去祭拜的廟。再到其他的大廟，去看看行天宮、龍山寺，那是一年三百六十五天，天天都香火鼎盛的。你若說那位外國老師很懂儒教，為什麼三百六十四天都沒有人去祭拜呢？你那麼懂的話，跟我解釋一下？」用這種說法，就是用最好的「田野」資料來討論和回答，非常紮實。你可以去請他回答：什麼廟是沒有人去祭祀的？那就是被皇帝擺在那裡，擺上去以後硬說那是我們的「先聖」。思想史家余英時說我們的傳統有「道統」跟「治統」之別，可是道統只是治統的陪嫁物，也就是說，王權握在誰的手中，真正的祭拜對象就是他。

為什麼我們的朝廷叫做宮廟呢？我們現在的宮廟也正是模仿帝王制度的宮廷，我們廟宇建築全部都是帝王的宮廷的複製品，如此而已。所以我們真正拜的不是孔子，不要搞錯了，我們拜的是古代的帝王，你把那個叫做「儒教」，我得吐露我的心聲：「痛心疾首！」——儒家如果淪落到這地步，也就是說我們都當帝王的陪嫁品而已，那麼儒家是第一個應該站起來反對吧？把儒家說成我們的宗教，而大家就在此行禮如儀，進行崇拜，這是外行到極點的說法。這樣一個外國教授，你就認為外來的和尚會念經，但是，很抱歉，我們的經他不會唸，也都唸錯了。所以，宋代在書院裡講授十三經的朱熹，他就這樣說：「一千八百年來，孔子的仁德之道，從未在人間實現。」這是余英時說的，再接下來，他說：「再加八百年，也就是兩千多年來，孔子的仁德之道，也從來未實現過。」所以這是很清楚的，儒家一直都是理想

的提倡者，但它不會打天下，所以到了春秋戰國以後，漢把天下打下來，表面上是獨尊儒術，但那還是儒家嗎？春秋戰國，然後接下來是秦漢，那時候的孔子已經變成什麼樣子？孔門的原貌根本就不見了，表面上是尊孔，再配上孟子、荀子，其實都不是最重要的「統」。

孔子和他的弟子們創造出「孔門之學」，後來叫做「儒學」，這本來不是同一回事。儒學的定義應該發生在更早，在孔子之前，「儒」這種身分的人就已經存在了。我們現在叫做儒家的「儒」，一方面是孔，另方面則是原始儒，儒有很多意味；就像我們為什麼要稱自己的阿嬤為「太孺人」，那個「孺」跟儒家的「儒」，原本是同一個字。換句話說，它有很多的道理，是來自母系崇拜。在儒學裡面有很多的來自「婦人之仁」的道理，是不要戰爭而要和平，那樣的仁德之道，在很多的帝王看來是眼中釘──你叫我不要戰爭，那我養幾十萬的兵，要幹麼用？儒家明明就在跟寡人作對，可是寡人還是要把它擺在那裡，證明我是有仁德的帝王。這只是個名義，我們大家都清楚得不得了，連今天的共產黨，都要說他的黨員菁英就是「儒門子弟」。所以那位外國學者是在胡扯，儒家從來沒有變成一個宗教，康有為曾經有此主張，但也只是曇花一現。它哪裡是真正被我們崇拜的東西？連帝王都是拿它當裝飾品。講白一點，就是帝王明明是用霸術來治國的，可表面上卻自稱仁德之君。有誰不曉得這樣的歷史呢？

孔門事實上是有一股會朝向理想發展的勤奮動力，只要它不拿此動力來攻城掠地的話，也許就有成功的機會。但這樣的儒家沒有發展出來。墨家倒是有這本事的，懂得防守之道，強調「非

攻」。侵略是件壞事，因此他要教人如何防守，對於攻城掠地，他反過來強調防守的技術，他們也有高徒正傳。當時非孔即墨，墨家也曾經是非常風行的學問，他就是在進行救世，可以說他們很有宗教性，去幫人家防守的時候，包括犧牲自己的性命他們都願意。我還寧可說，最後大家都學到了墨家，用來直接面對西方的時候，你會攻打，我會防守，那麼八國聯軍的就不會把我們的皇帝從北京打到熱河去了。

從鴉片戰爭開始，西方發現一件事情，就是幾艘戰艦過來打一打，皇帝就倉皇而逃。整個清帝國就像一艘巨大的船艦，但上面沒有掌舵人，像是漂流的荷蘭船──在西方的傳說裡有這麼一艘船，船上都是死人，這艘荷蘭船到處亂漂；清廷比起漂流的荷蘭船大上萬倍，於是這艘船，無論它往東往西往北往南，它自己會撞爛，不是西方人用船堅砲利把它打爛的。這樣的史觀，在黃仁宇的《中國大歷史》寫得很清楚，整個帝國怎樣腐爛，包括所謂的治國之術，最後只剩下沒有功能的霸業。他講一件最明確的事情，因為黃仁宇是學財稅、金融出身的，他很懂得把所有的歷史檔案都翻看一遍，發現我們整個帝國的國庫，有一個很糟的傳統，就是不會用數字來計算，所以這個帝國從來沒有掌握過自己的國力到底到了什麼程度。兩千多年來的帝國，一直都是如此。只是憑藉著在東亞大地上稱霸，舉世無敵，可是到後來終於出現可以跟你為敵的力量，用幾艘砲艦就把皇宮擊倒。可見我們的所謂稱雄稱霸，只是虛有其表，像這樣的事情，用歷史本身就可以證明。

下一講我們的題目專門聚焦在關於巫的問題，就是我們叫做

神聖關係的媒介，這對我們來說非常重要。我們在進行神聖操作的時候，總是要讓巫這個媒介來替我們行事，這是很有趣的題材，值得我們給予特別的注意。

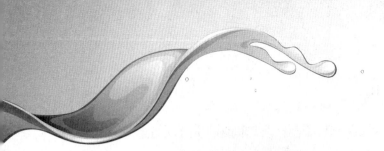

【第七講】

靈語：巫的對話

從靈媒談起

我們今天要談關於靈語與巫的問題。這部分在我翻譯的普呂瑟那本《宗教的動力心理學》裡並不這樣強調，只有在書的一開頭，普呂瑟引述了一個十幾歲的小孩子進入了迷狂（trance）狀態，就是我們所謂的「起乩」。他會從這裡開始，有個很重要的道理，就是說，到了二十世紀，我們在談宗教問題的時候，最神祕、最引人入勝的問題已經不再只是關於神和鬼，而是有一種人，介於人和神之間，這種稱為靈媒或「巫」的人，事實上是關切宗教的一種最重要的方式。大家起碼要知道的是，過去我們稱為聖人或先知之類的人，用現在的語言來說，他們都具有靈媒的本質與地位，等一下我們可以說得更清楚。這是證據十足、毫無疑問的，所以我們會把這問題的重心轉到關於巫的現象來談論。

更有意思的是，在 2009 年，我刻意把一位正在做臨床工作的乩童請到學校裡來，讓他來降壇對話。平時他是在板橋北天宮的道壇（實際上就是一間小廟）作法，他是北天宮的壇主，後來他同時也是輔仁大學心理學研究所的一個博士生。[1] 有趣的是他具有不同的角色。一般說來，在道場的人跟學術人不會有密切交往。一、兩次也許可以，要長時間轉換身分，其實是很困難的，但他至少辦到了。他是一個有點名望的乩童，美國還會有靈乩團體請他去演講，所以他願意來讀博士班時，我就當他的指導教

1　這位身兼乩童與博士身分的人是蔡州隆，在我的指導下，於 2020 年取得博士學位。他目前的事業發展是籌建一所「巫學院」，已在三灣取得建地，進行建校工程。

授，我們互相之間當然經常發生有意思的對話。2009 年他還不是我指導的學生，但他已經是北天宮的壇主了，降壇時叫做濟公老師。我們就請這個人來做一次演講，但其實更像是現身說法，那時確實出現了這麼一個很有意思的場子。當時我是主持人，而輔大心理系的丁興祥教授來擔任與談人。當時我們需要在現身說法之前，先作一些引言。今天我要談的大部分都是根據當時所作的那些引言。

　　剛才在上課開始之前，有個同學先來問關於現象學到底是什麼。因為我們在談動力心理學的時候，講到普呂瑟把精神分析跟現象學結合在一起，可是在現象學的部分，我們好像沒有花足夠的時間做個交代。本講無法避免的一定會談些現象學的問題。

　　我們現在先來談一下漢字裡的「巫」。「巫」可以說是在漢語對這個身分的人的稱呼，可是就全世界的人類學來看的話，會知道這種身分叫做「薩滿」（shaman），這是從北亞的通古斯語系而來的（在中國就是滿、蒙的語言，叫做通古斯語系），所以可說，從北亞到東亞一帶所發展出來的薩滿，其實就是一個大巫。他們只要沒有被過度的現代化，至今都還能保持著那種身分地位，在比較傳統的部落裡都還是直接稱為薩滿。所以「薩滿」這個語詞是從通古斯語裡傳來的，這才是談「巫」來源時最正統的說法。在西方文獻裡常看到的「巫婆」（witch），其實只是一種特殊的變形，等一下我們會特別說明。可是在全世界各地都有類似薩滿這樣的人，負責告知和處理所謂命運的大事，他在部落裡有很高的地位，事實上他的語言都帶有神論或君命的性質，我們先知道這種起碼的狀況，然後才要談薩滿巫術。

在現代漢語裡，有時候把「巫」字當作一種咒罵人的話，譬如我們通常說迷信就會說是巫術，但也許不應該這樣說的。因為本來在漢語裡的巫字，它最早的寫法並不是我們今天看到這樣子，它直接就是寫兩個「工」字交叉，後來轉變為以「工」為底加上兩人相對的圖形：

玉 十 亞

工是工具。古代有一種工具，既可以當作尺（矩），也可以當圓規（規）來使用，這個東西就叫做工，因此會說：「不以規矩，不能使人巧。」這樣看來，手上持有這種工具的人，你可以想想看他到底是什麼樣的人？他就是智慧最高，也會使用最高工具的人，就叫做巫。我們今天的寫法變成有兩個人，把工留下來，旁邊有兩人相對，這是後來發展出來的小篆，偏離了本意。然後我們看看跳舞的「舞」字：

夾 棻

它的讀音和巫字也很接近。舞字上面的部分是很多變化的雙手，底下就是兩隻腳，這是整個在舞蹈當中的人，它就是巫在古代的功能之一，在執行禮儀的時候總是含有跳舞的動作。

另外一個有意思的「靈」字：

這是雨，下面加了這麼多「口」，是指什麼事？那是在唸咒——這不就又是一種巫嗎？「靈」這個字還有另外的寫法，是底下加「龠」，吹奏樂器；或加「心」，用心念咒。換句話說，他已經是在執掌祈雨儀式。這些字都是指同樣的人物與事情，都是所謂巫、巫術這種東西。總之就是一個掌握謀算技術的智者，他是舞蹈者，也是唱詩唸咒者，他是這樣一種人。在上古時代，這樣的人跟酋長、領袖是平起平坐的，甚至有時候酋長本身就必須是個大巫。所以今天我們稱「聖王」傳統的時候，聖和王變成同樣的人，「聖」其實就是皇帝，也就是最高的一個大巫，因為他也叫「天子」，意思就是他承天之命而具有統治權，所以要祭天的時候，就由天子親自上場，這時候其他的巫都變成他的助手。所以我們在談到巫術問題的時候，就會一直反映出巫者的身分地位。

神出靈入

　　接下來要談到本講的主題「神出靈入」——進入巫狀態：跳舞、念咒以及意識迷亂的樣子，事實上它是一種心理狀態，以及一套行為。我們現在要說的不光只是身分，而是要談他在什麼狀態，還有他做了些什麼事情。有這麼一個狀態，我們把它稱為 ecstatic，這個狀態很容易在文學裡看到，就是 ecstasy，是講一個人進入「狂喜」的狀態——一方面是出神的、恍惚的、迷亂的，很有可能就是「狂」，但很難說到底是不是「喜」，因為他很可能會出現一些身體上的反應，譬如我較常看到的乩童，會有一類似痙攣、抽搐、口吐白沫、喉間發出怪聲，這是常會合併出

現的一整套狀態。看起來有點身不由己，所以說那是迷亂，譬如他可能發出聲音，但好像不是他自己的發聲；然後這聲音也可能變成語言，或類似語言的東西，同時他的動作裡也有很多如同儀式的形式。總之，我們把這樣的行為總稱為 ecstatic 的狀態。有一本寫得最完整的著作，把這些都整合起來，作者是伊利亞德（Mercia Eliade）。這本書 *Shamanism: Archaic Technique of Ecstasy*（*1951/1964*），我把書名翻譯為「神出靈入（或神入靈出）的遠古技術」。Shamanism 就是在迷狂狀態之下的一種古老技術。這本書是宗教現象學的一部大著。我還不敢投入時間把整本書翻譯出來，但看到他的書名用了這個字眼，我就把它挑出來翻作「神出靈入」，或倒過來說成「神入靈出」也可以，其實就是出出入入的意思，就是所謂的神或靈會在人的身上出入，以至於他這個人在這樣的狀況下，變得好像跟平常人不太一樣。他會做出的事情、說出的話，都變得很不尋常。這裡總稱那是一種技術，或技法，我們要注意的就是：這不只是迷亂。

在動力心理學加上現象學之後，我們要談的就是先前我說過「值得我們給予特別的注意」的狀態。對於此，心理學到底能怎麼去說它呢？現象學又會怎麼說？我們要注意的不只是狀態，還有學科觀點的問題。在心理學裡，當心理學被醫學和生理學過度支配的時候，會用的字眼不是 ecstasy，而是 trance。這個字是人類學或醫學用來講一個人進入「迷狂狀態」用的，就是我們常看到的「起乩」。但 trance 這個字在人類學裡常翻譯作「迷狂」，還沒有人說是「神入靈出」。這個字看起來很中性，但卻不管這狀態本身的內容是什麼。於是現象學介入了，因為我們必須知道

到底發生了什麼事？這個人的人格不見了，是不是他的人格被替換了？對於這種進出狀況，要去描述其意識內容的方法就是現象學。現象學事實上是對於一項「事態」進行描述時所使用的一種方法。這種描述方法，並不是像一般記者去現場觀察報導一下，就叫描述。現象學描述的意思是說：如果你置身在該處境之中，發生的到底是什麼事情？置身在境、設身處境地進入描述狀態，這就是現象學。「現象」這個字，我們要稍微解釋一下，因為我們常說的「社會現象」，是一個很日常的字眼，看起來覺得新聞記者就在寫社會現象的報導，但在現象學裡完全不是這個意思。有一種「心理現象」，其實是一種心理內容，你能把那種狀態的內容給說出來，這就是現象學——目前的心理學雖會做「內容分析」，但那只是一種簡易的質性研究方法，不是現象學。

除了 ecstasy、trance 之外，還有其他的字眼可用來指稱那個現象，譬如 possession，是附身、上身、著魔、中邪這些字眼的同義詞。我們可以看到這些用字，就已經是處在不同的角度和立場了。我們稱一個人「迷狂」，跟說一個人有東西「附身」，在觀點上就是很不一樣。迷狂的「迷」是說他整個人好像迷失了，「狂」則是跟正常的狀態不太一樣。可是講「附身」的話，就已經是在說「有東西」跑進他的體內。我們本地話是說「上身」，另外所謂的「著魔、中邪」，在普通話裡也都有這些說法。基督教裡特別用到的「聖靈充滿」就更加戲劇化了——充滿的是什麼？就是聖靈。這就是一種特別的宗教用語。在道家有所謂的「忘我」、「心齋」之類的講法。所有這些不同的語詞，看起來是在說同一件事情，但很顯然都是在不同角度上來講的。所以，

在眾說紛紜之下，我們必須採取一種角度，不要有特別的偏斜，還要知道的是它有內容，這內容我們姑且假定跟聖靈有關，可是我們也不完全要用基督教所謂的聖靈充滿，我們現在要講的是：有一種不管是叫做「神」、「聖」或叫做「靈」的東西，在這個人身上出入，所以我們就特別把它叫做「神出靈入」。

「朝向自己、放開自己」

　　我們可以看到，人的身心狀態中總會有某些出出入入的現象，也許在心理病理學上，那叫做「人格解離」，就是這個人跟原來的狀態解離了，分崩離析了，之後他一定會重新組織起來，但組織的方式竟然不是原來的，而是有另一種組織原則跑進來，這個人變成另外一個人。用這樣的方式來談的話，就是心理病理學，可是我們現在要講的不只是病理學，而是非常重要的一位哲學家、現象學家海德格。他不只是現象學，其實整個哲學界大致都會談到早期海德格、晚期海德格的問題。他的東西在整個思想界，不管是東方還是西方，都是現在大家還在討論之中的問題。我們看看他會怎麼說：「人在時間之流中，其實就是不斷地在『朝向自己』和『放開自己』的狀態之間『出出入入』。」人常常都是如此，不只是巫才這樣。這樣的講法，你們可以接受嗎？【學員問：「朝向自己」是什麼意思？】

　　「朝向」是有方向的。為什麼會朝向自己？我們先前在談佛洛伊德的理論，還有普呂瑟也加入了，他們不是一直都有個ego嗎？那叫做「自我」，可是當他面對著一個他者（所謂 the other、對方）的時候，那個他者有很多種樣子，有時候是別

人，但有時候就是自己。所以所謂的「我自己」，在現象學上已有個奇特的預設。並不是說：「只要是我說的話、我做的事情，就是我」，事實上常常不是如此。你和你自己之間必須是有關係的，譬如我要怎樣看我自己，要怎樣對待我——這是把我當作對象；此外。我要做出什麼決定，那是由我發出的，這是我作為主體的意思。所以這個「我」事實上就是一種在自我和他者之間進進出出的關係。

「朝向自己」就是你要和你自己產生關係。這說法雖然很多人覺得太像哲學或精神分析，可是我們也可以反過來講，一般人說「正常的我」不就是我嗎？就是「我這個人」，但你敢說你在一天二十四小時裡都維持一貫的狀態？更何況在不同的年齡階段裡，你難道不會有變化嗎？還有，你跟不同人之間的關係，特別是重要的關係，是不是常常因為關係而使你自己本身的角色也會跟著改變？可見你如果一直相信一個人永遠都是統一的、一貫的，這常常都是一種迷思，人不見得都能如此的。

所以在當代，不管是文學或電影，都已經充分刻畫了「人常常會不斷地在關係跟角色之間變化」的這個主題。譬如說一個非常忠君愛國的人，但轉過身來其實就是一個叛徒；婚姻關係也是，山盟海誓的人轉過身就出賣你了——這些情況其實已經太常見了，以至於我們不能說它是反常的。我們應該說：人都具有這種不確定的、出出入入的狀態。在不同的關係當中，站在不同的角色，一直不斷地變換位置（設位，positioning）。我們一旦了解這樣的概念，就會理解海德格對於人的說法：「人在時間之流中」——意思是說事物恆常在變化中，然後會「朝向自己」

和「放開自己」，就是既有向心的，也有離心的運動方向表現出來。你可以把這整個變化合起來，就總稱為「我」。「我」這個字是很不確定的——我們用這樣的方式來談，才不會覺得「巫」的迷狂狀態，好像是某種特別的人所特有的狀態——我們應該說：我們每一個人在某種情況下都有「巫」的本色，每一個人都可以成為巫。這種說法，可以跟精神分析裡發現的一個臨床現象相比擬，也就是說：一旦進入精神分析關係，每一個人跟他的分析師之間都會發生一種很特殊的關係。當你把自己所有的感受都要和另一個人互相交換時，很快的，這關係馬上會變成一種近似於迷狂的狀態，也就是在精神分析裡稱為 transference，我們把它叫做「傳移」[2] 的關係。分析師跟你的關係，常常會使你把各種各樣的幻想投射在他身上，然後產生了投射認同（projective identification），譬如說變成了你的父親、變成你的母親，變成你很害怕的人或特別喜歡的人，那個分析師一個人就擔任了這種種角色，但那個角色事實上是從你投射出來的。所以你在投射的時候，也不完全是你自己，你自己本身其實也跟你的幻想混在一起。精神分析就是有意地要把你引導到可以把你自己所有的可能性解放開來，這不就是「朝向自己／放開自己」的方向嗎？

所以海德格講這樣的話，基本上跟佛洛伊德是相通的，他們是在講同樣一回事，就是說：人並不是一個固定的人格，得要有很穩定的靈魂組織（organization of the soul，佛洛伊德的用

---

2 很多書上把它叫做「移情」，我要特別告訴各位，那個翻譯很有問題，因為會跟美學上所用的「移情」（empathy）混淆。

語）。穩定常常是我們在稱讚一個人很沉著、很鎮定，是沒錯的，很多時候我們需要有這種人來擔任我們的領導者、決策者；但問題是：即使你去看那個人本身，你就會發現不是這樣的，他也不是永遠都這樣。說一個人沉著穩定，常常是指他沉得住氣，換句話說，他在幹麼？他正在駕馭他自己，他不要隨便爆發一個不適當的衝動。他沒有衝動嗎？不可能的。尤其是擔任一個領導人，他的衝動可能比你更強，因為所有的事情是他的事。以天下國家為己任的時候，不會有衝動嗎？「武王一怒而安天下之民」，但問題是他竟然可以按捺得住，我們得說，這種人很了不起。

佛洛伊德曾經特別的寫過一篇文章，討論摩西，希伯來人最早的一位先知，《出埃及記》中猶太人的領導者，他就是一個非常堅毅果敢、不畏艱難的去達成一個歷史任務的人。但在佛洛伊德筆下描寫的摩西意象，是他特別的喜愛的米開朗基羅的雕像（圖一）。[3] 他雕成什麼樣子呢？最重要是在描述摩西這個人，手上拿著一塊石板，石板上刻著〈十誡〉，他的另外一隻手抓著鬍子。拿著的石板掉了一半，快要滑下去了。再注意看他的腳，兩隻腳不是平平的放在地上，而是有一隻腳用腳尖踮著地，有點像要跳起來的樣子，藝術家米開朗基羅把時間定格在那裡，就是摩西這個人拿到了〈十誡〉——那是上帝說人該做什麼、不該做什麼的真理訓詞——可是他從西奈山下來，竟然看到那些被他帶

3　〔編註〕圖一取自 https://commons.wikimedia.org/wiki/File:%27Moses%27_by_Michelangelo_JBU140.jpg。創用 ©© 授權。

出來的同胞，圍著金牛狂歌起舞，開始崇拜地中海附近的獸圖騰，就是牛圖騰——摩西的理想，是該敬拜唯一的神，人們怎能去拜一隻野獸呢？摩西是有使命在身的，他要把他的同胞帶到神那裡去，結果他一離開，他的同胞竟然就拜起牛來了。他非常的生氣，其中有一個版本，說摩西就把那塊石板給砸了；但是米開朗基羅選擇的版本，是摩西看到他的同胞那樣的表現，非常生氣，但他必須要按捺住性子。必須把這個〈十誡〉傳給他的同胞，告訴他們這才是上帝的真言，不能崇拜那個只有蠻力、沒有智慧的牛。牛圖騰在地中海地區是一個很普遍的崇拜對象，問題是崇拜獸性的話，跟上帝的真理就距離很遙遠了。

米開朗基羅把這很糾結複雜的場景，濃縮在摩西的這個姿態上，就是〈十誡〉石板快掉下來，而且他正要跳起來，但他即使在氣頭上，手抓住鬍子，把自己的性子按捺下來。佛洛伊德就迷上這個雕像，他前後走訪的義大利多次，每次他去義大利都一定要去佛羅倫斯看這個雕像，因為在他的心目中，一個藝術家能夠把一個先知的精神表現得這麼淋漓盡致，米開朗基羅就是不做第二人想，全世界沒有一個藝術家能夠像米開朗基羅那樣雕出摩西。為什麼米開朗基羅不雕

【圖一】米開朗基羅的摩西雕像

跳起來的摩西，然後拿著石板準備要砸破呢？他不這樣，他選擇了那個關鍵時刻，定格在那裡，告訴我們說：我們人類理想的領袖，就是這樣。

從家常瑣事到人類的大事

我們說人的心理狀態，事實上很可能是需要有內容的，如果我們說有出入的話，那到底是什麼在出入？這時候有很重要的內容，譬如說：「摩西為什麼會聽到上帝對他講話？」這已經暗示摩西本身其實也是一個巫者，他會聽到別人都聽不到的聲音，或即使沒聲音，但仍然「聽到」了內容。可見摩西到西奈山上雖不是要求神問卜，但他在自己也不知道什麼樣的狀況下，如《舊約聖經》上寫的，聽見了上帝直接告訴他要怎樣怎樣，他自己多少還有懷疑，於是就問道：「你是誰？」結果對方回答說：「我就是我所是。」（I am that I am.）這等於沒回答，可是這已經是竭盡人類智慧終極的回答——如果是一個神，人問道「你是什麼？」他絕對不會回答他是神，而會說「我就是我所是。這句話也是千古公案。摩西聽到這樣的話，接下來這個會講話的、很不可思議的對方，就告訴他說：「第一、不可殺人，第二、不可姦淫，不可偷盜……」，講了十段話。

這十段話到底是什麼意思呢？我們可以說，那就是人類關係（或人倫）的基本公理，只是得寫下來。這又是個很奇特的發展——如果不寫下來，大家都只是用口傳，往後能不能堅守下去？所以這也在告訴我們一件事：所謂的巫，他有一種特殊能力，就是他掌控了不但是工具，而且他能夠書寫。古代的中國，

寫出甲骨文的那些人，全都是巫。所以當這種人掌控文字工具之後，他就是整個社會的領導人。

伊利亞德把這些全都回顧一遍之後，主要是要解釋：所謂的出入，為什麼跟神靈有關係？我們可以這麼說：在一般的精神分析情境中，你跟精神分析師在一起以後，不久就會精神恍惚起來，說出任何話語都有可能。你最喜歡的、最害怕的事情，都有可能會投射出來。但並不是每個人的投射，都只投射他自己的好惡。有些時候，有些人會「以天下國家為己任」，這種人開始起乩的時候，他會變成一個「先天下之憂而憂，後天下之樂而樂」的人，他在替誰講話呢？他不是在替自己講話，而是在跟他的同胞，替他的民族在講話。我要問這麼個「大哉問」的時候，先要問「你是誰？」我要確定你是一個值得我信賴的人。我已經是他們的領袖，可是你竟然比我還高，那你到底是誰？我一定要先質問你。等我確定你是可信的，才開始聽你的話。他不是說：「我是摩西，我很好奇。」不是這樣的，我是為了我的同胞，我的子民，才會問「你到底是誰？」因此，總會有個「神顯」（hierophany）的事態伴隨發生──不管是不是真的發生，反正當時沒有別的見證人在場。

假若古代的巫掌握這麼高的權柄，你就會相信，人類在這種神出靈入的時候，他不需要一個分析師，他已有一個投射的對象。在他投射出去的當時，他關心的是國之大事，或甚至人類的大事。從古代《周易》的道理，我們可看到古代一些卜筮的事情：「筮」就是有一種草叫筮草，下面有一個「巫」字，表示它是巫專用的神聖草，並且也用龜甲或牛骨，燒了以後會有裂痕叫

「卜」，所以操持「卜筮」的這個人就是大巫。在漢傳的哲學當中，有一位哲學家王夫之，曾經特別解釋古代的大巫是在幹什麼事情——就是，如果你拿一些個人的私事去問他，大巫通常會告訴你說：「與義則筮，與志則否。」因為卜筮是非常複雜繁瑣的事情，要讓龜甲被火烤出裂痕，然後要從古怪的裂痕中讀出到底它在說什麼，這其實是很不容易的。我們說的兆頭這個「兆」字，也是卜的裂痕，裂得比較複雜就是「兆」。因此才說是：「與義則筮，與志則否」——「志」就是私人的事情，拿這來問我，我不回答你，但是問大義的話，我才要為你卜筮。古代的大巫傳統一直都是這樣的。因此我們可以說，這些出出入入的東西，後來可能跟人類要去面對的問題之中最高的難題扯上邊，不能隨便問，也不能隨便答，這時候我們可以說他已經在跟神靈溝通。就是這個最大的事情必須跟神靈溝通，不然只憑人類本身的能力，做不了決定。

那麼在傳統的典冊裡，所記載的大事到底是什麼事？我先講兩個，然後你們想想到底哪一個比較重要。在我們的古文裡都說：「國之大事，在祀與戎」——「祀」就是祭祀的事情，「戎」就是作戰。「祀」是在強調自己有重要的祖先與傳承；但「戎」的事態就由不得你了，如果有強敵壓境而來，你到底要不要出去迎戰？那不就是國之大事？絕對沒有人逃得了，這牽涉到整個國的生死存亡，所以相對而言，需要用「祀」來回答「戎」，這兩件事情因此叫做「國之大事」。古書裡最早講的國之大事有這兩個，特別是講到戰爭，你可以想想看，你我這些庶民百姓，如何去想國家要不要打仗？當我們講到國計民生，一定

要有人知道「國計」的責任，把它扛起來。當這種人去問巫的時候，巫就一定要大義凜然地接受這關於大趨勢分析的問題。

所以我們可以了解，精神分析很可能只在乎家常瑣事，像我們上次談到的家庭羅曼史，不過就是感情私事；在這一點上，精神分析在乎的是小民的生活，但有些時候有更大的事情，精神分析不足以直接回答。這時候，佛洛伊德本身也需要轉換角色，開始把精神分析放在一邊，然後開始寫起文明史的大問題。

他寫了好幾本書，看起來是在寫個人的幻想以及個人有許多不能滿足的衝動，跟文明的發展到底有什麼關係？比如說《文明及其不滿》這本書就是，主要就是把臨床發生的事情轉換成為人類文明的大事。另外一篇特別的文章，是他跟愛因斯坦通信的時候，愛因斯坦在信上問這位當時國際級的智慧人物：「你認為戰爭是不是人類不可避免的命運？」結果佛洛伊德回了信。這篇文章收錄在全集裡，叫做〈為什麼有戰爭？〉（Why War?）。他說得很悲觀，就是人類——基本上以現在我們看到的人類，其衝動和不能滿足的狀況，走向戰爭幾乎是註定的，我們人類是沒辦法避免戰爭的命運。其實他講的，在某些方面而言，心理治療的目的就不光只是要安慰人家，而是也要認清我們沒辦法逃避的事情。

所以，佛洛伊德也要正式地回答這個大哉問。後來他花很多精神去研究摩西，也是在說，摩西不只是一個人，而是一個民族領袖，是最高智慧的一個代表。佛洛伊德不光是在回答個人的私事，而是關於人類文明大走向的問題，都在他個人的寫作計畫當中表現出來。

這時候我們來談神出靈入的問題，會比較有道理。你關切個人私事是一回事，可是後來你可能會關切一些我們所謂「終極關懷」的，就是我們先前說的──宗教信仰，如果要給它下個定義，最好的定義就是當你所有最關切的事情，推到最高點的時候所關切的問題，才可以把它總稱為「信仰」。如果在那之下的事，其實都可以叫做俗事，把它稱作宗教信仰就沒必要了。宗教有一個特殊的任務，就是去回答「終極關懷」的問題。一旦人處在那個狀態下，它又會牽涉到「神入靈出」了──「神出靈入」可以說：人進入那個大巫的問題狀態。我們常常會期望有大巫這種人在我們身邊出現。他可以替我們回答關於國家命運的問題。問題有時候大到我們沒辦法解決，例如中華民國有國號的問題，或台灣人一定在問「我們是誰？」──這個問題不一定是你的關懷，但一旦你把護照亮出來，那麼國家大事不就立刻變成你的個人私事嗎？所以，什麼叫做神出靈入呢？有時說的是：很大的事情必須在你的身體裡面出入──這時候你就會曉得你所處的狀況到底是大是小了。

我們之前談到榮格。現在大部分在研究榮格的人，知道榮格在所有心理學家裡是個很特殊的人物。因為他自己就具有薩滿的體質，他的學說基本上都是像個薩滿巫所寫出來的東西。根據葛洛斯貝克（C. G. Groesbeck, 1989）的著作上說，榮格這個人就是個薩滿，這樣的著作，他的論點其實是很清楚的。我們可以說，跟他相對的就是佛洛伊德這個人，他們做的事情其實是很相近的，但絕對沒有人會說佛洛伊德是一個薩滿巫，因為他的性格有個鮮明的特色，就是早年他曾研究催眠術。催眠術就是要用人

工的方式讓人進入迷狂狀態的一種技術。可是很奇怪，他會把催眠術用在很多人身上，很多人也很快就會被催眠了，但他發現有少數人不接受這種催眠的暗示，佛洛伊德自己就是這樣的人。他特別到法國留學，去學催眠術，學得意態闌珊，也許就因為發現自己是一個永遠不能被催眠的人，所以後來另闢蹊徑，發明了精神分析術來取代催眠術。催眠術有一個特徵，就是要你的自我完全清空，讓位給別的東西進入，可是佛洛伊德的自我很強大，不准許別的東西侵入，所以他這個人也就隻手擎天地創造出另外一套學問出來。但他的大弟子榮格就是很容易起乩的人，榮格自己在自傳上就說自己有兩套人格，從小就知道自己是在不同的人格之間出入遊走的。當然他不是特例，我們一般人也都可能會這樣，某種程度來說，也會有不穩定的情況。但同為心理學家，榮格後來跟佛洛伊德處不來，大概是可以料到的事情，他們兩個的性格實在是非常不一樣。

「你是誰？」：對於巫者身分的追問

我要特別講講古代留下來的文獻裡所描述的巫者（至少在戰國時代留下來的一段文字），在第一講裡我已經稍微提到一下，一位楚國大夫觀射父，對北方國家講到巫風很盛的楚俗，對於巫是怎樣的人，他形容說：「精爽不攜貳者，而又能齊肅衷正，其智能上下比義，其聖能光遠宣朗，其明能光照之，其聰能聽徹之，如是則明神降之，在女曰巫，在男曰覡。」這一段話對於所謂巫和覡這種身分的人所需要的特徵，楚國人留下了最清楚的描述。「精爽不攜貳者，而又能齊肅衷正」就是指精誠直爽、非常

專一的人，而且可能受過儀式性的心智訓練；又說其智其聖其明其聰是如何如何，以致有「明神降之」。事實上這種人在當時都可說是最優秀的人，只有這種人才能當巫者。我們看到這是傳統上對於巫者的一種最高級的描繪方式。說是「描繪」，已經有點接近現象學了，事實上確有這種人，他把這種人的真實狀態說了出來，不是他在列處方、打廣告，想找這種人。當然我們可以說「明神降之」這種事情，還需再進一步去看到底是怎麼回事。

剛才我說，我們請過一位巫者來到學院跟我們碰面。我和人類學的學者一起走訪過幾個乩童作法的田野，看起來這些乩童都是不學無術的，但我們很難得碰到這位巫者，他自己願意到學院裡，說是要來增加歷練。他先拿到一個碩士學位，但他仍然以乩童為業。我請他來的時候，他還沒進入博士班。對於剛才講的那些狀態，我們就會有個人可以現身說法。

這裡最重要是講一個概念，就是所謂的「神明界」跟「俗界」之間有一種「交界」。我們常會忽視所謂「交界」的那個「界」本身。交界的任務通常都會交給巫者，由他擔任交界的守門人，但其實我們每一個人都有可能進入那個狀態。我們現在有個這種特殊身分的人，因此不光只談人和神之間怎麼交通，而是要「跟交界來一次很奇特的交通」。我們要看的情況，就是「神人交界」。我們常常太快就相信這個交界的守門人，在那裡入境出境，就是在和鬼神出入。我們都持有這樣的預設之後，就會相信這個人身上必定是有神明來降。可是我要說的是，你仔細看的話，很可能就會發現不一定是這樣的。這個看起來像是在神和人在溝通的交界上，到後來到底是誰在講話？還是他自己在講

話？這問題，直到二十一世紀仍然要問。你要問是誰在講話？他如果敢說「我就是我所是」（I am that I am）的話，那你就得問他下一個問題了。這個巫者在現身說法的時候，他講話的聲調都變了，變得儼然是一副神的樣子。可是我在他面前，因為滿場人都被他嚇到，我既然是主持人，我就會問那下一個問題：「對不起，你是誰？」——我希望大家能夠看看這部分。

我們對於交界須認真的去發問，因為這裡會牽涉到「道場／教室」之間很大的不同。在教室，你可以隨時提問；但若在道場，它的很多擺佈及它所預設的氣氛，使你不太可能自由發言。你的個人人格和意志，在道場裡都被壓到最低的程度，這時候就只有法師、上人在發言，而你不太可能舉手說：「上人，我有問題！」但是，不要以為這是一套僅有的公式，大家進到道場裡就只能乖乖去當信徒，不是這樣的。我如果進入證嚴法師的道場裡去，也一樣會舉手發問的。這是宗教和現代性遭遇時所難免的。我有一篇紀錄，可以說明這種事實。

我們要知道，人的處境本身常常就是在設定「你到底是誰？」所以你要問：「我到底是在什麼樣的處境之中？」同時你也要問：「你是誰？」這就是為什麼現象學會介入，以表明它必須把處境跟人合在一起，純粹描述出當下發生了什麼事情。人和處境有非常密切的關係，但心理學有時候就是會忘記這點。譬如說，心理學總把人設定為「在任何處境當中都是一樣」，但現象學比較在乎的是：人在不同處境當中，必定產生變化。不同的關係以及不同的處境所形成的條件，不管是人文條件或物理條件，都會讓人變成不同的人。所以若問現象學到底是什麼，一個要

點，就在於把「人」和「境」合在一起，形成的脈絡才能界定一個人是誰。這問題在臨床處境中特別會浮現出來。

對於臨床處境，我自己鑄造了一個特別用語，用來改寫「療癒關係」，叫做「療遇時刻」。意思是說，在精神分析裡，或進入任何臨床治療狀態時，不要立刻相信「醫病關係」的預設，認定你自己是一個病患——醫師把你診斷成什麼病就是什麼病，他開的處方你只能照單全收。但事實上，我們進入心理治療的臨床狀況時，並不完全等同於這樣的醫病關係。你一定要想想，你跟這位給你開處方的人，有可能是平起平坐的。為什麼可以這樣想？因為這是個「施療者／求癒者」相遇的關係。前者之所以能夠「施療」，完全要仰賴於後者發出的（所有的）「求癒」語言。這是一個非常重要的體認。我認為平常所謂的「療癒關係」，其中預設了雙方處在不同的境界當中。但是當兩者「相遇」之後，互相交換語言，事實上就已經是處在同一個境界裡面。你如果有這樣的體認，整個心理治療的想法就會完全改變。目前像這樣的學術氛圍，推展這種想法的運動叫做「人文臨床」。人文臨床計畫最早的推動人是東華大學／慈濟大學的教授，也是心靈工坊重要的導師，余德慧。我是他的好朋友，所以他們在辦人文臨床論壇的時候，每次都會請我去參加，找個人來扮演踢館的角色。因為其他的人都太聽他的話，只有我能當他的諍友。結果我們就一起發明了「療遇」這種說法。後來我們把這個概念向整個人文臨床計畫推展，他們也都同意，把「治療／治癒」一把抓的想法改變成「療遇」，也就是雙方互相分享責任的概念。

我們講到過，古代「巫」具有很高的社會地位。他們所做的事情，後來分道揚鑣成兩種路向：「巫」和「卜」。其中的卜者變成「祝」和「史」，太史公自己在寫歷史的時候，都說他的工作和「祝」是在伯仲之間；而巫者就變成現代人所謂的薩滿巫。所以我們可以說，有一種巫變成文史工作者的前身，也就是後來的人文學家；但巫者最後就專做鬼神、祭祀之類的事情。所以在分工狀態之下，卜這種人後來發展出《周易》這樣的經典，但最能跟巫這種人扯上關係的經典，則是《詩經》。《詩經》裡的唱詩人，事實上一直都是由巫者擔任，就是剛才說的，會跳舞、會唸咒的那種人。在分工以後，今天我們在談「聖」的問題時，比較像是從卜者這邊轉上去的；而巫者比較可能處理的都是一些婚喪喜慶之事，後來就慢慢跟國之大事沾不上邊了。前者是朝廷永遠離不開的，他永遠都在處理那些大事，但後者會慢慢的江河日下。看看太史公寫的《史記》，就特別看得出來，譬如〈日者列傳〉這篇，描寫巫者（日者）到了漢代，地位下降到跟乞丐差不多了。

　　社會學家韋伯有一本著作《中國的宗教》，他發現中國有正統和異端兩種不同的傳統。這個問題我只能先簡單談談，主要是說，大家都認為我們的唯一正統是儒家，其實這是個非常嚴重的誤解。整個中國傳統的精神核心，絕對不能用「儒家」這一個傳統去概括。因為儒家只是一種側面，特別是秦漢以降，二千多年來，儒家的治國平天下那套概念，其實都是在替皇帝講話，沒有替庶民百姓講話，因此那樣的概括是不準確的。如果要替所有的生民百姓講話時，就不能說儒家是我們的「正統」。其實黃老之

術以及法家、陰陽家之類的「異端」後來比儒家更為興盛——研究思想史的人都知道，那些「異端」後來篡奪了「正統」的位置。如果你喜歡榮格，就表示你已經傾向於異端了。榮格跟儒家沒什麼關係，他如果跟東方思想能接上線的話，那一定是跟異端有關的。

一場「起乩」的見證

我現在開始要跟大家介紹這個被我請到教室裡來，差點把教室翻成道場的人。他自己號稱當他有「明神降之」的時候，他的明神是濟公和尚。在台灣會有濟公降臨的，不是只有他的北天宮，還有一個很大的教派，就是一貫道。一貫道的信徒有上百萬人。他們的「天命明師」在道場裡大部分是濟公降臨。濟公一旦出現，馬上會自稱「老師」，他會一直不斷說：「老師告訴你！」我們北天宮的這位壇主，他也是濟公來降，出口也都是「老師、老師」。現在比較重要的問題是：我們跟他相遇的時候，到底有沒有可能是在溝通呢？不是光只是看他現身說法，而是，如果他真的有機會跟你溝通，你到底要跟他談什麼話？你們知道這個問題是什麼意思嗎？他開始做法之前會穿起道袍來，做好濟公打扮，他的程序是這樣：他先坐在旁邊，讓我們把這些引言講完之後，他就會準備更衣。他本來穿一件 T 恤，後來有助手幫他把道袍穿上。

他開始坐在講台上面，先來一段講道，解釋所謂的靈到底是什麼，磁場是什麼之類。他會做出一張笑臉，把兩邊嘴角噘得像馬戲團裡看到的小丑。他是真正把自己的臉做成這樣，而且把這

樣的臉維持了三、四十分鐘,講話的時候一直抬高聲調。起乩之後先講道,接下來就有人可以問他問題。現場馬上就有人要提問,果然就是問一些男女私情的事情。問了以後,法師會很聰明地回答——怎麼回答呢?

他都會先來一段作法,他前面有一杯酒,他會定住一下、然後朝著提問者那方向看一下,打一個嗝,然後開始講。換句話說,你的問題還沒講完,他已經知道你在問什麼。他說:「你現在要問的婚姻狀態,有些事情我是不方便講的。現在這麼多人,有些話呢,你還是私下來找我好了。」他這樣一說,那個問問題的人就被他嚇到了,也就是說,果然她要問的一些問題,很可能是難以啟齒的,或者她的問題已經暗示了她的婚姻狀態裡可能有一些難關,而這個法師竟然這麼體貼的說:現在當眾講出來不太好。誰沒有這種祕密?是你自己對號入座的,也就是說你肯定有難題,可是他竟然這麼體貼的說:「你可以私底下來找我」。

兩、三個提問之後,我開始按捺不住了,就說:「等一下!因為他們的問題看起來是私事,私事揭發以後他們都會受不了。我現在跟你保證一件事情,就是我不會受不了。你一直說你是老師,那我也是老師,所以我現在跟你擔保一件事情,就是你現在說說,我有什麼問題?你說出來,我絕對不會害怕。你說我到底是婚姻有問題?親子關係有問題?或是事業有問題?任何事情你只要講出來,我坦然接受,並且跟大家告白,到底是什麼問題,我也好趁這機會跟大家訴苦一下,至少我不害怕,請你直接講出來吧!你敢講的話,我也敢聽,我不怕被人聽到。」這時候反而是他的難關來了。他又重新再打嗝好幾下,開始講出幾件事情,

第一，我的事業可能會有問題，第二，我的親子關係可能會有問題。他就講了這些，只是講的都是「可能」，我就說：「第一，你說我的事業有問題嗎？我是一個正教授，我在大學裡的表現，是人家想要把我解聘都做不到。你覺得有什麼事情會威脅到我的事業呢？所以你要說我有事業的危機的話，抱歉，這個說法是我不買單的。再換一個說法，還有什麼其他的問題？」說我的親子關係可能會有問題？我跟我兒子是如何？很多當父親的人不知道為什麼就有原罪，就是良心有欠缺，對不起自己的兒子，很多父母親都會有這種感覺，可是我說的是：「我很賣力承擔我做一個父親的角色，我不覺得我有什麼地方對不起我的兒子。我當然知道你要講的虧欠，我們永遠都有，我會擔心兒子的任何事情，但是擔心並不表示我做得不好。你好像要用套公式來說每一個人都有問題，然而你要把公式套在我身上，結果都不對。所以換句話說，你必須換個講法，不然你唬得到別人，卻唬不到我。」所以我告訴他：「明神降之，在你身上是不是有點失靈了？」

　　從當場的錄音[4]，可以注意到他講話的口氣有什麼重要的變化，並且還可以聽到他在轉換的時候——譬如聽到一個難題的時候——他要停一下，然後打嗝，打幾個嗝之後才開始講話。這表示他在起乩狀態中，又有另外一種境界轉換的問題。不管是表演的，或可能他的身體也有某種反應，碰到一個難關的時候，他要轉幾下才能夠回答問題，這是非常有意思的狀態。【現場播放濟

4　〔編註〕本書取材之講堂上，有播放濟公降神現場的錄音給學員聽，書無法呈現錄音現場，僅摘錄聽錄音時可以注意聽到的重點於本段文。

公說話錄音檔，含宋文里老師對濟公的提問】

　　我與濟公老師這種交談，好像要拆他台，也就是說：「你講的東西我聽得太多了，有點厭煩。」而後他轉了一下說：「你的知識跟我的知識是不一樣的。你受到的很多知識跟我受到靈界磁場交流所得到的知識是不一樣的。」他是要防衛他自己，所以講了這些，但我還是拆他的台。我說這種關於磁場靈界的東西，都是在套用一些既有的說法，像這樣的說法，我不知道已經聽過幾百遍。其實你也沒有辦法說明磁場到底是什麼，所以我們現在不用談這些，我就要他直接說明我的危機到底是什麼？後來他果然講了，就他回答的方式，我也告訴他說：「你回答的方式沒有一樣說中我的，這樣談下去的話，你幾乎就完全被我拆光了。因為下面還有很多人會有疑問，所以我希望那些人能夠提出讓你能夠發揮的問題。」這時候我就讓一位伊朗來的學生問問題，他問了有沒有神來的問題。【播放濟公說話錄音檔，含伊朗學生問問題】

　　他說：「我不知道你們相信什麼？但我是伊朗來的，我相信有一位真神。」接下來他很自然地問一件事情，就是「到底是什麼神降臨在你身上？」他問這樣的問題，並且還更進一步說：「你證明給我看！你現在到底是什麼神在這裡？」他問這種咄咄逼人的問題，是因為他們相信那個真神不會降臨到他們身上。他說真主安拉不會降臨，但這個伊朗學生的說法是錯的，因為《古蘭經》事實上就是真主安拉降在穆罕默德身上，講出來的那些話，抄出來就是這本厚厚的《古蘭經》。全部只有一章例外，每一章在開頭都會說：「奉普慈特慈的真主安拉之名」，也就是安

拉降臨在先知穆罕默德身上，說了以下的話云云。

換句話說，真主安拉果然降在穆罕默德的身上而講出話來。這個伊朗學生竟然說他的真主不會降在人間，表示他連自己的宗教都沒搞清楚，就要逼問：「是什麼樣的神降在你身上？」濟公老師也不太能夠回答這問題，只能覆述一些關於靈界磁場之類的東西，其實是實問虛答。我們期待藉這機會真的顯出他的法力，做出一件事情證明有神在他身上，不論如何，就是要讓一個神蹟出現——那個伊朗學生差不多就在逼他做這種事，但他還在講靈界磁場，不就是沒有回答問題了？所以那個伊朗學生也很不滿意。

我接手過來回答說：「你在問這個問題的時候，知不知道我們的語言不同，很多文化也不一樣，以至於他其實也不曉得你在問什麼。你真正問的問題，是有沒有真神降在他身上，但你怎麼會這樣問呢？你要人家去證明這事情，可見你也不像是真正伊朗人，也不像是來自中東，你的說法就像個西方人。這樣的問法，要把人逼到絕境。但真主安拉降在穆罕默德身上，這是千古不移的史實，現在宗教研究的人誰不知道？」於是我回過來問說：「如果你知道先知穆罕默德在做什麼，那麼，這樣子降壇，到底有什麼問題？」我想我需要替這位濟公緩頰，因此接著說：「他在這個場子裡出現，他能夠接受我們的各種挑戰，敢來回答，已經很勇敢了，雖然常常實問虛答，而且套用公式化的方式來回答，沒有真正顯示出他的法力，所以我說，他可能還需要讓法力精進。希望他回到道場之後，可以繼續修練法力，我們有很多同胞，事實上還是需要這種人的協助。因為我們同胞中有很多人相

信他，這就是法力。」也就是說，只要有一個人能夠以這種方式講話，求問者就有機會像申訴一樣，把問題提出來。所以，他在我們這個文化環境中，有他的功能和作用。不過我的判斷是，他的法力似乎還有點不太夠，只是這樣。

這也是很奇怪的事情，當他自稱老師的時候，他是濟公，可是在我的面前出現的時候，他是我的學生。那他就持有兩套人格（不管叫人格或神格），但至少以這兩套來講話的時候，互相搭不上邊，而且其間有很多矛盾。雖然在道場作法時完全沒人會覺得有問題，但我還是告訴他：「你講的那些道理，很多都是從書上抄過來的。你講的話是在覆述一些人們已經知道的東西，所以這不算是法力高深。你只有在回答有關電影《2012》那個問題時，還算是挺聰明的。」那是他在回答關於「世界末日」的問題。他說：擔心世界末日，是白擔心的，第一，他說：「時間到那時，還有三年，你是不是要一直擔心呢？你擔心的時候不是過得很痛苦嗎？」第二，就是說：「好！就算是 2012 年 12 月 31 號那天，像電影上演的那樣，果然這世界在一夕之間就毀掉了，那你擔心三年有什麼用？」他這樣回答是很聰明的，意思就是說，他老神在在，關於所謂世界毀滅這種說法，在他看起來是不屑一顧的，因此他可以這麼自由自在地玩弄於其間。所以當大家聽到這番話的時候，全場都在笑，笑那個提問題的人實在真呆。大家都已經看穿這是個笨問題了，好萊塢拍出來的電影，怎麼就把它當真了呢？

好吧！那我現在問你們，不管是明神降之的道場，或是我請來做這樣一場演出的濟公，你們覺得什麼地方會有問題？

＊　＊　＊

【學員提問】────────────────

老師！我想問你一下，如果做研究來講，他那個通靈現象，會不會還沒有通靈的人就可以說他有通靈時的記憶。比如說像賽斯資料，很多學者在研究，以分辨他有沒有出神。其實我認識他（這位濟公），因為我在輔大上課，現在回想起來，他的腔調還是跟那時很像。不過我的意思是說，比如說他剛通靈回來，或者有上百場通靈，他事後說：「剛剛的這一場通靈，你有沒有印象，或是什麼？」我看過其他的通靈紀錄，這有很重要的科學檢驗，就是有人說他有印象的，也有說沒有印象的。就是說，即便是兩個人格，或者是一個表演，不知道怎麼去說明他──他那個對比，會有很多很有趣的，但我不知道怎麼作科學解釋？

　　好的，就這個人來說，我沒有問過他，但我先講一下另外一個非常戲劇性的例子。當時我在社會大學講課，學員裡有一個人，下課後約了另兩個人，特地跑到清大來找我。他告訴我說，他自己本身就是一個會發功起乩的人，還交代一下自己的生命史，說他並不是一個正式的乩童，而是一個宮廟廟主的兒子，所以他跟廟裡面所有的神職人員都有密切的關係。從小，他都在替他老爸或廟公代理執行這些事情，他就跟這些人學了很多，譬如收驚，現場沒有乩童可幫忙的時候，他自己就上場了。他也會念咒、也會做這些儀式。可是後來最厲害的，他學會了起乩，就是要怎樣起乩，他就跟我講這些。他希望我這個老師能拿他當一個

研究對象，來說明所謂的發功、起駕、起乩到底是怎麼回事？接下來他馬上就要表演給我看。所以我準備好了錄影機，就直接把他要發功的過程都錄下來。

身體的未知潛質，以及千古以來的技術

他果然就在我的面前開始表演，喔，不一定叫表演，你可以說他就是在發功——我可以說明一下。他先把平常穿的衣服、西褲換下來，就換穿運動短褲、T恤，然後他就開始在實驗室一邊坐下來，之後他說：「我要先看一下四周的環境。」大致清空一塊場子，讓他起乩的時候有足夠的活動空間。然後他坐下來，過了幾分鐘之後，他開始跳起來。做出各種各樣姿態，有點像是武術招式或神明出巡的動作。然後他開始口吐白沫，喉間發出一些聲音來，差不多動了十五分鐘左右，我錄影錄完整個過程。之後他就「啊」一聲，然後退駕，回到他原來的座位，然後就開始跟我解釋到底怎樣會進入所謂發功的狀態。

他說他推敲出一個訣竅，這個是很有意思的細節，但也是要點所在。他說：「你用身體上的任何一個部位，集中你自己的力道，譬如說用你的手或你的腳都可以。我用手，把所有的注意力放在我的手掌上，手就開始用力。」他現場表演給我看，「你只要非常非常專注在一個地方用力，到後來這力道會擴散到全身，全身就會進入一種類似抽搐的狀態，然後整個人就會開始跳起來了。」所以我們把這叫做「跳乩」、「跳童」。他真的跳起來之後開始做那個姿態，我看在眼裡非常清楚，就是在模仿佛像裡的，特別是從印度傳來的菩薩像的一些動作。這是印度的佛像、

菩薩像才有的一種舞姿。漢傳的佛教雕像比較安靜，而他其實是在模仿那些印度菩薩的姿態。所以你當然可以說很神，但同時我們也可以說，那些東西都可謂「有案可稽」，或是有典故的。他果然也說，有一次最神的時候，是跑到龍山寺去幹了一件很轟動的事情。你們知道龍山寺主祀的大神是什麼？是南海觀世音菩薩。他跑到龍山寺，跳到神桌上開始起乩。那廟宇裡面明明寫著警語：「禁止乩童在此作法」，但他竟然跳上去開始比劃出千手千眼觀世音菩薩的姿態。他在那上面跳了一個多小時，沒有人敢把他趕下來。廟裡的管理員都知道這裡禁止起乩，但是當他開始出現千手千眼觀世音菩薩的模樣，沒有人敢叫他下來。他在那了狂飆了一個多小時，而且那張神桌也沒有多大，他沒掉下來。

你現在若要問他的意識狀態，他當時到底有沒有辦法控制他自己？他回答我說：「我剛才之所以要先看一下四周環境，有點像是把地標標好，我在那個範圍裡活動，就不會掉下來。」所以換句話說，他是在半控制狀態，可是同時他也是非常狂放地做出那些姿態。平常做出那姿態的話，人家都會笑你，但是他哪會怕人笑？因為他在那裡表演時，做得非常賣力，所以廟方的管理人員不敢攔他，因為連廟方的人都不敢不信。廟方的規定是不准，尤其是這個大神觀世音菩薩怎麼會降在人身上呢？高神格的神明，譬如行天宮的關公，還有媽祖，都不可以用乩身來顯靈的。乩童一般都遵守這個行規，所以這個乩童是很調皮的，沒受到什麼拘束。他跑到龍山寺去，事實上就是去踢館、去鬧場，結果竟然沒人敢攔他。

所以現在回答的問題，有個值得注意的方面：當他表演到這

麼樣入神的時候，你不會當真嗎？尤其是你的信仰本來就跟他很貼近的時候，你敢去攔他嗎？這是一個很基本的問題。他自己也坦白招認：「我明明就曉得，觀世音菩薩是不會降到我身上，可是我就要去逗他們一下。我真的在你們面前出現千手千眼，誰真的敢攔我？」他果然驗證了這件事情，就是沒人敢攔他，這是他講的。他還另外講了幾件他怎麼去逗那些「大法師」的故事，所以這是個非常有趣的人物。他在起乩的時候看起來是真的，也就是說，如果你願意的話，就使用他傳授的方式，不管用手或用腳，你就集中在一個點上，非常用力，用力到後來會出現某種異常的意識和身體活動。當然還要看個人的體質，但我得說：這屬於一種自我催眠的方式。催眠不光只是被別人催眠，而是你可用你的身體來發動自己的催眠狀態。所以，你可以用手發功試試看——過一、兩分鐘如果發現情況不對的話，就可以停止，趕快回來，那是真的會傳遍全身的。

這種理論，不是只有他會講。我翻譯過一本關於精神分析以及藝術心理學的書，《正常人被鎮壓的瘋狂》，作者糜爾納也談到，即使只用腳趾頭用力，也可以從那裡開始傳遍全身。所謂的催眠，可以這麼具體地在身體上產生出「發功」的作用。那個社會大學的學員，他自己主動找上門來，並且希望我把他錄影下來。他實際上告訴我們的，是那套技術。一個人光會作態表演，很容易被拆穿，但如果你的身體已經進入起乩或「狂喜」的狀態，這時候已經是類似於催眠，也就是說，到時會做出什麼事情，很難預料。他果然出現一些不尋常的狀態，做出一些不尋常的動作，譬如說言語狂妄、動作很大，你如果靠近他的話，說不

定會被他打到。所以他自己要先換衣服，因為他也曉得自己會半失控，不是全然沒有自覺。大致上是這樣子，所以我覺得這個案例比較容易用來回答你的問題。

面對別人做這種研究，很多受訪者是有職務在身的巫者，有時為了保護自己的身分，可能不會坦白講，但這個個案是很重要的例外，就是他自學苦練，然後發現了其中有一個起乩的訣竅。人類學研究者觀察過很多乩童，起乩的時候要怎樣讓身體發功，事實上都有一套方式。我們在一般文獻上比較常看到的，就是一個乩童準備要起乩的時候，可能需要有很長的準備時間，可能需要半小時以上，他坐在那個地方唸遊仙詩，旁邊還有燒香、燒冥紙之類的，整個場子瀰漫著一股廟宇神壇的氣味，再加上他唸詩的時候，一直搖頭晃腦，他的身體也會開始出現一些動作。我看到有些乩童準備的時候，是坐著，兩手擺在腿上，雙腿一直左右擺動、點地。那意思很接近於要開始發動他的身體，因此在好幾個方面：身體的、意識的，再加上感官的、嗅覺的，加在一起之後，他就會起乩。但我的那個天才學員，他告訴我的是更厲害的一招，不需要那麼多，你只要用一隻手掌或一隻腳，或就像書上所說的，連一根腳趾頭都可以。

有位老師試圖在教室裡做類似於把自己「放空」的實驗，看看可不可以進入那個轉換的狀態，那是一門心理諮商課，老師帶著一群學生在類似這樣的團體諮商教室，讓他們站著隨意擺動自己的身體。老師鼓勵大家「跳！跳！跳！」很多學生跳累了就下場，可是有一個學生跳到開始起乩，跳出一些完全不能控制的動作，結果那位老師嚇壞了，把其他同學都請走之後，想辦法

要去安撫他，讓他靜下來。這件事情是當時那個當事人（起乩的學生）來跟我報告的，就是當他起乩的時候，他自己也不知道在幹麼，只知自己開始跳起來，他也回想到老師很著急地想要安撫他。所以，一旦你看到了這些之後，你會比較瞭解，人在某種程度上可以把自己的身體用一種「技術轉換」的方式——看起來是身體，但意識也會轉換——進入一種起乩的狀態。整個人進入那個狀態之後，他講的話、做的事情，跟他原來的樣子是不一樣的。

我認識一位來自美國的人類學者史考特・戴維斯（Scott Davis），他會講台灣話，他做研究的田野是基隆的一個女乩童。那個乩童在起乩的時候會講很多話，但她講話是用無意義音節，嘰哩呱啦、嘰哩呱啦，可以講很久。研究者把她所講的、很長的話都錄音下來。後來他在發表他的論文的時就說：「這個乩童很不得了，她的功夫差不多跟美國的爵士歌手一樣屬害，可以用無意義音節不斷綿延的一直唸。」我們平常不太容易做到，你想用無意義音節講話的時候，能夠用的音節沒有幾個，能變化的聲音是有限的，但她看起來好像有無限多的樣子。他就說：美國最屬害的歌手艾拉・費茲傑拉（Ella Fitzgerald），是最有名的爵士天后，就是因為她能夠在唱爵士的時候，沒有歌詞，完全用無意義音節唱下來，在四〇年代就已經紅遍美國。這位研究者因為知道有這樣的爵士典範，所以他以此來解釋基隆的女乩童，認為這個乩童屬害的地方在於她講出來的話是「天言」——這簡直就是老天在講話。我上場去當他的回應人時，我就說：「史考特說的其實是『胡說』，但我說的胡說，你們不要以為我在罵人，

因為他是美國人，是胡人，所以他的胡說說得真好。就像那個人會用天言講話，胡人也會用胡說講話。所以，事實上我的意思是你們兩者很搭，當你解釋她時，用爵士樂來解釋，這是台灣和大陸的學者都沒人想到的點子，你能想到，實在高明。」

我要說的是，我們想去解釋的這個狀態，它本身它並不是怪到不可思議，而是說，如果你敢的話，你先去實作一下，說不定你就有起乩的本錢了。

【學員提問】

起乩的時候、過火或用劍刺自己，這現象是什麼意思？

有些時候所謂的過火，就是燒很多冥紙，要他從上面走過去。還有特別明顯的，我們的乩童會用很多種武器來折磨自己的身體，七星劍、狼牙棒、月眉斧、刺球、鯊魚劍這五寶，刺啊、刮啊、弄得渾身是血，他是真的忍著，可是他得到的是高度戲劇性的效應。因為血流滿面的關係，所以所有人都被嚇到。換句話說，他在自殘的時候，得到的是很高的回報。關於這方面的醫學研究會說，起乩時會降低痛覺閾限，所以在過火的時候，他的腳皮一樣會被燒焦，但他不覺得很痛苦。這種事情加起來解釋，就不會覺得奇怪。他爬刀山，腳都被割爛，是因為有職責在身，要得到這個代價。他敢爬刀山你不敢爬。這些不可告人的技術，一般都不會傳給別人，可是他們自己內行人就會使用。有時候是為了表演的效果，需要流血，要點就在於他讓血流出來，就獲得了戲劇性的效應。

像有些靈修的道場或者是共修的道場，有些就像我們講的乩生，他們叫做訓乩，訓練乩生，就會坐在那邊，然後一些人慢慢起來走路。我曾問過他們為什麼不停下來？停不下來！他自己有意識地說：「我在動，但我停不下來。」甚至於這個老師可能還會跟他對話，天語，可是他不是一個人講，有三個人一起對話，呱啦呱啦。我問他：「你知道他們在講什麼嗎？」「我不知道！可是你也知道他在講什麼！」

這在我們教的歷史文獻裡就可以看出來。最初保羅開始要向西傳道的時候，他們早就曉得有某些教派，早在基督教之前，因為受到希臘某些神祕教派的影響，已經開始了類似於聖靈充滿的儀式。《聖經》裡說他們會「用舌頭講話」（speak in tongue），我們的中文《聖經》翻譯做「講方言」，可是有很多《聖經》註解會說他事實上是在「用舌語」，不是方言，也不是天言。這種所謂的舌語，不一定是講話，你去觀察會發現他們是利用舌頭顫動而發出的聲音，可以用來歡呼，或用來詛咒。這種用高音彈舌頭，在西亞、北非地區使用得很普遍，一直到現在都還有人在用。也就是說，「用舌頭講話」是某個地方的習俗，他們後來把這東西跟基督教結合在一起，就說他好像在講天言，當然是聽不懂，但為什麼要「說他聽不懂？」你若用費茲傑拉的方式唱爵士，有誰聽得懂呢？大家欣賞的是她的歌喉，唱出來的東西其實不必要有意義，但我們大家都可以說：「我懂你的意思。」他們之間哪裡有真正的對話？那不需要，也不必證明，因

為它已經是流傳千古的一種技術，因此他們之間根本用不著證明。

　　我們在台灣可以觀察到的教會，譬如剛講的聖靈充滿，其中有一個非常突出的實例。我讓一個學生去做田野，看到他們事實上是在鼓勵全場的人一起發功，他們不會用「發功」這種字眼，大部分都說是聖靈充滿。我講的實例是在桃園，一個叫做「安提阿中央教會」。大部分的成員是原住民，有一位牧師帶領，全場一起進入所謂的聖靈充滿的狀況。所以就是全場都在起乩的意思，過一段時間之後就安靜下來，經過這麼一場儀式之後，大家都高高興興地回去，因為驗證了所謂的神或者聖降臨在他們的身上。他們互相之間的言語就是如此，並且他們親身體驗了他們自己就在這境界之中。所以不在這裡面的人，看到這種狀況，只會覺得不可思議。

　　我現在要說，你們可以回家自己試試看，用一根腳趾頭發功，要是你真能發功起來的話，記得先告訴你的家人：「要是我發起功來，記得要把我救回來！」我不知道最後效果會如何，總之，這種事情完全沒有不可思議的地方。我們只能說：我們的身體確實有一些你自己不曉得的潛質，你有可能會發功。如果你願意，可以試試看；但如果你害怕的話，那就算了。我告訴你們這些事情，最主要就是說：那「發功」是一種技術，一旦你有這種技術之後，產生的後果，有很多是你原來不能預料的。可是也不用覺得太奇怪——千古以來，人類都在利用自己的這種潛質，來說自己好像能跟神靈交往一樣。這樣講，就比較容易理解了。

鬼神、神話與信仰：
綜論與回顧

前言：關於「信仰是什麼」的綜論

這個綜論與回顧，要強調我們這門課的基本前提，就像是通過門檻的導論。譬如我們講的要點，有起乩的技術，也有作為信仰的「終極關懷」——後者是田立克這位神學家、哲學家所發明的概念，我們雖然在作導論，但這道門檻不能不過。

不用懷疑，田立克是一個現象學家，也是擁有十五個博士學位的人物。當大家在問「信仰是什麼」的時候，你只要說它那是「終極關懷」，那麼差不多就是把「信仰」換成一個成語去替代它，是很準確的說法，對於任何一種信仰都是有效的。可是，他同時也給了一個很大的難題：「到底終極到什麼程度？關懷什麼問題？」於是，我們再換一下，就知道：神學裡一向都會討論到所謂「內在本質」與「超越」之間對比的問題。就是說，凡是跟宗教有關的東西，跟鬼神有關的問題，都可收攏在這套對比概念之下——因為我們講過，鬼神叫做全然異己者（wholly other），又是一個他方（elsewhere）的存在。就是這樣，雖然是在日常生活裡經常碰到的東西，可它就是不同的——它就會以「內在超越／向外超越」這樣的對比而扯出一套難題，也演變成了思想史上的一個大公案。

在談論東方／西方哲學比較的時候，如牟宗三教授所說：西方文化裡的超越叫做「外向超越」，東方（中國）則是「內在超越」——其實這樣的講法顯得粗陋——所謂基督教的「外向」，是說他們會向一個外在的對象禱告。但這種講法是過分的概括，因為沒有一種宗教沒有「外向／內向」的兩面性。我們不也一樣

在拜神，甚至於小孩子怕鬼，即使是想像，也是一種向外的。那麼，東方哲學裡有哪些可叫「內在超越」的東西？東方一直有某種「集氣養義」或「修身養性」的傳統；至於「修練」這東西，是從印度傳來的，看起來像是向內求而不是向外求，因此可以概括說成「內在超越」，但絕對不要說西方沒有這個面向。西方宗教文化中所謂沉思默想（meditations），在整個歷史上從來沒有少過。禱告也不是只跟耶穌基督，或跟上帝耶和華禱告。我們必須知道：這同時也是在對自己講話。我對自己有期望，恐怕做不到，就利用禱告的語言說出來，等於是我在承諾我要做什麼。說出來的，即使沒有旁人聽到，可是你自己聽到了，就只因為話是講出來的，就叫做「向外」；但他講的不就是內心話嗎？所以，這樣截然區分通常是沒必要的。

我們知道，所有的宗教，從內到外的追求，一定都會有我們所謂「出出入入」的運動。把這叫做內在本質或向外超越，其實有個很重要的共同點，就是，基本上都是「朝向自我」運動的一體兩面。這不是在呼應牟宗三的講法，肯定我們傾向於內在超越。因為「自我」，在佛洛伊德派的語言當中，它的 ego 跟 ego ideal，不是已經區分了嗎？好像分成兩個東西——作為「自我」的時候，同時會有個「自我理想」。那個理想不是我們現在空談的理想，而是欲望的對象，自我就一定想會要它。我們可以用中文說：「我愛他」——「愛」這個中文字看起來非常有意思，依照現在的寫法，它上面是一隻手爪，中間有一個像是蓋子的東西（其實不是蓋子，而是個「關係符號」）中間有一個「心」，底下有一個看起來像朋友的「友」，其實那又是一隻手。上面有一

隻爪，下面有一隻手，換句話說，這個「愛」字的意思就在用心取得，是「志在必得」，那叫做愛。不過從字源學研究會把以上的講法推翻。「愛」的古字寫法跟隸變之後有很大差距。看看這個字：

這個古字用「欠」作為字根，加上「心」旁，就跟所有的心旁字一樣，須以字根來求其本意。而「欠」的本意是呵氣（如打呵欠），也就是「嘆氣」，或更廣義的「感嘆」。到目前為止，沒有一本中文辭書對此字的解釋跟我們今天所用的「愛」字，特別跟「I love you」這句話，可以扯上明確的關係，這真是我們的千古奇談。不過，還好，後來說的「仁者愛人」，意思比較接近，但請注意，那仍然跟男女情愛，甚至跟父母對子女的「慈愛」，也不是同一個意思。所以，只好暫時撇開這種緣木求魚的探源工作，回到現代漢語吧。

我們現在所說的「愛」就是「要」所要的東西，假如是很簡單、身邊都可以看到的，如錢財、某一個愛人、地位或是大家都清楚知道的，答案也就不必問別人，自己都曉得。可是你所要的，有沒有自己不曉得的東西？如果人家問你說：「你搞了那麼久，到底是為了什麼？」這麼一問，很多人都被問傻了。我做這事情到底意義何在？「意義」是個非常抽象的字眼，可是你又不能說意義是空的。譬如說我做的事情，累積十年、二十年、三十年，發現可能有某些東西，一路貫串下來，就是我志在必得的東

西，我就可以說那是我的理想，也就是我的意義所在。可要是你自己貫串不起來的話，就很容易被人扳倒。人家隨便質問你，你這樣幹到底是為什麼？很多人在追求大家都知道的錢財、地位，越是那樣的東西，其實越容易一扳就倒的。所謂的暴發戶，幾十億、上百億，可能一日一夕之間就崩盤了，如果你把那個當作你的目的或意義的所在，這就太不確定了。

因此我們知道，就西方文明來說，已經發展很長一段時間，到了今天，還遇到「後現代狀況」（postmodern condition），大家都會問，其中的理想變成什麼樣子。其實最後的保障，好像只剩下一點——西方人大多相信，但東方人好像都不太太會用這個字——就是剛才我們說的「愛」。西方社會學家都會說：生活裡面，如果沒有「愛」的支持，就會感覺到整個生活是空了，它是最後一道防線。可是用這個字來要求東方人的時候，我們會有難題。東亞人，對「愛」這個字並不習慣，因為很晚才學到。所以，你現在對愛人說：「我愛你」，是不是聽了都還會覺得有點肉麻？在西方語言裡面，它是一句很普通的話，任何人、父母對子女、還有相愛的人互相之間講 I love you，甚至連朋友同事之間也都可以，只要默契很好就可說 I love you，但我們呢？在使用這個字的時候會很奇怪，譬如我們跟同事說：「我愛你」，如果不是在開玩笑，那必定會讓人渾身都起雞皮疙瘩吧！通常說「我很喜歡你」就已經夠了，再多說的話就是過分。

為了對得上來自西方的「愛」，我們更需知道我們所謂的「很喜歡」又是指什麼呢？當然就是愛，只是語義比較含蓄，但在古語中可不只如此。假如真的搞不懂的話，我們就來說文解字

（不是用許慎，許慎的問題我們已經談過）。喜歡的「喜」是什麼意思？有個像「鼓」字左邊的東西，放在「口」上：

傳統解法只說「喜，樂也」，然後說是「擊鼓、歡呼」，但我很不滿意這種隨意且不合造字法則的解釋。因為「口」除了指嘴之外，其另可作為女陰符號，是早有的理解，可以用來對比的相似的造字法是「吉」字：

它指的是兩性交合，比較強調的是女性觀點，即以女陰來盛裝陽具。於是，「喜」字就更像是「吉」的放大，還加上香汗淋漓的樣子：

然後看到「喜」字最古老的出處：「既見君子，我心則喜。」（《詩·小雅·菁菁》），強調的正是女性觀點。一直到今天，婚禮上出現的「喜」或「喜喜」（雙喜）都必須注意，那是古老的女性觀點的殘留。

回到剛才講到愛和把東西吃進來的關係，這是用「口」字最常有的表示。各位千萬不要忘記了：在宗教裡面哪能缺乏祭品？而祭品裡面又怎麼能缺乏食物？然後你要記得，這些食物在祭完神明之後，最後是下了誰的肚子？這些犧牲奉獻，到最後是進到我們的嘴裡。做了最好的美食，然後貢獻給神，最後其實還是我吃了。以神所在的地位，會不會聞得到？在西方，據說最高級的食物是用烘烤，他們的食物在分等級的時候，水煮的、烹調的、用鍋子炒的，之後最高級是用火烘烤的，烤肉在他們的食物等級裡面算是最高的。所以吃西餐時，烤肉就是最後一道主菜。還有一個很宗教的說法，是一定要用烤肉才能讓上帝聞得到，在鍋子裡燜的他就聞不到——這個講法其實沒什麼特別的道理。我們覺得水煮不是比較健康嗎？烤的東西有時候會有很多的二氧化碳，碳黏在肉上面，吃進肚裡非常不健康，致癌物吃到肚子裡去，怎叫做最好的食物？

用四個基本的提問，重新面對心理學

我們用了各種各樣的說法，說了半天，其實都在說：好像有一種東西高高在上，同時滿足了我，也滿足了它。我們就是需要用這種語言去說，雖然有時候會不知所云，可是無論如何一定要有個說法。我們把這東西放進我們的論題裡來，就是說，我們事實上是在談「宗教心理學」。這種宗教心理學，對我們常有的心理學來說，是一種另類的學問。但在這另類裡面，又有一些很基本的東西——把現象學和精神分析加在一起，構成一個足夠用來討論關於宗教議題的新東西。於此，我想要回顧我挑出來的四個

問題談一談。

我們所謂「鬼文本和神話」，也就是「『心』在哪裡？」的基本公式，會談到有心與無心。我們不難看出，現在的心理學大多已變成「無心的心理學」。用心理測量測出來的，其實跟人的「心」沒什麼關係。心理測量作為一種瞭解人的方式，已經演變成一種非常膚淺的技術，所以它導致無心的心理學。我們要把心找回來，必須利用人和人之間能夠互相感應、體會的種種來交談──隨便交談，都比做心理測量兩、三百道題目還要來得重要，它能夠顯現出來的人性，可能還要更多些──當然，還有更大的心，譬如「大心」（張載的天地之心）這種問題，那就更不是心理測量可能觸及的。

一、心理學？理心術？

總的來說，我們在這個講堂裡講的心理學，很可能是在發明一種「理心術」。這個字眼不完全是我自創的。有一次偶然跟申荷永教授（現任教於澳門城市大學）交談。他曾來過台灣，心靈工坊也出版過他的書。我們在一起聊天的時候，就說現代漢語在翻譯西方語文的時候常顯得很笨拙。「心理學」我們是從日本漢字借過來的，可是我們直接從漢字去理解它的時候，心理學其實就應倒過來唸，叫做「理心術」。「心─理學」，其中的「理」和「學」兩字是同樣的意思，也就是「心的 -logy」。「理」（法則）和「學」，這兩字其實是重複的，那就表示日本人鑄造的漢字語詞不太對勁，譬如「數學」就不需叫做「數理學」，「化學」也不叫「化理學」，所以「理／學」兩字是同義重複。

我們在這種語境中就可來玩個把戲，本來以為會弄巧成拙，我們現在把它倒過來，竟然可以達成逆轉勝的效果。

把「心理學」倒過來叫做「理心術」，就中文來說，就變得很有意思。因為「理」這個字，在漢語當中就是整理，特別如果收集了很多的玉，一定要想辦法常加整理。只把玉飾擺著看是，不如拿起來賞玩，就叫做「弄玉」，常常把玉拿在手裡摸，讓它愈摸愈亮。所謂的「理」就是在整理玉。現在我們把理這個字用來整理我們的心，就可叫做理心，不是光只是整理，還要理出頭緒，所以我們很可能會另類造出新的詞，但這些詞都不是我自己單獨發明，是由我跟申荷永說：「我們把心理學叫做理心術，這樣倒過來講是不是很有意思？」「對啊！很有意思！」我們兩個都拍案叫絕，就說到，以後我們都不要叫做心理學，而是叫做理心學。可是在治療的時候，用的是術而不是單是學，它不是只有道理，它一定是有一種看起來比較像技術的東西，所以叫做理心術，而不是理心學。所以這個是我和申荷永共謀所造出來的一個詞。

二、我們的鬼神世界，以及詩意語言

談到鬼神的問題，在我們的傳統裡面，光講神是不夠的。神學在西方，自中世紀以來，是眾學之后（哲學是 King of the knowledge，神學就是 Queen of the knowledge），哲學神學之間的位置是王和后的關係，可是在我們的傳統裡哪能這樣呢？我們有經學的傳統，也就是讀聖人之書，可是你又不能說它是神學，我們文化傳統不同，概念也不一樣，要套都套不來。但無論如何

我們得知道，當西方人談「神」學的時候，在我們的傳統裡就必須要同時談「鬼／神」。可以參看宋代的《朱子語類》，這套書就是朱熹和弟子們的討論所記下來的筆記，整套有八冊，是很多學生留下的筆記，分門別類編撰起來，其中有一類就是「鬼神」。他不會單獨談神，他們的談法一定是鬼神並舉。

可是我們也可以用別的方式分開來。凡是談到神，最重要是神話的問題。神的問題不在於神是否存在，但神話的存在無可置疑。文明史都是用神話來開始的，西方、東方文明一開始時都是在講神話，我們只不過多了鬼話而已。我無意貶低鬼話，但我要說的鬼，其實常是在鬼文本留下的，簡單說就叫鬼故事。神的故事不叫做「神故事」，而叫做「神話」。媽祖怎麼來的？觀音怎麼來的？那些是神話，可是鬼就留在鬼故事裡，還有高低之別。鬼故事的背後就是鬼文本，流傳在人間，大家都相信這樣的說法是自然的、有道理的。譬如說，人在過世後七天，作的祭祀叫「頭七」，在頭七時，通常都會發生一些鬼鬼怪怪的事情，你們都相信嗎？即使沒有也要把它硬掰出來，譬如今天狗叫得特別兇，頭七時不知道為什麼家裡的狗狂叫，或不知道為什麼有幾隻蝙蝠飛到我家裡來。只要任何一種徵兆，在頭七那天發生，一定都要把它解釋為有某一種東西回來了，頭七當然就是已故的祖先回來了——真的回來了嗎？我來談談似真似假的問題。

首先，我生在一個傳統家庭，但在我母親那一代都是接受日本教育的。我母親是個好學生，她嫁到我們家當媳婦，聽說祖母在頭七祭祀的那天，有東西會回來，大家都看到神桌上有一個杯子一直在抖，全家人都認為那就是祖母回來的徵兆。但我這個

很不信邪的媽，跑到神桌後面去看，看到神桌後面的牆壁有個裂縫，風從那裡灌進來，所以杯子一直抖。她就拿紙把縫糊上，杯子就不抖了。所以，我媽在家裡當媳婦的時候，就已經是個除魅大師，她不信邪的。我從小就是被這樣的媽養大，所以你說要我相信有鬼，那才是怪事。上一代的人大都會有所謂迷信的傾向，可是我媽不迷信，她搞什麼事情都相信有道理就有道理、沒道理就沒道理，她就是這樣的人。後來我搞宗教研究，是在母親過世之後，上香時也沒跟她禱告。我的信仰是這樣的：對於神聖的東西很好奇，但知道其中有很多禮俗的成分。不加以解釋的話，一般人很快就會淹沒在神話和鬼話之中。有多少人可以免俗？

接下來是這種信仰的另一面。我父親過世做頭七的時候，子子孫孫一樣在那裡祭拜，結果我發現，我們這些子女們幾乎都變成無鬼論或非神論，祭拜父親的時候沒有一個人在跟過世的父親禱告。可是我們家裡有一個人竟然禱告了，那就是我家新來的媳婦，我太太，她竟然跟公公做了一個很奇怪的禱告。因為她真的心急了，有一件事情她覺得必須要訴諸於鬼神。她是這樣禱告：「我有一隻心愛的狗，已經走失六天了，都還沒找到，不知道爸爸可不可以幫幫忙？」隔一天，果然有人打電話來，說發現那隻走失的狗。剛好是七天，有一點離奇，對吧？全家因此留下這一段「佳話」。對於我經歷的這件事情，大家不會覺得很有意思嗎？爸爸顯靈了，是的，我們大家都這麼想，這絕對不是偶然的，一定是祖先在暗地裡保佑。我們活在這樣跟鬼神有關的世界裡面，關於鬼神的例子不勝枚舉，這是我們的傳統，我們就活在鬼文本跟神話之中。

所以關於文本話語，很重要的一點就是說，到底是如何製造、如何使用這些文本？我們一定要進一步追問。所以我們現在要來談的，就是剛才我講的——向公公禱告、找狗，這是在製造一個文本，然後這個文本就變成故事，並且故事還有它的結局，就是祖先保佑（的信仰）後來應驗了。這種應驗通常被解釋為「公公顯靈了，他果然幫忙把狗找到。」這麼一套說法，在我們家裡會慢慢流傳，會累積在我們的家族史當中，被當作顯要的事件登錄。所以我們說，家家都有一本——不是難唸的經，而是怪怪的經。我們民間留了很多這樣的東西，一直都在製造，以至於它可以廣為流傳。流傳以後就變成我們的文化內容。我們文化的沉積層裡有很多這樣的東西，這樣我們就會曉得：民間傳說和神聖經典，其實是一樣的。它都是用這樣的傳說流傳，然後由沉澱累積所構成。只不過我們把它分開，關於三皇五帝的東西是神聖經典，關於家裡過世的公公到底有沒有庇護，這是民間傳說。但性質是一樣的，就是後來把它說成大歷史和小歷史，這樣而已。

三、兩種文化／兩種語言

在希臘文學裡，也有「理性語言」和「詩意語言」之分，分別叫做 logos 和 mythos，在希臘文裡 mythos 是 mythology 的字根，我們翻譯為「神話」，但對他們而言，就是一套美學語言或詩意的語言。至於講道理的語言則叫做 logos（邏各斯，邏輯）。這是兩種語言，每一個文化裡都有，但我們不一定會像希臘人那樣，清清楚楚地把它打造成不同的字。所以我們一直提到相互關係或單一獨霸的問題——在整個學術傳統裡，邏輯的語言

後來就有單一獨霸的傾向，然後會把另外一種語言排除，就說那才叫「科學」。一直都有這樣的傾向，而心理學可說是深受其害，就是當有一種獨霸的語言進來以後，它的方法、它的整套學問都浸淫在這樣一個被單一語言宰制的學術圈裡面。你們可以上網去查看各校的心理學課程，有哪個心理系曾開過「宗教心理學」？可以說是掛零。後來有了宗教學系之後，才開始在宗教系裡開宗教心理學的課。但心理系本身是從來不開的，因為在他們看來，宗教心理學根本就是旁門左道。我因為接受了文化轉向以及語言學轉向的思潮，也展開了文化心理學的研究取向，因此可以大膽地說：心理系要是不開宗教心理學，就表示那套知識系統是有缺陷的；如果一直不知道，有缺陷而不以為然，久了就會病入膏肓，無藥可救了。心理學有很大的危機：它相信自己是科學的，把詩意的語言排除盡淨，所以很可能會在不平衡的狀態下變成一場大病。我現在是利用這個講堂的機會，讓這樣的學問有機會復原，希望我們的心理學本身能夠更加人文一點，不要繼續陷落在片面科學的迷信當中。

大家都說心理學是研究「心」的，但這是空話，因為它的「心」後來都是利用心理測驗，轉換成一些數據，再利用統計學，最後就算出了民調結果的那些數字，你們若以為那就反映了我們的「心」，那就差得遠了。民調結果，就拿常見的政治態度來說，其實跟人民真正的態度是很有距離的，譬如每一次做民調的時候，都有大約 30% 的人拒絕作答，對於那些沒回答問題的人，他們到底在想什麼？你不知道，就把它當作「資料不存在」（叫做 missing value）。後來到大選的時候，那「不知道」的還

是會去投票，投出來的結果，有時真會讓人跌破眼鏡。所以民調常都是在霧裡看花的狀態之下告訴我們一些數字。雖然有些人認為長久看下來，民調還是有一些準確度，但情況有時會變得很快，如果你沒辦法看清那個變化趨勢，就驟然相信民調，真的會被蒙在鼓裡。

更何況，「人民的態度」是什麼？這個假定受過很嚴重的質疑（譬如英國論述研究的大將畢利格〔Michael Billig〕就認為「態度調查」在傳播愈發達的地方就愈是個迷思──大家都是根據媒體報導，而不是根據自己的態度來作答，民調就是這樣變成媒體的化身，而沒有「真正的態度」那回事。媒體的職責在報導新聞，而「新聞」在包括「民意」時，並不包括「心文」。人在想什麼，感覺什麼，就是記者採訪，也只能稍微問一問，連訪談都算不上。所有的媒體語言都不能跟宗教的禱告，以及心理治療的深談等等相提並論。我們等一下就會看見一場民調是如何無法跟人心鉤連在一起的。【學生問：如果現在用大數據的分析，用大數據的資料來取代民調，因為他已經把這個所有人的行為習慣都用大數據建檔……】

我想，有一個理想叫做大數據，也就是說全面觀照的觀察，如果真有這樣的學問的話，是很好的。但是喊出大數據的那些人，仔細看會發現，他也是拿那些現成的數據來做大數據的分析，因此現成的數據裡面有很多都是片面的，也就是說，利用那些在經濟部、教育部等等部門可以調到的資料，調來調去使用，之後會發現有某些資料是任何部門都調不出來的──你們覺得，內政部可以調到你們真的相信哪一個鬼、哪一個神的資料嗎？內

政部可以計算我們的廟宇有多少，或自稱自己是信什麼教的人的比例，它最多也只能到這裡。換句話說，你仔細的去追問的話，會發現你能夠獲得的，其實都是很淺薄的數據而已，真正深入人心的東西，不太可能存在於這種檔案中。所以那些宣稱可以使用大數據的人，有些時候他說得很好聽，但你仔細地再進一步追問，你會發現他們數據來源很有問題。

宗教、美學在我們的教育裡都站在很邊緣的位置，這是很奇怪的──台灣有一段時間號稱經濟起飛，是亞洲四小龍之一，但大家很難想像，我有一個學生到捷克去考醫師執照，這些考照的人在他們國家算起來都只是「中等人」，因為他們國家的「菁英級」人士都進入人文社會科學領域。讀哲學的、讀文學的，歐洲很多的國家的菁英都在讀這些，而在台灣，有誰相信社會菁英是讀文科出身的？學校每年在分配經費的時候，你一看那經費的多寡，馬上就看得出誰優誰劣──不是本質上的優劣，而是被看重跟被看輕──理工學院拿到的經費經常是文學院的十倍以上，而醫學院又是所有理工學院裡面經費最高的。你跟這些體制講道理是沒用的，這是我們的文化如此。學問中有很多根本的問題不是現有的體制可以面對，因此我們才要另闢蹊徑──利用這樣的宗教心理學，可以真正知心，也能用心判斷我們在幹什麼。

四、天地情懷：一段小故事

接下來的一段比較有趣。是從民調談起的，但談話的內容卻因為顯露了民調的失能而顯得有趣得多。這是取自一篇演講稿的故事，因為我要告訴人家，從我的日常生活延伸到學理的世界，

互相之間其實是沒有缺口的；看起來像是做平常事，暗地裡都已經回應了一些看起來是學問上的大事情。「心」在哪裡？關於有心、無心的問題，我現在特別來談一下。在演講當時，我要講的就是從「一個故事到底有沒有好壞？」這種問題開始。可是你拿現成的故事來判斷它的好壞，那是文學批評的事情，我不需要這樣。我們是研究心理學的人，我就信手拈來，身邊發生的，即使是兩件很不一樣的事情，我當場就把它兜在一起，請在場的人去判斷它到底可不可以合在一起？變成一個故事？以及它到底是不是一個好故事？我本來是要回答這問題的。但是因為那故事的內容牽涉到一件很有趣的小事，我們現在也一起進入現場，來用心進行我們的判斷。

先用一段蟲蛇故事來作啟題（heuristic）：

> 怪，就是怪。我最近接到行政院客委會打來的一次民調電話。我在回答時相當強調：我是個客家人，我會講客家話，我從不反對這個「客家認同」。但是，這場電話民調後來在一個怪問題上卡住了。並且幾乎是不歡而散地終止了這次電話交談。

這段開頭，先暫賣關子，打住一下。

> 我最近比較常作的休閒運動就是在住居附近騎腳踏車。這一帶環境屬於人口稀少的丘陵地，樹林、草叢的生態保持得還不錯，山光水色都很宜人；只是幾條大小

公路也鋪得不錯，所以確實很適合在這裡騎腳踏車。比較怪的是，我不知何時開始發展出一種習慣，就是騎車時看見橫過馬路的小動物——我是說毛毛蟲、蚯蚓、青蛙、蝸牛等等——我會停下車來，在路邊取根竹子、樹枝或樹葉，把牠們帶離路面，放回道路邊的草叢，以免牠們被快速通過的車輛輾死。毛毛蟲會長成漂亮的蝴蝶，蚯蚓會幫忙鬆土，青蛙會幫忙吃掉一些蚊子，至於蝸牛嘛，那只是因為牠那慢吞吞又不知死活的樣子，怪可憐的。

有一天，我還幹了一件讓旁邊經過的人都會覺奇怪的事：我停下車來，用樹枝把一條死蛇撥進草叢裡。奇怪嗎？不，我是這麼想的：這條蛇其實長得蠻漂亮的，只是不幸在橫過命運之途的當中，無情的汽車為牠帶來生命的終結。牠橫死在路上，算是客死異地，或客死他鄉吧？而牠的屍體還不知要繼續被經過的車輛輾壓多少回，這死無完屍的命運，真是天地良心所不忍也不容呀！所以，我至少得讓牠保持一點點尊嚴，不要死得那麼難看。

現在我們就要把以上的兩碼子事結合成一個很根本的質問：

「客死異地」，「客死他鄉」，這是對於客家人而言，特別有意義的字眼嗎？我可以用我的「客家認同」來解釋我對於小動物的天地情懷嗎？「死有重如泰山，

有輕如鴻毛」，可以解釋我在想著的天地情懷嗎？我不
知道這樣的道理能不能說得通。但是，有一點我可以說
的竟是，完全相反，我不能說通。這就把我的故事帶回
到那場電話民調了。

　　民調問到接近末尾的時候了吧，電話裡傳來的下一
個問題是：

　　「作為一個客家人，你認為自己光榮不光榮？」

　　──欸，等等：「你問什麼？你的問題是什麼意
思？」我登時就這麼打斷了「民調」的公認形式，而跳
到問題之外了。

　　「沒什麼意思，」調查員說：「問卷上就這麼寫
的，我只是唸問卷而已。」

　　「你在問問卷，但我可是在和你講話呀！我要知道
你的意思，否則我要怎麼回答？」

　　「可是，先生，這問題……不是很簡單嗎？」

　　「喔，不不不，你得回頭問問你們設計問卷的人到
底在想什麼。對我來說，這問題不但不簡單，還甚至是
很詭異的──詭異，你懂嗎？就說有鬼也好，反正我不
知道該如何回答就是了。」

　　「那我就填『不知道』，可以嗎？」

　　「不，我哪是回答『不知道』，我明明是說：我不
知道問這問題的用意何在！」

　　「那，我該怎麼填呢……？」這調查員被我弄迷糊
了，她怯怯然地猶豫起來。

「告訴你吧，小姐，你就填『拒絕回答』，可以嗎？」

　　「可是，問卷上沒這個選項耶……」

　　「那總有個『其他』可選吧？就這麼填好了。還有，我不打算答完這問卷。我已經完全倒胃口了。對不起，再見。」

　　客死異地或是客死他鄉，對於客家人而言是特別有意義的字眼嗎？我可以用我的客家認同來解釋我對於小動物的這種天地情懷嗎？這下子就難了。我說好像有一個字是一樣的，就是「客」，可是，是不是所有的客家人都像我一樣，看到小蛇、小蝸牛、毛毛蟲就會去處理一下？沒有這種講法的。客家人如果有特色的話，你能講出客家人有什麼特色嗎？你們都曉得客家菜有某種很特別的味道，就是很鹹，沒配飯簡直沒法吃。客家菜通常都不用糖來調味，你們注意到了嗎？你們還知道什麼客家特色？節儉？也叫吝嗇；勤奮？當然兩代以來已經有很大的落差了。還有一個關於客家特色的說法，就是客家媳婦整天拿著一條抹布，把家裡到處抹得乾乾淨淨的。可是這其實不是真正的客家人，也許是受到日本人影響的。

　　這些種種都跟客家人有關，但從來沒有人講過客家人會特別對待蛇跟毛蟲，所以這是我自己發展出來的一種怪習慣。可是我現在要說的是：「作為一個客家人，有什麼奇怪？」民調是這樣問的：「你認為自己作為一個客家人，光榮不光榮？」她問起了這種問題。本來他只是問你會不會講客家話？家裡講客家話的比

例到底有多少？我都老老實實回答。你問我講的比例有多少？十幾年前我天天都講客家話，但是近年來，我幾乎沒有機會講客家話。民調上沒有這樣的問題，他只是問你「一般狀況」。我就在想：「你這個民調很奇怪，怎麼都沒注意人有生活史的問題，怎麼可以這樣問法呢？」我已經開始心有芥蒂了，她還繼續問道：「那你自己覺得當客家人光榮不光榮？」我突然覺得有一條神經被扯到──我說我天地情懷，對於小動物我都會同情的，可是你問我要不要同情（或高度認同）我自己的同胞，用這種方式來問的話，我覺得這問題非常不當。什麼不當呢？我就問她：「你這問題是什麼意思？」她說：「沒什麼意思，只不過是問卷上面這樣寫，我就照唸而已。」我說：「你在問問卷，但你是在跟我講話，我要知道你的意思，不然我怎麼回答呢？」她說：「先生，這問題不是很簡單嗎？我們問你什麼，你就答什麼就是了。」我說：「不！你回頭去問你們設計問卷的人，到底在想什麼？對我來說，這問題不但不簡單，甚至於還是很詭異的。」我用的是「詭異」兩個字。你說「有鬼」也可以，因為同音，反正我就不知道該怎麼回答就是了。她說：「那我就填『不知道』囉？」我說：「對不起，我沒說我不知道，我只是說『我不知道這個問題的用意何在？』」她說：「那我該怎麼填呢？」調查員被弄迷糊了。我說：「小姐，你就填『拒絕回答』可以嗎？」「可是，問卷上沒這個選項耶……」我說：「那總有個『其他』可選吧？就這麼填好了。」換句話說，我很想要回答你的問題，可是你的問卷已經弄得我倒胃口了，你不注意我的生活史，那就算了。可是你的選項裡面沒有我可以選的，你說要填「不知道」，可是我不

是不知道，我很有意見，但是我的意見在你的選項裡面沒有，所以你就給我填「其他」好了。當然她就會勾「其他」對不對？在統計學上那就是缺失數據（missing value），跟沒有回答是一樣的，通常在統計上就不算。這些鬼把戲我都是很熟悉的，所以答到這邊時，我就說：「小姐，對不起，我現在完全答不下去了，我們就結束吧！」

我在講這件事情的時候，本來是在談天地情懷，我還蠻愉快的。客死他鄉的「客」跟客家人的關係，我很有興趣談客家人的來源。據說客家人是從北方遷來的，客家研究的人都相信這一套，我說：「你相信，這才真是有鬼！」北方人往南遷的次數，在整個大歷史裡面不知道多少次了，顯然也出現大規模的南遷，一次又一次，為什麼不會遷出很多支客家人？為什麼獨獨有一支叫做客家人？其他南遷的都不叫做客家人？遷到安徽的、江浙的、湖南的，很多不都是北方人嗎？他們在當地為什麼沒叫客家人？這有點奇怪，在歷史上有點講不通，所以我說客家人的來源其實是一個非常奇怪的謎團，沒有一個好的解釋。但是我們至少知道一件事，就是他們以客為名，稱自己為「客」，在整個民族學的歷史上，沒有一支民族會把自己稱作客的，所以客家人的名稱本身就是一個很獨特的例外。以客為名，這是一個羞辱自己的名稱，怎麼會有一個民族就稱自己為客家人？絕對是別人叫他的，叫久了之後，他只好忍氣吞聲就把它承受下來，就叫做客家人，所以這些人活著，就是要等待客死他鄉。我本來是要講他們之間有相通的地方，客家人就是一群流浪的人，到任何地方去，因為風俗跟別人不一樣，別人一下就認出來，所以對待你的方式

也不一樣，雖然看起來沒辦法從長相分別出來，可是一開口人家就知道，然後就會開始出現族群的某種偏見或歧視。在台灣歷史上出現的閩粵械鬥，有紀錄的至少有一百五十次以上，這是個血淚斑斑的歷史。

客家人有一種大規模的祭拜，拜的是義民爺，褒忠義民廟祭祀的，基本上就是在械鬥中被殺死的人，沒有人埋葬，故埋在一塊，就叫做義民塚。尤其是兩次比較大的，朱一貴跟林爽文，戰死的人也比較多，有一個墓裡面就埋了五百多條戰死的孤魂野鬼。客家人就發展出義民廟的信仰，並且它也是用來團結客家各庄；因為要輪流祭祀，就會把義民祭祀變成客家人獨有的一種宗教崇拜，因此可以說，客家人有他們自己英勇的祖先。可是一到民族學在談論這個問題時，那些非客家的人就說，義民祭祀事實上是在拜孤魂野鬼的，那些客家人聽了都跳起來——「我們的民族英雄，你們把他叫做鬼！」結果就開始吵起架來，宗教議題永遠都是會引發鬥爭的——孤魂野鬼一樣還會引起戰爭——就是互相在爭「你拜的到底是鬼還是神？」客家人絕不會說我們的義民是鬼，那我們拜的是英雄嗎？是神嗎？很明顯嘛，不就是孤魂野鬼？你看還有很多，有應公、萬應廟，不就是這些孤魂野鬼的廟？有誰會反對呢？包括日本人戰死的也一樣，沒人埋的，我們好心的把他們埋在一起，那個塚不會寫名字，就只寫「萬應公」或「有應公」。台灣本來就有這種拜孤魂野鬼的風俗，這是非常宗教性的議題，可是在宗教裡面，該說他是神或是鬼，就已經構成一種爭端，而且是永遠無解的問題。

我講這些很普通的事情，講我們自己的故事，本來就有點像

是順手取自身邊發生的事情：民調的事情發生了，蝸牛跟毛毛蟲的事情發生了，到後來比較奇怪的是搖身一變，成為處理蛇的事情。這種變化真是太奇怪了，你們可以問問身邊的人，到底有誰會這樣做？這是我獨特而怪異的毛病，但我自己覺得蠻光榮的（比起作為一個客家人而言）。因為別人覺得很噁心，但我在弄這些東西的時候，不但表現了我敢於任事，也覺得自己是有道理的，因此可以把這叫做「天地情懷」。這樣的故事不管好壞，至少是有點罕見，所以有一定的價值。

最終的問題：何為天地之心？

在你自己所做過的事情裡面，多多少少都可能染有一些很難解釋的色彩，通常就是帶有一點宗教的怪味道。有沒有呢？我現在講的是「天地之心」，但這天地之心，你可以從西方神祕主義（或稱密契主義）的傳統中找到許多相關的文獻，譬如有一位神祕主義者波乙森（A. Boisen，在普呂瑟書裡的第五章可以看到），他也畫了一個圖示（圖一），講他自己的神祕經驗。之後我還會講到宋代的哲學家張載，他講的也是跟天地之心有關的問題。

我們先來看看西方人的講法。我一開始就說，我們在對待思想史的時候，有一點不公平，我們說西方人好像只會往外去追求，不知道內心的事情，如果你真的相信這樣的說法，說西方人是物質主義的，而東方人就是注重精神的，這種講法實在是蠻不講道理的，我現在可以證明給你看。波乙森這個人在描述他自己經驗的時候，他是這樣講：

……我太沉溺在我自己的思想中，尤其是那些關於世界正要接近末日以及關於使用武力的正當性和殺人動機的釋放等方面。到了傍晚我就頭昏腦轉起來。這似乎是大審判之日，所有的人性問題像附圖那樣，從四個不同的方向我湧來，並且集中在中央。它們被引向審判席之前。但看起來像是某種的自動審判。每一個人都審判自己。需要一些通關密碼，並會連到一些選擇。每個人都有三次機會：

一個困難的「第一次」；而後是包含一些犧牲的因素並意指要變成一個女人而不是男人；第三是看起來像機會並會把人送到較低的區塊。這些較低的區塊似乎沒有很確定的意思。這整套很像個大型的循環系統。

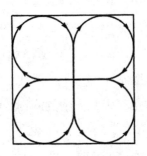

【圖一】波乙森畫的圖示

他講的話，其實不見得人人都能聽得懂。他自說自話，但說得煞有介事——他說審判人來了，他自己其實已經被這個問題搞得有點昏頭轉向，可是起碼他知道在審判的時候，人都可能要通過三個關卡——要反身自問三個問題。有一個叫做「第一次」，

他沒說這是什麼東西，接下來是關於一些犧牲的因素，所有人到最後審判完了之後，是要變成女人而不是男人。這是非常奇怪的講法，可是這並沒有怪到不可理解，因為我們知道，人類的整個文化被男性獨霸已經有兩、三千年之久，女性一直都被壓制在男性霸權之下，所以大審判之後，女人要翻身出來，這樣的講法，在當代女性主義者看來，會認為是很有意義的。女人並不是像你想像的那個樣子，在家裡只會拿著掃把和抹布在那裡幹活。把婦女的「婦」字解釋成一個女人拿著掃把在家裡服侍你，這對於甲骨文來說簡直是胡說八道──甲骨文原來的寫法，在「女」字旁邊寫的根本不是一支掃帚，而是一支祭祀祖先時用的，以草編成的一束禮器。在家裡主持祭祀的事情，一概是由這位家裡的主婦負責的。因此她事實上是主祭的祭師，在家裡的地位是高是低，你們想想也會知道，但把它解釋成掃帚之後，她就是個僕人。所以這兩種全然不同的解釋，反映出女性命運本來有兩條運途，現在把它解釋成掃帚，那是在三代之後的發展，到了許慎的《說文解字》，就只能把它當真了。可是，三千年前，只要家裡有祭祀的事，她是負責當祭師的，我們不要忘記這樣的歷史。波乙森不懂漢文，為什麼他會講出這種話來？令人好奇的是，在西方文明中，像他一樣講法的人，他絕對不是第一個。

接下來他還談到什麼「把人送到較低的區塊，像個大型的循環系統」之類的，這其實更沒有人能聽懂他在說什麼，但無論如何，這是屬於神祕主義特有的語言，他好像能夠看得見，然後把它畫成圖來說明他的心和神之間特有的關係，我這是要讓大家見證一下，不要說西方人只會追逐物質。這樣的說法沒有意義，看

看像他這種講話方式的人，在西方傳統裡是蠻多的，我們都要曉得這樣的歷史。

接下來讓大家花點時間看一下一段古文。張載是宋代的一位哲學家，他把四書五經的語言，經過一千五百年的醞釀之後，講出了古經書所未見的「大心」。這樣的語言，我們也要傳承下來：

> 大其心則能體天下之物。物有未體，則心為有外。
> 世人之心止於聞見之狹。聖人盡性，不以見聞梏其心，
> 其視天下無一物非我。孟子謂盡心，則知性知天以此。
> 天大無外，故有外之心不足以合天心。見聞之知，乃物
> 交而知，非德性所知；德性所知，不萌於見聞。
>
> 成吾身者，天之神也。不知以性成身而自謂因身發
> 智，貪天功為己力，吾不知其知也。民何知哉？因物
> 同異相形，萬變相感，耳目內外之合，貪天功而自謂己
> 知爾。體物體身，道之本也。身而體道，其為人也大
> 矣。道能物身故大，不能物身而累於身，則藐乎其卑
> 矣。
>
> 心存無盡性之理，故聖不可知，謂神。
>
> 張載《正蒙》大心篇

「大其心則能體天下之物。物有未體，則心為有外。」關於所謂的內外，聽聽他的講法，還比我們今天哲學和思想史要公正一點。他講的「物有未體，則心為有外。」這並不特別講西方人

或東方人。「世人之心止於聞見之狹。聖人盡性，不以見聞梏其心……德性所知，不萌於見聞。」這一段的意思是天下人皆如此，能夠這樣就是聖，不這樣的話，那你就是凡人。他特別講出這樣的道理。然後，還有關於神：「成吾身者，天之神也。不知以性成身而自謂因身發智，貪天功為己力，吾不知其知也。」這種人不知有知，還以為自己是有知的。「民何知哉？因物同異相形，萬變相感，耳目內外之合，貪天功而自謂己知爾。」就是一般人所謂的「知」不過如此。但是，「體物體身，道之本也。身而體道，其為人也大矣。」人能夠用身去體道的話，就變成大心或大人了。「道能物身故大，」這句要這樣讀：道能夠物身，就是能用物的方式來看待身，於是就大；「不能物身」則「藐乎其卑矣」。不管你懂不懂，其實不會太難。我想讓大家知道的是：有一些思想家要講「天心／大心」這些東西的時候，他就會有一種講法。

張載的《正蒙》這本書是特別值得去看的，也就是說，讀心理學的人，如果你想要找到一些傳統根據的話，在這種人的著作裡就可以看得到。他有一種說法，當然也許這種說法不是足夠的，但起碼他給了一點線索。他講到神的時候，說「心存無盡性之理，故聖不可知，謂神。」也就是說「聖」所要知的東西，有些時候是超過一般常識之外，叫做「不可知」，可是你必須要把那種「不可知」叫做「神」。神與其能夠雕塑成偶像，說成幾部經典，還不如就說：「不測、不知謂之神。」在宋明理學裡會這樣講的人，張載並不是唯一的。雖然這個傳統沒有神學，但他們在講「神」的時候，有一種特殊的講法，非常有意思。宋明理學

的作品,很少有英譯本,非常可惜。[1] 但這是非常重要的,因為在孔孟時代的表達,比起來還是粗略的,到了北宋五子,他們把孔孟之道再加上佛學、道家的道理,就是把儒釋道併在一起,才講成這種語言。所以在讀了孔孟之後,再加上一點宋明的東西,你才算是跟傳統接上頭,讓我們的鬼神論述遺產終於有了合法繼承人。

結語:「理心術士」的養成

我們現在回過頭來,想想我們這整堂課所談的,不就是在發展出關於「理心術」這樣的東西嗎?這是我跟申荷永教授的共謀,創造出這樣的說法,背後就是「精神分析加現象學」的動力心理學。因為要點在於「術」而不是「學」,所以如果要頒發學位的話應該叫做「術士」而不是「學士」。聽起來可能有點怪,因為「術士」原來的意思是「方士」。古史研究的重要學者顧頡剛寫了一本書叫做《秦漢的方士與儒生》,在這本書裡談到:當時方士與儒生這兩種人是互相競爭的,而他們交戰的戰場就在「禮」。儒生本來就是要執掌關於「禮」的事務,包括一切養生送死在內。當儒生在掌管「禮」的時候,也有另一群從巫傳下來的人,我們先前說過,他們也在從事養生送死的事情,所以兩方面的人馬在搶市場,確實打了起來。因為「儒」除了孔門之外,後來也傳遍了整個華夏地區。所有的士都是儒,可是,儒在孔子

1　已知的英文選譯本,可參看 *A Sourc e Book in Chinese Philosophy,* translated and compiled by wing-tsit chan .Princeton University Press, 1963.

的「禮」上所注重的是儀式而避開了鬼神。孔子的態度是「子不語怪力亂神」，雖然在祭祀的時候是敬天畏人，可是他不談鬼神，所以鬼神論述就被方士搶了過去。

在秦漢之交的時候，方士和儒生因為搶市場，打得很厲害，導致「焚書坑儒」的事件。這段歷史你們都知道，這是誰出的主意？是李斯。但顧頡剛考據的結果發現，其實被坑的不是儒，而是一些方士，也就是說，秦始皇聽了李斯的話，他並沒把那些正正經經執行典禮的人坑了。秦雖然滅了六國，殺了幾百萬人才能夠統一天下，但是他對於儒，基本上還是尊敬的——雖然他尊敬的不一定是孔門的儒，而是名稱為儒的人。我現在要把你們稱為「術士」，因為當時術士的市場價值就比儒生高。不過由於方士引起的糾紛也多，後來也就被坑了。秦到漢之後，興起「獨尊儒術」之風，當然那個「儒術」已經是雜家。比起孔孟那樣純潔的東西來說，到了漢的時候，儒家已經亂得不像話了，可是我們大多搞不清楚這歷史，都說自己是儒門子弟。

所以，儒生到底是什麼？是學士？碩士？博士？不管你叫什麼，只要我說你學而無術，叫什麼東西就都一樣了。我們在這裡所在意的反而是：你既然學了，就是要有方法的，那個方法就叫做「術」，所以叫「術士」是用其本意。有實踐與論述的能力，才叫做「術」——技術的「術」跟論述的「述」，本來是同一個字，因此我說你是「術士」的時候，也是「述士」。述就是很會講，很有道理，而道理就是「可道之理」。今天在台灣，我們幾乎不把會講話當成一種素養。但從古以來，「很會講話」就是一個公眾人物最重要的素養。在台灣，這種素養的地位被貶低，大

家講話都顯得散漫隨便。我每次在課堂上看到能言善道的幾乎都是陸生。他們講起話來的時候，台生都不是他的對手。這種很會講話的能力，在政界或是外交、商場、公共關係，應該都很重要才對，但不知道為什麼，台灣人講起話來都有結結巴巴的傾向，不成章也不成句，還視為很平常。

缺乏論述能力是我們的一大問題，所以我們的講堂正在朝此發展，這是我們另類知識發掘出來的一個很特別的知識位置。我很希望像這樣的講堂，不管是叫社會大學、社區學院或是私人書院，可以一直不斷的開發下去。我非常希望我們的講堂都有這樣的發展意味。我們學校教育本身已經病入膏肓，不值得我們在其中逗留。我絕對不會在這裡發考卷，出選擇題，以便看出你們在這堂課學到了什麼。我的整個主張就是認為這樣的教育方式不應該存在。好了，你們有什麼意見？請說——「請說」就是我們要到達術士（述士）的必經之途了。

＊　＊　＊

【學員提問】————————————————————

我想請教一下，剛剛講的神祕經驗，台灣跟西方人好像有一點不一樣。我常常聽到台灣所謂的神祕經驗，就是說他是「卡到陰」，然後就會說他突然病倒了，全身發冷，不能動彈，他的朋友會帶他到某一些宮廟去收驚，然後他就會好起來。他中間受苦經驗可能有兩、三天，就是不能吃喝，可是西方人比較會說他是聖靈充滿。我想說的是，這兩個地方對鬼神的態度完全不一樣，我們覺得那是惡意的，可是他們會覺得有好意的。這是我的問

題。

　　因為在西方談所謂的神祕主義或密契主義，事實上是強調神，而不太強調鬼，你剛剛講的「卡到陰」，就是在強調鬼。可是不要忘記，你仔細看一下波乙森，他在談到關於世界末日、大審判的時候，到了傍晚，頭昏腦漲起來，你不要忘了，這也是在講好像被什麼東西纏到的樣子，但他沒有對這個狀態多加著墨。波乙森在其他的著作裡，我們可看到這個人有點瘋瘋癲癲。換句話說，在西方的密契主義、神祕主義，包括我們知道的心理學家裡面的一位大號人物榮格，基本上就是處在以前我們用的名稱，叫做精神分裂症狀態，今天叫做思覺失調症。這位心理學家曾經是這種病人，當他在那樣的狀態下，他是會胡言亂語的。他編的一些書，今天我們當作是奇書，我們最早提到的《紅書》就是一例。你敢說你看了之後，要去學他那樣子嗎？欣賞是一回事，真學他那樣的話，你就會發現自己快瘋了。你會開始害怕、會冒冷汗，所以讀榮格的東西，讀到一半的時候，你也已經「卡到陰」了。

　　但我要特別強調一下，他們都不這樣講的，該怎麼說呢？有一本沒收在全集裡的作品，叫做《死者的七則講道詞》，因為沒收在全集裡，後來被挖出來了。你若去讀那本書，其實他是以死者的（也就是鬼的）身分，在向陽間的人講道，所以你剛講到卡到陰，只是他們沒有這種詞彙而已，其實他們講的內容是一樣的。這些鬼不光只會讓你冒冷汗，他還會跟你講道理，他講的道理就是一種陰理。也就是說，你們陽間人所相信的理性、求勝、

成功，他告訴你說這些都是壞東西，如果你不斷地朝那兒發展，有一天就會死得比我更慘。他講的這些道，換句話說，就是「鬼話連篇」。

在西方人的世界裡，關於鬼這東西，比較有趣的就是說：西方文化在某種程度上來講，現代化以及世俗化已經把鬼神折了一個彎，之後他們對這些東西可以用開玩笑的態度來玩，而我們在這種東西上通常是開不起玩笑的。你想要跟鬼開玩笑，搞不好就怕會卡到陰。所以像碟仙這種道具，你在玩具店裡買不到，那該上哪兒去買呢？重慶南路的大書店裡面，賣地理師用的乾坤八卦羅盤，有可能賣碟仙。可是在玩具店裡面休想找到這東西。但是有趣的是，在玩具反斗城（Toy R Us），他們果然就賣西方碟仙。西方碟仙的名稱是 OUIJA（讀音 wijee，可能來自中文「巫乩」），西方人為什麼可以看得那麼開呢？孩子們可以玩這種玩具，不怕一玩就會卡到陰嗎？我們則是大人在心存芥蒂，不敢讓孩子們輕易去碰這種東西。

另外還有一個好例子。對於西方人來講，萬聖節是一個好玩的節日。在美國的校園裡，萬聖節那天，所有的人都裝扮出籠，他們什麼鬼都玩得出來，各種各樣的鬼怪裝扮，在街上到處鬧。有一次在校園裡，我看到一群女生，穿著修女的服裝，但每一個修女都大肚子，修女在前面慢慢跑，後面有幾個男生，頭上裝著一個圓球形布套，後面裝著一條長長的尾巴，朝著修女的屁股一直撞個不停——那是什麼樣子？不就是精子的造型嗎！那不是很好玩嗎？修女怎會懷孕呢？而精子在大街上公開地玩起性遊戲的樣子，是用很嘲諷、很詼諧的態度去玩它。大家在那一晚盡情

揮灑，什麼鬼怪都有，但到了第二天就收得乾乾淨淨，之後絕口不提。也就是在平常的三百六十四天裡沒有人會特別談鬼的，但是在萬聖節那天，他們可以揮灑到這樣的地步，可見他們的鬼文化也頗有曲折的來頭。以此而言，在西方世界裡，鬼並不是沒有，特別今天在電影裡有一種類型叫做「恐怖片」，殭屍、各種鬼怪在電影裡都大行其道。不過，在某種意義上來講，看得比較開也是真的。這就是你剛剛說的東西方差異。但我要講的是有同有異，不完全說我們的鬼在橫行霸道，我們都過不了關，不見得是這樣。我剛說我母親的例子，她不也就是個台灣人嗎？婦道人家，可是她受過教育，要她不信邪，就很容易辦到了。

【學員提問】────────────────────────────

可是這樣子他的家人不會覺得很失望嗎？原本以為奶奶來了，可是你媽媽卻把它給除魅了，打破了他們的希望。

雖然大家會說，頭七那天，奶奶來了，很神，可是其實大家都怕怕的。換句話說，對於自己的祖先，當他以鬼的身分回來時，其實大家還是害怕，而不是歡迎。誰才會歡迎呢？就是不懂事的小孫子，小孫子在那裡叫著奶奶，大家會覺得很可愛，可是大人心存芥蒂，會覺得毛骨悚然。這就是我們對待自己祖先的方式。

我再用一個實例來談談我們對於死人的曖昧態度。我們有一種習俗，就是有些人家會把亡者的棺木放在家裡（叫做「停棺」）兩、三天，甚至到七天，然後才把棺木送出門。我在二十

幾歲時（約一九七〇年代）看見這個習俗還存在，就是家中的婦女拿著掃把，從棺木抬出去的地方開始，一路猛掃，掃地出門，原來那是要把祖先的陰靈給掃除掉的意思。這本來是自己的親人，為什麼要把它掃除呢？不是要留下一點紀念嗎？可我們不是這樣想的，所以我們的文化有一套實踐的文法，你可以看到它怕鬼的程度。我們在慎終追遠的時候，會把靈牌供奉在家中，上面寫著先考先妣，天天上香，表示他們一直都還在。外國人可能會覺得很奇怪，他們最多只掛一張照片，可是我們卻把一座神壇就設在家裡供起來。我們的祖先既然跟我們長相左右，可是反過來講，卻又很怕他。就是這麼曖昧、矛盾、不可思議，這種愛恨交加難以理喻，才使得精神分析這種學問在這裡很有施展的餘地。至於那些半路橫死「陰魂不散」的鬼，更是可怕。我們的鬼大概都有一定的造型：女鬼居多，披頭散髮，遮住了臉，抬起頭來是臉色發青吐著舌頭。所以我們都有一些可怖的文化經驗，後來轉變成具象化，一直流傳，我們真正在講鬼的時候，是在講這樣的東西。可是當西方神學家在談鬼的時候，他們談的「鬼」事實上還是跟聖靈有關。他們說：「In the name of the Father, the Son, and the Holy Spirit（or Holy Ghost）」——在祈禱的時候就是這樣講的。通常他們講的 Holy Ghost 就是「神聖的鬼」，這在他們的語言當中一直都存在，所以我們看起來好像沒有很大的差別，但西方經歷過啟蒙的轉化，轉到可以開始跟鬼遊戲起來了。如果我們能夠做到這一點，也就是受到同樣的啟蒙，之後才可能轉換出一種截然不同的態度。

想請老師說明一下在台灣的宗教，甚至全世界，有一些政治的組織跟宗教組織有一些類似。我想要多學習一下，如何去識破這些宗教組織常常有一些設計、有一些團體動力在，譬如他會把個人性壓低，有一個偶像崇拜，常常會有脅迫利誘，譬如說你把內容講出去就會怎樣……，甚至基督教裡面有講說我是善牧的神……，我有滲透幾個宗教進去觀察，有利誘，譬如拉客，那是比較粗糙一點。但也有一些宗教是彰顯真善美的。因為老師對社會文化比較了解……

你的意思是要把政治跟宗教結合起來，譬如你問伊斯蘭、基督教，這是舉世皆知的，文化之間的衝突還是以聖神之名來開戰，以聖戰之名去赴死，也視為光榮。他們每一個聖戰士在赴死之前，錄下一段錄影，事實上就是為了留下光榮的紀錄，對於這種非常勇敢的義士，這可以說是獎賞他。但我現在要講的幾個非常有意思的案例，卻不能只用獎賞的政治來說明。譬如說鎮瀾的媽祖遶境活動，香客（信徒）的信仰實踐，就是跟著去遶境，並且在捐香油錢的時候，可說是毫不手軟。因此像鎮瀾宮這樣的宮廟，可以用香油錢就募集了大量金錢，結果鎮瀾宮就有足夠的資金推出兩個立法委員來。被稱為「消波塊」那個是老爸，這一家的第二代也當了立委，他拿消波塊開的玩笑，是指他父親血跡斑斑的滅屍手法，這方法在判刑時死無對證，鎮瀾宮的宮主到底幹掉多少人？大家心裡有數，這就是台灣的一個黑幫。一個宮廟怎麼培養出一個黑幫來呢？還有，這個黑幫涉足政治領域的時候，

他的選票就是鐵票，選舉的時候靠他們自己就佈樁成功，而不是國民黨幫他們佈樁。用這一點小小的觀察，就足以知道，當這個宮廟財團涉足政治的時候，只要掌握住財源，立刻就可成為政治上的一個勢力。

這只是一個小案例，但大一點的話就是某一個教派，一整個教派都是口鋒一致的一種政治主張，很自然的就會結合在一起。譬如美國有共和民主兩黨，你們知道共和黨在立國的時候，這些「國父們」背後的宗教背景是什麼？你們曉不曉得美國在獨立戰爭時，那幾個草擬《獨立宣言》的前後幾任總統，都是清教徒。清教徒為什麼會跑到美國呢？因為在英國，這些人是要被打壓、被驅逐的。英國有一個很奇特的宗教史，就是跟羅馬教廷鬧翻了以後，他們自己立了一個教會，就是現在的英國國教，「安立甘宗」（Anglican Church），它是一個單獨的教派，既不屬於天主教，也不是新教，所以那些信路德派、信喀爾文派的人，在英國會被視為異端。這些信仰的教規是非常嚴格的潔癖，所以被泛稱為「清教徒」。後來因為安立甘宗容不下他們，天主教徒也容不下他們，這些人只好出走到新大陸，去另闢天地。所以美國在開國的時候就有這樣的宗教背景，今天的共和黨就延續了這樣的傾向，因此共和黨相對於英國來講，就是保守黨；而民主黨就有點像工黨，但不全然相同。可以說，當他們有政治主張的時候，同時背後就有一種宗教信仰，蠻清楚的。

所以，從古以來，但凡可稱為「勢力團體」的，到後來難逃的事實就是它一定會跟某一種政治勢力結合。當年馬英九競選的時候，陳水扁的聲望已經開始下降了，請問馬英九當時的聲望到

底是怎樣的？我可以給你們一個觀察方法的暗示，很簡單的，你可以去問當時台灣幾個大教派，就是信徒超過百萬的大團體。我們先來看一貫道。一貫道信徒投票的時候，你猜他們會投給誰？你用這種方式來預測，很快就可以猜到，他們要選擇一個「人品端正」的人來當國家領袖。在你還不清楚馬英九的為人時，你一看這個人，長相端正，身材也端正，大家認為他的品德也是端正的。所以你可以說，在當時那是一個趨勢。一貫道的信徒在台灣估計有上百萬，假如他們全部都去投票的話，那麼隱藏在這個宗教背景後面的百萬票就會投在馬英九身上。除此之外還有哪些宗教會投給他呢？就是那些宣稱不談政治的佛教人。問題是，現在你看清楚：法鼓山、佛光山的教徒到處都是，他們有會沒有政治立場嗎？絕對有的，表面上不講，暗地裡是有立場的，他們也一樣會投給所謂「品行端正」的人。所以我們曉得，宗教和政治某種瓜葛是很難撇清的，只要是跟權力有關，只要是能夠累積權力的東西，到最後都會以這種方式聚合在一起。所以光講團體動力的話，並不清楚，可是你站得稍遠一點，用所謂趨勢分析的方式來看，就會知道有一種印象趨勢，在兩個候選人出現時，他們到底會把票投給誰？這時候你憑這兩個人的長相和一般的印象，立刻就可以分得出來，他們在「教徒的心目中」到底是什麼樣的人。宗教和政治權力的關係大抵如此。

【學員提問】

我觀察過台灣的幾個新興團體……，其中有一個，我在裡面觀察。它初創的時候我就在裡面看，繳會費啊！有一點基督教形

式、做見證、教義好像佛教卻又不是，居然很快就壯大，錢啦、人啦！很快就壯大，因為有很多心理學的東西，有時候也看不太懂，學術界也沒有這樣一下子起來的團體……

你談到了新興教派，台灣的新興教派多到數不清，可是不要忘記一件事情，當年黨外改革開始出現時，有一個教派跟他們之間的關係如膠似漆，那就是台南的長老教會。這幾個人物，起先稱作「黨外」，後來發展成民進黨，非常明白的就是這個長老教會，在他們後面撐起了正義的大旗。林義雄不就是長老教會裡的牧師嗎？而且他在大審的時候，很會講話，他是一個律師兼牧師。在我們這個不善於講話的文化裡，很少數的例外就是像林義雄這樣的人。他不用律師，自己就可以辯護，他的辯詞在報紙上可看到全文，他講話鏗鏘有力，人家一看就會想：這個人有一天會當總統的。你可以說他們利用教會，然後跨足到政治，可說是一氣呵成。所以，不必扯到什麼團體動力學之類的東西，因為你用團體動力學，雖然好像有幾條原則，但我覺得還不如倒過來講，實際上所謂政治勢力跟宗教勢力之間的結合，只要舉出幾個實例，你就會曉得到底什麼是真正的團體動力原則，可以知道比較大的政治勢力，跟宗教之間實際上有什麼密切的結合關係。

【學員提問】

老師！我想問你一個問題。我從第四講以後產生一個問題，在心理學的角度，我們暫且不論談宗教動力或者號召力也好，那是基於什麼呢？它是基於一個口號（slogan）？譬如說有些宗教

說「信我者得永生」，有些宗教說只要多念佛號就能夠往生極樂淨土，有些宗教說我給你平靜你就可以滿足我願。有些是觸動一些？還是滿足想像的需求，到底是怎樣的動力？

這當然說來話長，因為我們的問題會回到先前談到普呂瑟所畫那個圖示，也就是強調了「滿足」（satisfaction）的那套動力理論。動力有一個很重要的條件，就是它必須獲得滿足。剛才我們說「愛是勢在必得」，它必須要有所得，講空話是不行的，所以宗教其實是必須很有實踐力的，它能讓你有所得。那它得到了什麼？它憑著喊口號，或很簡單的偶像（icon），講幾句話、貼幾張圖，就可以把你吸引過來的嗎？那些不足以構成動力。那些話只是當作旗幟，譬如像「敬拜我的會得永生」這樣一個口號，就像是插上一面旗。但是要能夠導致行動的時候，不能只揮旗、只憑單純的口號，這口號背後要牽出一大串能夠讓人滿足的東西，其中有一種情況就是，即使它沒給你個人滿足，但會有好多人跟你聲氣相通，然後大家就會結成一團，這種一團同心、敵愾同讎的氛圍，它本身就是一種動力。也就是說，當我們這群人的想法一致，崇拜的對象也是同一個，這在佛洛伊德的《群體心理學》裡講得很清楚，就是說當一個宗教領袖出現時，那是因為人群需要有一個可讓他們聚合的偶像（偶像常以口號發言），而那個偶像又具備領袖的魅力，這時候就一拍即合了。單純一句口號很空洞，譬如「得永生」，很多基督教派都使用，但要看你是什麼教派。有些教派用這句話不見得能引起人的反應，但有些教派一樣這樣講，那發言的領袖魅力足以讓這句話生龍活虎起來。

這時我們還要再解釋「領袖魅力」是什麼的東西。現在包括不管是基督教或佛教團體，利用講道的方式吸收很多信徒，講道者就真是口若懸河，大家聽得如醉如癡。所以當他一下口令叫你幹什麼，你就會聽他的。但那些號令需要有基礎，也就是能滿足基本條件，不論是賞是罰，其中能夠把人結合在一起，就是一種重賞，讓你成為屬於他們的一員，你會從孤單的個人變成一股重大勢力的一部分，這整個勢力推波助瀾下，會引起大海嘯，而你是其中一員，你會感覺這件事情就是你做的——千百人之心即是我心，這獎賞就夠大了。所以我要說，宗教領袖在這地位上就會很迷人，也就是很有魅力。他的迷人之處不光只是對於一個對象，而是讓大家結合在一起。這說法也許聽來覺得奇怪，但這是非常真確的。不管是佛洛伊德的心理學，或是涂爾幹的社會學，都是這樣講的。大家聚在一起形成的這種「氣場」，說是「浩然正氣」也可以，這種東西會讓本來一個渺小的人竟然可以參與扳動歷史的力量，所以我們在談動力的時候，是可以從這個角度去解釋的。

* * *

我們的課堂沒有在一陣鞭炮中結束，但在這裡必須告一段落了。就說這課堂會牽出的議題是沒完沒了的吧！我們若還有緣份的話，相信在別的課堂上一定還可以再見。

【附錄】
延伸閱讀

〔心靈工坊編輯部整理〕

- 《宗教的動力心理學》（2014），保羅・普呂瑟（Paul W. Pruyser），聯經。
- 《宗教經驗之種種》（2001），威廉・詹姆斯（William James），立緒。
- 《夢的解析》（2019），西格蒙德・佛洛伊德（Sigmund Freud），左岸文化。
- 《圖騰與禁忌》（收錄《文明及其缺憾》）（2001），弗洛伊德（Sigmund Freud），米娜貝爾。
- 《一個幻覺的未來》（收錄《摩西與一神教》）（2001），弗洛伊德（Sigmund Freud），米娜貝爾。
- 《重讀佛洛伊德》（2018），佛洛伊德（Sigmund Freud），宋文里選文、翻譯、評註，心靈工坊。
- 《文化心理學的尋語路：邁向心理學的下一頁》（2020），宋文里，心靈工坊。
- 《心理學與理心術：心靈的社會建構八講》（2018），宋文里，心靈工坊。
- 《生命轉化的技藝學》（2018），余德慧，心靈工坊。
- 《宗教療癒與身體人文空間》（2014），余德慧，心靈工坊。
- 《宗教療癒與生命超越經驗》（2014），余德慧，心靈工坊。

- 《台灣巫宗教的心靈療遇》（2006），余德慧，心靈工坊。
- 《榮格論心理學與宗教》（2020），卡爾 榮格（Carl G. Jung），商周。
- 《紅書：讀者版》（2016），卡爾 榮格（Carl G. Jung），心靈工坊。
- 《榮格自傳：回憶‧夢‧省思》（2014），卡爾‧榮格（C. G. Jung），張老師文化。
- 《人及其象徵：榮格思想精華》（2013），卡爾‧榮格（Carl G. Jung），立緒。
- 《東洋冥想的心理學：從易經到禪》（2001），卡爾 榮格（Carl G. Jung），商鼎。
- 《青年路德：一個精神分析與歷史的研究》（2017），艾瑞克‧艾瑞克森（Erik H. Erikson），心靈工坊。
- 《正常人被鎮壓的瘋狂：精神分析，四十四年的探索》（2016），梅莉恩‧麋爾納（Marion Milner），聯經。
- 《宗教之詮釋：人對超越的回應》（2013），約翰‧哈伍德‧希克（John Harwood Hick），聯經。
- 《世界宗教理念史》（全三卷）（2015）：默西亞‧埃里亞德（Mircea Eliade），商周。
- 《神聖的存在：比較宗教的範型》（2008），伊利亞德（Mircea Eliade），廣西師範大學出版社。
- 《聖與俗：宗教的本質》（2000），伊利亞德（Mircea Eliade），桂冠。
- 《論神聖》（1995），魯道夫‧奧托（Rudolf Otto），四川人

民出版社。

- 《存在的勇氣》（1990），田立克（Paul Tillich），遠流。
- 《榮格的最後歲月：心靈煉金之旅》（2020）安妮拉・亞菲（Aniela Jaffé），心靈工坊。
- 《精神分析的心智模型：從佛洛伊德的時代說起》（2020），伊莉莎白・歐青克羅（Elizabeth L. Auchincloss, M.D.），心靈工坊。
- 《造神：人類探索信仰與宗教的歷史》（2020），雷薩 阿斯蘭（Reza Aslam），衛城。
- 《諸神的起源：四萬年的信仰、信徒與信物，見證眾神世界史》（2020），尼爾・麥葛瑞格（Neil MacGregor），聯經。
- 《靈力具現：鄉村與都市中的民間宗教》（2020），林瑋嬪，國立臺灣大學出版中心。
- 《宗教心理學之人文詮釋》（2019），蔡怡佳，聯經。
- 《中國大歷史》（2019），黃仁宇，聯經。
- 《附身：榮格的比較心靈解剖學》（2017），奎格・史蒂芬森（Craig E. Stephenson），心靈工坊。
- 《神聖的探問：經典宗教學家引論》（2013），黃懷秋，橄欖。
- 《神・鬼・祖先：一個台灣鄉村的民間信仰》（2012），焦大衛（David K. Jordan），聯經。
- 《榮格學派的歷史》（2007），湯瑪士・克許（Thomas B. Kirsch），心靈工坊。

心靈工坊
［PsyGarden］

對於人類心理現象的描述與詮釋
有著源遠流長的古典主張，有著素簡華麗的現代議題
構築一座探究心靈活動的殿堂
我們在文字與閱讀中，尋找那奠基的源頭

重讀佛洛伊德

作者：佛洛伊德　選文、翻譯、評註：宋文里　定價：420元

本書選文呈現《佛洛伊德全集》本身「未完成式」的反覆思想鍛鍊過程。本書的精選翻譯不僅帶給我們閱讀佛洛伊德文本的全新經驗，透過宋文里教授的評註與提示，更帶出「未完成式」中可能的「未思」之義，啟發我們思索當代可以如何回應佛洛伊德思想所拋出的重大問題。的醫療難題。

生命轉化的技藝學

作者—余德慧　定價—450元

本書由余德慧教授在慈濟大學宗教與人文研究所開設之「宗教與自我轉化」的課程紀錄整理而成。藉由《流浪者之歌》、《生命告別之旅》、《凝視太陽》等不同語境文本的閱讀，余教授帶領讀者深入探討改變的機轉如何可能，並反思、觀照我們一己生命脈絡中的種種轉化機緣。

宗教療癒與身體人文空間

作者：余德慧　定價：480元

本書探討並分析不同的修行實踐，包括靜坐、覺照、舞動、夢瑜伽等種種宗教修行的法門，而以最靠近身體的精神層面「身體的人文空間」的觀點去研究各種修行之道的「操作平台」。這本書是余德慧教授畢生於宗教療癒的體會及思索，呈現其獨特的後現代視域修行觀。

宗教療癒與生命超越經驗

作者：余德慧　定價：360元

余德慧教授對於「療癒」的思索，從早期的詮釋現象心理學，到後來的身體轉向，研究思路幾經轉折，最終是通過法國後現代哲學家德勒茲「純粹內在性」的思想洗禮，發展出獨特的宗教療癒論述。其宗教療癒與生命超越路線，解除教門的教義視野，穿越不同認識論界線，以無目的之目的，激發讀者在解疆域後的遊牧活動，尋找自身的修行療癒之道。

故事・知識・權力【敘事治療的力量】（全新修訂版）

作者：麥克・懷特、大衛・艾普斯頓　審閱：吳熙琄　譯者：廖世德
校訂：曾立芳　定價：360元

一九八〇年代，兩位年輕家族治療師懷特與艾普斯頓，嘗試以嶄新思維和手法，克服傳統心理治療的僵化侷限，整理出這名為「敘事治療」的新療法的理論基礎與實作經驗，寫出本書。

故事・解構・再建構
【麥克・懷特敘事治療精選集】

作者：麥克・懷特　譯者：徐曉珮
審閱：吳熙琄　　定價：450元

敘事治療最重要的奠基者，麥克・懷特過世後，長年的工作夥伴雪莉・懷特邀請世界各地的敘事治療師推薦心目中懷特最具啟發性的文章，悉心挑選、編輯，集結成本書。

敘事治療三幕劇
【結合實務、訓練與研究】

作者：吉姆・度法、蘿拉・蓓蕊思　譯者：黃素菲　定價：450元

本書起始為加拿大社會工作者度法與蓓蕊思的研究計畫，他們深受敘事治療大師麥克・懷特啟發，延續其敘事治療理念，並融合後現代思潮，提出許多大膽而創新的觀點。

敘事治療的精神與實踐

作者：黃素菲　定價：560元

本書作者黃素菲教授以15年來深耕敘事心理學研究、教學及實務的經驗，爬梳敘事治療大師們的核心思想，並輔以圖表對照、華人案例及東方佛道思想，說明敘事治療的核心世界觀，讓奠基於西方後現代哲學的敘事理論讀來舉重若輕。

醞釀中的變革
【社會建構的邀請與實踐】

作者：肯尼斯・格根
譯者：許婧　定價：450元

作者站在後現代文化的立場，逐一解構現代文化的核心信念，正反映當代社會的劇烈變革，以及社會科學研究方法論的重大轉向。這本書為我們引進心理學的後現代視野，邀請我們創造一個前景更為光明的世界。

翻轉與重建
【心理治療與社會建構】

作者：席拉・邁可納米、肯尼斯・格根
譯者：宋文里　定價：580元

對「社會建構」的反思，使心理治療既有的概念疆域得以不斷消解、重建。本書收錄多篇挑戰傳統知識框架之作，一同看見語言體系如何引導和限制現實、思索文化中的故事如何影響人們對生活的解釋。

關係的存有
【超越自我・超越社群】

作者：肯尼斯・格根
譯者：宋文里　定價：800元

主流觀念認為，主體是自我指向的行動智者，但本書對這個啟蒙時代以降的個人主義傳統提出異議，認為我們必須超越將「個體人」視為知識起點的理論傳統，重新認識「關係」的優先性：從本質上來說，關係才是知識建構的場所。

開放對話・期待對話
【尊重他者當下的他異性】

作者：亞科・賽科羅、湯姆・艾瑞克・昂吉爾
譯者：宋文里　定價：400元

來自心理學與社會科學領域的兩位芬蘭學者，分別以他們人際工作中長期累積經驗，探討對話的各種可能性及貫徹對話作法的不同方式。這讓本書展開了一個對話精神的世界，邀請我們虔心等候、接待當下在場的他者。

對於人類心理現象的描述與詮釋
有著源遠流長的古典主張，有著素簡華麗的現代議題
構築一座探究心靈活動的殿堂
我們在文字與閱讀中，尋找那奠基的源頭

青年路德【一個精神分析與歷史的研究】

作者：艾瑞克・艾瑞克森　譯者：康綠島　審訂：丁興祥　定價：600 元

艾瑞克森因提出「認定危機」與「心理社會發展論」名響於世，這本《青年路德》是他的奠基之作，也可謂跨越史學與心理學的開創性鉅作。艾瑞克森用自己開創的理論重新解析十六世紀掀起宗教革命的馬丁・路德，刻畫了一個苦惱於自己「該是什麼樣的人」而瀕於崩潰的青年，如何一步步被心理危機推向世人眼中的偉大。

意義的呼喚【意義治療大師法蘭可自傳】（二十週年紀念版）

作者：維克多・法蘭可　譯者：鄭納無　定價：320 元

本書是意義治療大師法蘭可九十歲時出版的自傳。法蘭可繼佛洛伊德、阿德勒之後開創「第三維也納治療學派」，而他在集中營飽受摧殘，失去所有，卻在絕境中傾聽天命召喚而重生，進而開創「意義治療」，這一不凡的人生歷程帶給世人的啟發歷久彌新，讓人深深反思自身存在的意義。

逃，生【從創傷中自我救贖】

作者：鮑赫斯・西呂尼克　譯者：謝幸芬、林說俐　定價：380元

法國心理學家西呂尼克回顧二戰期間猶太屠殺帶來的集體創傷，及身為猶太後裔的成長歷程，並以心理學角度看待受創的兒童如何展現驚人的心理韌性，與外在世界重新連結。作者在本書中展現了勇氣的例證、慷慨的精神，任何因遭逢迫害而失語緘默、迴避痛苦、佯裝樂觀的個人或群體，都能從本書中得到啟示和鼓舞。

精神醫學新思維
【多元論的探索與辯證】

作者：納瑟・根米　譯者：陳登義　定價：600元

全書共24章三大部，從部一理論篇、部二實務篇，到部三總結篇，帶領讀者完整探究了精神醫學這門專業的各個面向，並建議大家如何從多元論的角度來更好地瞭解精神疾病的診斷和治療。

榮格心理治療

作者：瑪麗-路慧絲・馮・法蘭茲譯者：易之新　定價：380元

榮格心理學實務最重要的著作！作者馮・法蘭茲是榮格最重要的女弟子，就像榮格精神上的女兒，她的作品同樣博學深思，旁徵博引，卻無比輕柔，引人著迷，讓我們自然走進深度心理學的複雜世界。

沙灘上的療癒者【一個家族治療師的蛻變與轉化】

作者：吳就君　定價：320元

《沙灘上的療癒者》是吳就君回首一生助人歷程的真情記錄。全書分為三部分，第一部呈現一位助人工作者不斷反思和蛻變的心路歷程。第二部強調助人工作最重要的核心：與人接觸、一致性、自我實踐。第三部提出家族治療師的全相視野：重視過程、看見系統、同時具備橫向與縱向的發展史觀。

輕舟已過萬重山【四分之三世紀的生命及思想】

作者：李明亮　定價：450元

既是醫生、也是學者，更是推動國家重要醫療政策的官員，走過四分之三個世紀，李明亮卻說自己始終是自由主義的信徒。本書不僅描述了他的成長境遇、人生體悟、教育思想與生命觀念，更侃侃道來他從最初最愛的哲學出發，朝向醫學、生物學、化學，再進入物理、數學，終歸又回到哲學的歷程，淡泊明志中可見其謙沖真性情。

瘋狂與存在【反精神醫學的傳奇名醫R.D. Laing】

作者：安德烈‧連恩　譯者：連芯　定價：420元

集反精神醫學的前衛名醫、叛逆的人道主義者、抽大麻的新時代心靈導師、愛搞怪的瑜伽修士、失職的父親、生活混亂的惡漢與酒鬼於一身，R.D. Laing被譽為繼佛洛伊德、榮格之後最有名的心理醫生，他的反叛意識和人道主義觀點，深深影響了一整個世代的年輕治療師。

品德深度心理學

作者：約翰‧畢比　譯者：魯宓　定價：280元

完善的品德，經得住時間的考驗，也是一種持續而專注的快樂。當個人的品德在醫病關係中發展時，病患與治療師也能在過程中分享與互動。這也是所有深度心理治療的基礎。

大地上的受苦者

作者：弗朗茲‧法農　譯者：楊碧川　定價：400元

弗朗茲‧法農認為種族主義並非偶發事件，而是一種宰制的文化體系，這種體系也在殖民地運作。若是不看清統治文化所帶來的壓迫效應與奴役現象，那麼對於種族主義的抗爭便是徒然。

Master 078

鬼神・巫覡・信仰：宗教的動力心理學八講
Gods, Ghosts, and Witchcraft: A Psychodynamic Introduction
宋文里——著

出版者—心靈工坊文化事業股份有限公司
發行人—王浩威　總編輯—王桂花
執行編輯—趙士尊
編輯協力—陳慧玲、陳民傑
封面設計—高鍾琪
內頁排版—龍虎電腦排版股份有限公司
通訊地址—10684台北市大安區信義路四段53巷8號2樓
郵政劃撥—19546215　戶名—心靈工坊文化事業股份有限公司
電話—02）2702-9186　傳真—02）2702-9286
Email—service@psygarden.com.tw　網址—www.psygarden.com.tw

製版・印刷—彩峰造藝股份有限公司
總經銷—大和書報圖書股份有限公司
電話—02）8990-2588　傳真—02）2990-1658
通訊地址—248新北市新莊區五工五路二號
初版一刷—2021年6月　ISBN 978-986-357-213-8　定價—560元

國家圖書館出版品預行編目資料

鬼神.巫覡.信仰：宗教的動力心理學八講 = Gods, Ghosts, and Witchcraft: A Psychodynamic
Introduction/宋文里著. -- 初版. -- 臺北市：心靈工坊文化事業股份有限公司, 2021.06
面；　公分-- (宋文里作品集)(Master ; 78)
譯自：Psychoaerobics : an experiential method to empower therapist excellence
ISBN 978-986-357-213-8(平裝)

1.宗教心理 2.現象學

210.14
110009455

書系編號—Master 078　　　　書名—鬼神‧巫覡‧信仰：宗教的動力心理學八講

姓名＿＿＿＿＿＿＿＿＿　　是否已加入書香家族？ □是 □現在加入

電話 (O)　　　　　　(H)　　　　　　手機

E-mail　　　　　　　生日　　年　　　月　　　日

地址 □□□

服務機構　　　　　　職稱

您的性別—□1.女 □2.男 □3.其他

婚姻狀況—□1.未婚 □2.已婚 □3.離婚 □4.不婚 □5.同志 □6.喪偶 □7.分居

請問您如何得知這本書？
□1.書店 □2.報章雜誌 □3.廣播電視 □4.親友推介 □5.心靈工坊書訊
□6.廣告DM □7.心靈工坊網站 □8.其他網路媒體 □9.其他

您購買本書的方式？
□1.書店 □2.劃撥郵購 □3.團體訂購 □4.網路訂購 □5.其他

您對本書的意見？
□ 封面設計　　1.須再改進 2.尚可 3.滿意 4.非常滿意
□ 版面編排　　1.須再改進 2.尚可 3.滿意 4.非常滿意
□ 內容　　　　1.須再改進 2.尚可 3.滿意 4.非常滿意
□ 文筆／翻譯　1.須再改進 2.尚可 3.滿意 4.非常滿意
□ 價格　　　　1.須再改進 2.尚可 3.滿意 4.非常滿意

您對我們有何建議？

廣　告　回　信
台北郵政登記證
台北廣字第1143號
免　貼　郵　票

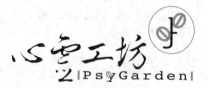

10684台北市信義路四段53巷8號2樓
讀者服務組　收

免　　貼　　郵　　票

（對折線）

加入心靈工坊書香家族會員
共享知識的盛宴，成長的喜悅

請寄回這張回函卡（免貼郵票），
您就成為心靈工坊的書香家族會員，您將可以——

⊙隨時收到新書出版和活動訊息

⊙獲得各項回饋和優惠方案